浪《ろ》漫《まん》の光《こう》芒《ぼう》

永見徳太郎と長崎の近代

A Romantic Shaft of Light

Nagami Tokutaro and Modern Nagasaki

長崎県美術館 編

長崎文献社

《永見邸の庭にて、永見》　宇野浩二撮影、1921（大正10）年
福岡市総合図書館「宇野文庫」所蔵

［展覧会情報］
本書は、左記展覧会の公式図録兼書籍として発行しました。

浪漫の光芒—永見徳太郎と長崎の近代

会期＝二〇二三年一〇月十四日—二〇二四年一月八日
会場＝長崎県美術館　企画展示室
主催＝長崎県、長崎県美術館
共催＝長崎新聞社、NBC長崎放送、KTNテレビ長崎
協賛＝株式会社カステラ本家福砂屋、株式会社西海建設、
株式会社十八親和銀行
特別協力＝神戸市立博物館
助成＝芸術文化振興基金、公益財団法人ポーラ美術振興財団
後援＝長崎市、長崎県教育委員会、長崎市教育委員会、
NHK長崎放送局、長崎ケーブルメディア、エフエム長崎

芸術文化振興基金

公益財団法人
ポーラ美術振興財団
POLA ART FOUNDATION

はじめに

長崎有数の資産家のひとりとして「銅座の殿様」とよばれた永見徳太郎《ながみとくたろう》（一八九〇―一九五〇）。

永見家は江戸時代より続く長崎を代表する商家であり、若くしてその当主となった徳太郎は、青年実業家としての活動を展開する一方、南蛮美術を中心としたコレクター、戯曲等の執筆に励む文筆家、写真や絵画を手がけるアーティストなど、驚くべき多彩な顔をもって長崎の芸術文化に関わりました。文化人としての永見の名は長崎にとどまらず全国にとどろき、芥川龍之介、竹久夢二など中央で活躍する芸術家たちが長崎を訪れる際には銅座の永見邸を訪れ、永見の蒐集《しゅうしゅう》した美術・工芸作品を鑑賞し、長崎のもつ異国情緒を存分に味わっていたといいます。後半生は長崎を離れるものの、長崎に対する愛情は途絶えることなく、精力的な執筆活動を通して、長崎の芸術文化の発信につとめました。

本書は、「浪漫の光芒―永見徳太郎と長崎の近代」展の展覧会図録として編まれたものです。本書では、永見が手がけた絵画や写真作品をはじめ、南蛮美術を中心とする旧蔵品、交流した芸術家たちの作品を通して、その多彩な仕事の全貌に迫ります。本書が、長崎の近代において永見が果たした役割を今一度見つめなおし、さらには永見の活動を通して、往時の華やかなりし長崎の豊かな芸術世界を味わう契機となれば幸いです。

最後になりましたが、本展の趣旨にご賛同下さり貴重な作品をご出品いただいた、神戸市立博物館をはじめとする各所蔵館の皆様、調査の過程で惜しみないご協力をいただいたご関係の皆様、そのほか様々にご協力やご助成を賜りました皆様に対し、厚く御礼申し上げます。

二〇二三年十月　長崎県美術館

謝辞

本展の開催及び本書の発行にあたり、甚大なるご協力をいただいた下記の関係各位の皆様に深く感謝の意を表します。

特に、神戸市立博物館には作品調査段階からご協力を賜り、五十点を超える作品を御出品いただくなど、多大なるご助力を賜りました。重ねて御礼申し上げます。

また、ここにお名前を記すことのできなかった方々を含め、本展及び本書の実現にお力添えを賜った多くの皆様に厚く御礼申し上げます。加えて本展では公益財団法人ポーラ美術振興財団ならびに芸術文化振興基金から助成を賜りました。ここに記して感謝の意を表します。

（敬称略）

一般財団法人 新村出記念財団
岡山県立美術館
倉敷市立美術館
株式会社ブリッジアート
クリーブランド美術館
黒船館
公益社団法人 日本俳優協会
神戸市立博物館
静岡市美術館
徳富蘇峰記念館
長崎県立長崎図書館
長崎大学附属図書館
長崎歴史文化博物館
浜松市美術館
広島県立美術館
福岡市総合図書館（福岡市文学館）
福田美術館
早稲田大学會津八一記念博物館
早稲田大学坪内博士記念演劇博物館

石沢俊
伊藤晴子
岩淵知恵
内山智恵
宇野実兎子
太田素子
岡田秀之
岡地智子
尾上真由
小川三郎
川畑光佐
國永裕子
シネード・ヴィルバー
施燕
鈴木敏彦
高橋佳苗
竹本理子
田川正明
玉井貴子

塚原晃
長岡枝里
中山創太
中山千枝子
廣瀬就久
藤崎綾
保坂潤子
増井敦子
道下舞子
森田佑弥
矢田純子
山田麻里亜
山本香瑞子
吉田直一郎
吉野泰司

目次

永見徳太郎の文化的諸相―あるいは一人の「文化人」と長崎の近代

松久保修平（長崎県美術館学芸員）

はじめに

「多情多感の心理的持主」―永見徳太郎は著書『愛染草』（一九二四年）の冒頭、対話を擬した序文において、自らをこのように規定している。実業家、コレクター、画家、写真家、劇作家、研究者―、その肩書の驚異的な多彩さは、彼自身自覚する通り、あらゆるものに関心を持ち、すぐさま溢れんばかりの情熱を注がずにはいられないという生来の気質、そして生涯抱え続けた、芸術に対する渇望にも似たつよい憧れに起因するものだといえる。一方、その眩いばかりの多彩さは、永見徳太郎という人物の実像をとらえ難くするものでもあろう。永見は取り組んだいずれの分野においても、比較的早い段階で高い水準に達し、展覧会への入選や受賞、あるいは専門家たちからの言及というかたちで世間から一定の評価を受けている。だが、どの活動もしばらくすると停滞・縮小し、他の物事に時間と情熱が注がれてゆくというサイクルが繰り返される。結果的に、永見が各分野における史的営み―例えば日本近代絵画史、写真史、文学史―において重要な位置を与えられることはなかった［註1］。

だが反対に、ジャンルの垣根を超え、より広い視点でもって永見の仕事をとらえなおすとき、芸術の諸分野にわたる多様な人やモノをつなげる結び目として、特有の意義を見出すことができるのではないだろうか。結論を先取りするならば、永見徳太郎という結び目は、とりわけ近代の長崎―あくまで「現在の長崎市中心部」とすべきだが―を舞台に花開いた芸術文化の展開を考えるとき、見過ごせない重要性を有しているように思えてならない［註2］。

本稿では文化芸術に関するものを中心に、永見の生涯と活動の特色を概観し、「文化人」という領域横断的存在である永見を、あらためて長崎の近代という時代に置きなおすことを試みたい。なお本稿では、ゆるやかに時系列に沿いつつも、基本的には永見の活動を側面ごとに見てゆく。一方、それらの仕事は必ずしも分断されておらず、まったくの同時並行でなされている場合も多い。

【図1】は、永見のそれぞれの活動の盛衰と時間経過の関係性をまとめた見取り図である。極端な図式化を含むやや乱暴なものではあるが、目まぐるしく変化しつつ突き進んでゆく永見のパワフルな動きを看取できるだろう。本図を頭に置きつつ、永見の活動を確認してゆこう。

一、銅座の殿様―実業家・六代目永見徳太郎

永見良一、のちの六代目永見徳太郎は、一八九〇（明治二十三）年八月五日、永見本家四代目永見徳太郎（至誠）の四男として生まれる。良一は勝山尋常小学校を経て勝山高等小学校を一九〇一（明治三十四）年に

卒業するが、同校卒業後の動向については、やや判然としない点を含む。新名規明氏による子細な研究によって、長崎市の海星学園にある良一の学籍簿の存在が明らかにされており［註3］、この学籍簿によれば、一九〇五年四月に良一は海星商業学校（現在の海星学園）に入学し、翌一九〇六年四月に家業の都合により中途退学している。後述の通り同年一月、良一は永見本家を継承しており、退学の時期もこれに符合する。新名氏によれば、昭和時代に入ってからも良一はしばしば海星学園の同窓会誌に文章を寄せており［註4］、海星商業への在籍は確かであろう。一方で、昭和期に発行された人名録では「大阪商業」の学歴が散見されるほか［註5］、永見自身の回想文の中で「長崎市商」、すなわち長崎市立商業学校に通っていたという一節が登場する［註6］。短期間かもしれないが、海星商業退学後あるいはその周辺の時期、長崎市立商業学校への通学あるいは大阪への遊学が行われた可能性は未だ捨てきれない。ともあれ、学生時代の良一は、学業に励む真面目な生徒というわけではなく、悪戯好きの少年で、熱心に受けたのは美術の授業くらいであったという。また一方で写真に傾倒し、観劇にも精を出した。芸術への憧れはこの時期からすでに芽生えていたのである。

【図1】活動分野と期間の相関関係

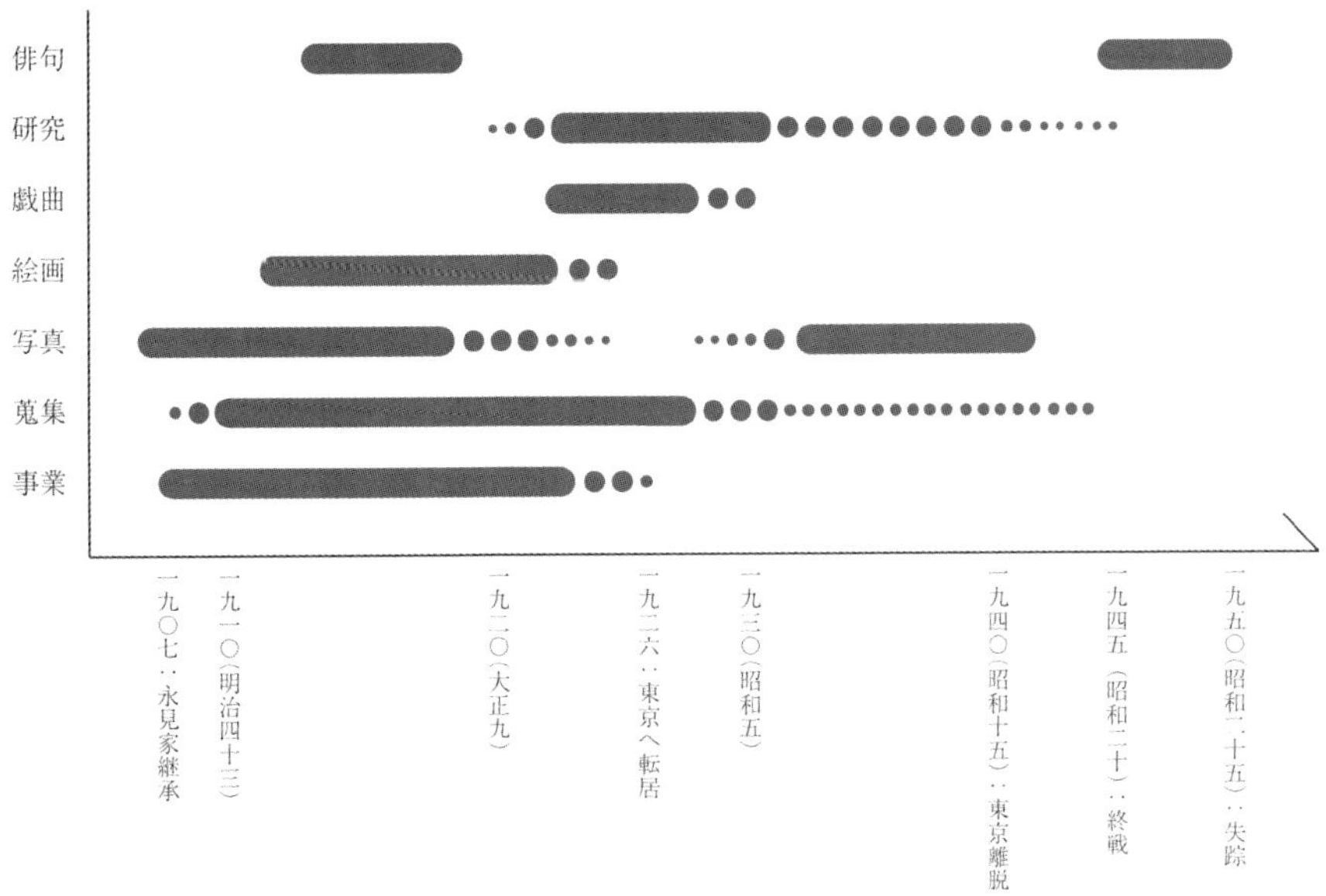

一九〇六（明治三十九）年、良一は大きな転機を迎えた。五代目永見徳太郎であった兄・竹二郎の早逝に伴い、十五歳の若さで永見本家の当主となったのである。良一は本家当主が代々名乗る「徳太郎」へと名を変え、六代目永見徳太郎となった（本書において、注記なく「永見」とする場合は六代目永見徳太郎［良一］を指す）。

永見家は江戸時代後期から台頭した商家であり、大名貸しと呼ばれる各藩への貸付や貿易業によって富をなした。明治時代初期には国立第十八銀行（現在の十八親和銀行）の創設に関わるなど、長崎の経済界において大きな存在感を放ち、長崎市中心部に多数の土地を有していた。明治期以降の永見本家では、両替商等金融関係のほか、貿易業や「永見商店」あるいは「永見呉服店」と号した呉服小売業を生業としたが、五代目の時代には、呉服店から倉庫業へ転身する。永見は兄から引き継いだ倉庫業を中心に、保険代理店や運輸業にも着手した。他方、ゆかりのある十八銀行をはじめ、長崎電気軌道、島原鉄道、長崎酒精、九州火山灰株式会社など多くの企業で取締役や監査役を務めている。

六代目永見徳太郎の時代、新たな事業となったのが南洋すなわち東南アジアへの進出であった。一九一八（大正七）年、勝田孝平が所有するジョホール州ラヤン河畔付近（現在のマレーシア、ジョホールバル西部）の五百エーカーに及ぶ広大なゴム園を五万四千ドルで購入し［註7］、「永見護謨園」を設立した。さらに翌年には「南洋品直輸入」を掲げた貿易会社「永見洋行」をシンガポールに立ち上げ、父（四代目）の時代以来となる貿易業に取り組む。現地責任者は弟の恭四郎（妹シツの夫、永見家養子）が務めていたようだが、永見もしばしば同地に滞在した。同年にはスマトラ島へのゴム園増設を計画するなど意欲を見せていたものの、永見洋行は一九二〇年の暮れに、永見護謨園も翌一九二一年頃廃業に至ったようだ［註8］。永見が南洋を舞台に活躍したのはわずか数年のことであったが、広めた見分は一九三〇年代後半以降、戦中期における執筆活動へとつながってゆくことになる。

南洋での事業から撤退するのと時期を同じくして、家業も次第に斜陽の時を迎える。一九二〇年頃から永見本店倉庫はほとんど廃業に近い状態に陥り、所有する多くの土地についても少しずつ売却を進めていったようだ［註9］。第一次世界大戦に伴う戦後恐慌の影響により、この時期多くの企業が縮小や倒産の憂き目に遭っていた。永見本家もまたこの流れを避けることはできなかったのである。とはいえ、永見が名士としての存在感を失ったわけでもなかった。市議会議員を一期四年（一九二一—二五）務めたほか、自ら志願し在長崎ブラジル大使館名誉領事にも就任している。一九二三年の末から一九二六年三月の退任までの間、銅座の永見邸には「伯剌西爾《ブラジル》領事館」の銘板とともにブラジル国旗が掲揚されていたという［註10］。彼がなぜブラジル名誉領事の職を望んだのかは不明だが、明治時代後半以降、長崎でも多くのブラジル移民を輩出しており、時世に合わせた動きとも推測できる。

一九二六（大正十五）年三月、永見は一家を伴って東京に転居する。故郷を離れるという大きな決断の背景には、家業の低調もあっただろうが、それだけが理由とは考えにくい。多くの建物や土地を手放したとはいえ、未だ永見本家は多くの土地を所有し有力な親類縁者も多かった。長崎で再起する道は依然として開かれていたのである。他方、後述のように大正時代後半、永見は戯曲等を立て続けに発表していた。東京への転居は、事業の停滞と時を同じくして高まった、創作者として大成することへの意欲に衝き動かされたものと想像される。

彼は名実業家ではなかったかもしれないが、文化人としての彼の活動はこうした経済的基盤に支えられていた。ここからは、文化芸術に関わる諸活動を側面ごとに見てゆくことにしよう。

二、コレクター・永見徳太郎

多岐に及ぶ永見の活動の中でも、特に重要なのが南蛮美術や史料の蒐集、すなわちコレクターとしての側面である。豊かなコレクションは多くの芸術家を惹きつけ交流の礎となり、時に彼自身の創作の源となり、研究の対象ともなった。後述の通り永見は昭和初期に所蔵の南蛮美術品の大部分を手放すが、その後の執筆活動も含め、自慢の品々は「文化人」としての永見を支える屋台骨であり続けた。なお、ここで指す「南蛮」ないし「南蛮美術」とは、今日的な定義（桃山時代から江戸時代初期におけるスペイン、ポルトガルとの交易に刺激され日本で制作されたもの）よりもかなり幅広いとらえ方をしている。永見や当時の蒐集家、研究者たちの多くは、現在から見れば「南蛮」のカテゴリーから外れるものをも含む、「海外との交流によって生み出された文物」のようなゆるやかな輪郭線で「南蛮」をとらえていたようだ。本書でもこうした意味合いで「南蛮」の語を用いている。

（一）コレクター・永見徳太郎の登場

永見の蒐集活動がいつから始まったのか、現時点では不明である。とはいえ、長崎で古くより貿易に携わってきた家で育ち、舶来品を目にすることも多かったはずの彼が、海外交流の所産である「南蛮もの」に関心を抱いたのは自然な成り行きともいえよう。加えて、一九〇六（明治三十九）年、帝室博物館にて催された「嘉永以前西洋輸入品及参考品」展におけるキリシタン遺物の公開を発端に、与謝野鉄幹ら「五足の靴」の発表（一九〇七年）等が続いて全国的に広がった「南蛮ブーム」と呼ぶべき状況が、明治時代末期から大正時代にかけて熱を帯びていたことも、永見の蒐集を後押ししたと考えられる［註11］。

ただ少なくとも、コレクターとしての原体験ともいえる出来事が少年時代にあったことは確かだ。後年の回想によれば、ある日、永見少年は大浦天主堂で神父から堂内にあった美しいメダルをもらうが、家でメダルを飾ってみたとき、モノをあつめる喜びを実感したという。また、この時期浦上をよく散歩していた永見はキリスト教遺物に興味を持ち、信者たちとも交流をはじめる。信者たちは当初訝しげにしていたが、キリシタン遺物に対する彼の敬意がわかると次第に親しくなり、永見は折に触れて宗教主題の版画等を贈った。信者たちは喜び、永見が関心を示す品々を与えるようになったという［註12］。美しいもの、興味のあるものを入手して愛でる―コレクター、永見の根幹は少年時代の素朴な経験によって形成されたらしい。

永見家伝来の所蔵品に精力的な蒐集活動の成果を加えた永見コレクションの存在は、南蛮ブームも相まって多くの人々の知るところとなった。明治時代後半から大正時代、長崎には画家、文学者、研究者など分野を問わず多数の文化人たちが往来したが、その多くが銅座の永見邸を訪れ、自慢のコレクションを目にしている。白樺派の作家、長與善郎《ながよよしろう》は一九二二（大正十一）年に永見邸を訪問し、「永見氏は有名な蒐集家である。それもエキゾチックに特別な意味を持つての蒐集家である。だから長崎へ来て長崎の特色を見識るのには永見氏がさう云ふエキゾチックな蒐集家であつてくれる事は非常に都合がいい。長崎にしかない、而《しか》も今の長崎では手に入らぬ珍物を次から次と見せて貰ふ。」［註13］と感想をしためた。この一節は永見コレクションが、長崎を訪れる多くの文化人たちが抱いていた「長崎らしさ」―多くは「異国情調」［註14］と深く結びつく―に対する期待を満たすものであったことを物語っている。

（二）コレクションのゆくえ

数多くの作品・資料を蒐集した永見は、愛蔵するにとどまらず、コレクションを起点に独学ながら研究を進め、その成果を雑誌等で発表してゆく。この点については本稿後半でふれるが、特に評判を呼んだ『南蛮屏風大成』を出版した翌年の一九三一年、永見は自慢の南蛮コレクションのほぼ全てにあたる約二百五十点あまりを神戸の蒐集家、池長孟《いけながはじめ》に売却した（池長孟と永見の交流については、本書所収の塚原晃氏による論考を参照）。永見旧蔵品を含む池長コレクションは現在、神戸市立博物館に継承されている。ただし、売却によって南蛮文化に対する関心が失われたわけではなく、雑誌等における執筆活動はその後も継続的に見られる。さらに書籍や史料の類についてはしばしば購入していたようだ。しかし、戦時下の状況は、ささやかな蒐集さえ、もはや許さなかった。一九四〇年以降、東京を離れ吉浜海岸、熱海と転居を繰り返してゆくが、厳しい生計を支えてゆくために所蔵品を切り売りする日々が続く。それでも、最晩年の永見が外交文書や書簡類など、わずかながら手元に残っていた資料を長崎の博物館、図書館等に寄贈したことは、故郷の歴史や文化を後世に引き継ごうとする意志の表れと考えてよいだろう。

（三）永見コレクションの輪郭

コレクター、永見を著名にしたのは広義の「南蛮」に関するものであったが、実際には、同時代の画壇で活躍していた画家の作品や、文壇で名を馳せた作家のいわゆる「生原稿」にも触手を伸ばしていた。さらに永見家伝来と思しき前近代の日本や中国の書画を含めると、特筆すべき量と多彩さを兼ね備えた独特のコレクションが形成されていたと考えられる。なお一九二二年に永見邸を訪れた高浜虚子《たかはまきょし》は、永見所蔵の南蛮関係の品々が約「六千点」に及ぶと永見本人から聞いている［註15］。

一方、その総体をとらえるのは困難を極める。管見の限り、永見は台帳や売買記録といった、コレクションの全体像を示す資料をほとんど残しておらず、基本的には出品した展覧会の目録や、雑誌や書籍における記載から類推するほかない。幸い、南蛮関係の品々については、売却先である池長が所蔵品目録『南蛮美術総目録』において、永見旧蔵品に「永見蒐」の表記を付しているため大要をつかめるが、それ以外については今後の重大な課題である。ここではせめて、永見コレクションの構成要素を列挙することでその幅広さについて確認しておきたい（本書資料篇も参照）。もちろん同時に全てを所有していたわけではないが、日本近代における名だたるコレクションの中にあってもなお、異彩を放つものではないだろうか。

（A）広義の「南蛮」に関するもの：神戸市立博物館に伝来する二百五十点余りのほか、池長への所蔵品売却後に入手した川原慶賀《阿蘭陀芝居図巻》（黒船館蔵）［註16］、海軍省に渡り、戦後民間を経てアメリカへと渡った《南蛮屏風》（アメリカ・クリーブランド美術館蔵）などが現在判明しているが、虚子に語った「六千点」には遠く及ばない。

（B）ガラス絵：「びいどろ絵」とも称されたガラス絵は、舶来品としてもたらされ日本でも制作された。永見は一九二八年に所蔵のガラス絵を収録し解説を付した『びいどろ絵』（作品147）を出版している。その後、浜松の医師でコレクターでもある内田六郎の元へ渡り、現在は約二十点が浜松市美術館に伝わる。

（C）長崎版画：長崎版画は、南蛮屏風と並んで永見が特に熱心に取り組んだ主題である。所蔵品を掲載した自著『長崎版画集』『続長崎版画集』（一九二六年）があり、同年十月には東京美術学校倶楽部を会場に「永見徳太郎氏蔵品　長崎版画展」が開催されている。同展目録によればこの時百三十一点が出品されているが、所在不明である。

（D）同時代の美術：現時点で永見旧蔵であると同定できた同時代の美術作品はおよそ五十点程度で、代表的なものの多くは本書に掲載している。ただし、美術家たちとの書簡に照らせば、二倍近い所蔵に至っていた可能性が高い。現時点では作品の同定に至らないものの、永見の求めに応じ、作品を送る旨返信している主な作家として、横山大観、前田青邨《せいそん》、富田渓仙、川端龍子、南薫造、吉田博らの名を挙げておく。

（E）生原稿：泉鏡花や谷崎潤一郎、宇野浩二ら、多数の作家に対して求めた生原稿の所在はほぼ不明である。現在、永見旧蔵で所在が明らかなものは、芥川龍之介の『河童』（国立国会図書館蔵、永見「河童原稿縁起記」が付される）、『序に換ふる小品』（長崎歴史文化博物館蔵、永見の求めで著されたもの）に限られる。

（F）古写真：少年時代から古写真の蒐集をはじめた永見は、一九三二（昭和七）年には所蔵古写真の一部をまとめた『珍らしい写真』を発行したが、同時点で古写真の所蔵が一万点に及ぶことが序文に示されている。その一部は、写真家の山端庸介《やまはたようすけ》を介して岩波映画製作所に入り、現在は「旧岩波コレクション」として日本大学芸術学部に伝わる。

（G）外交文書等（長崎への寄贈品）：最晩年の永見は、手元に残された所蔵品を積極的に長崎の文化施設（博物館、図書館）へと寄贈した。現在は長崎歴史文化博物館等に伝えられる。近世長崎の海外交流の在りようを示す外交・貿易関係の史料のほか、興味深いものとして大浦天主堂が蔵する宗教版画を複製したもの［註17］や長崎版画の版木などが挙げられる。

（H）前近代の美術工芸（永見家伝来品か）：一九二五年六月、永見本家は長崎で売立を行っている。この翌年の三月に長崎を離れることを考慮すれば、転居も見据えつつ所蔵品の整理を図ろうとしていたのかもしれない。この時の棒目録には、二百二十三点の作品が掲載されている（ただし所々に「此他数点あり」等の記載あり）。沈南蘋《しんなんぴん》ら中国系画家、あるいは木下逸雲ら長崎ゆかりの画家のほか、俵屋宗達、狩野探幽、酒井抱一、円山応挙など、錚々たる作家たちの名前が見えるが、おそらく画題や帰属が変更になっているものも多数あると思われ、現在まで具体的な同定には至っていない。

三、アーティスト・永見夏汀

永見の芸術活動の端緒は、いわゆる「芸術写真」の作り手としての姿に求められる。永見は明治時代の末から大正時代にかけて、写真、絵画、文学にきわめて精力的に取り組み多数の創作を手掛けた。こうした創作は上京を境に減退してゆくが、写真家としての永見は昭和期に再び登場する。

（一）カメラ①：芸術写真をもとめて

一九〇三（明治三十六）年頃、母が土産に持ち帰ったカメラにふれたことが写真家としての出発点であったという［註18］。カメラを手にした永見の周辺には、長崎の写真家、内田九一《うちだくいち》の縁戚にある永見華島と号する従兄がいた。写真経験のある華島の導きによって撮影に手を染めた永見は、華島から「華山」の雅号を与えられ、『国民写真』等の懸賞写真に応募しはじめる。自信をつけた彼は、早速「華山」から八月生まれに因み自ら考案した「夏汀《かてい》」の雅号へ変え、終生用いた。永見は浪華写真倶楽部や東京写真研究会といった団体の展覧会に出品し、『写真界』や『グラヒック』等の写真雑誌での掲載を重ねていった。

一九一三（大正二）年、永見は『夏汀画集』を発行する。収められた十五点の写真の多くはソフト・フォーカスの柔らかな画面である。永見は自身の作風をのちに「朦朧《もうろう》写真」（明治末期から流行し大正時代後期に隆盛を見せる）の中に位置付けている。『夏汀画集』所収の永見によるテキストには、「僕は此振はない九州を関西関東地方の様にはゆくまいが九州の美術写真界を盛大にしたいと希望して」いると発行の意図が綴られている［註19］。掲載作品の多くは先述の各種展覧会に出品し賞を受けたもので、自らの雅号を題とした本写真集は、まさしく日本における写真発祥の地、長崎から写真家・永見夏汀の登場を広く世に示さんとするものであった。以降永見は、『夏汀画集二』（一九一五年）、『夏汀画集三　印度の巻』（一九一六年）と写真集を出版したが、その後は展覧会への出品も次第に減少してゆく。永見のエネルギーは戯曲の創作や南蛮及び長崎関係の研究の発表に注がれるようになり、写真雑誌にその名が登場する場合でも、写真史的な内容が多い。写真雑誌において再び永見の写真を盛んに目にするには、一九三〇年代を待たねばならない。

（二）絵筆：大正時代の輝き

写真集を次々と世に出し、新進気鋭の写真家として認知されつつあったこの時期、永見は絵画制作にも取り組んでいた。制作が本格化した始期は不明だが、大規模公募展にはじめて発表された機会と考えられるのが、一九一五（大正四）年三月の太平洋画会第十二回展における《京の冬》の入選である。その後、一九一七年の同会第十四回展においても《魚市場》、《砂漠の国》、《ヒマラヤノ朝》が入選している。太平洋画会展という伝統と知名度のある公募展での入選は、長崎の近代洋画史上でも重要な出来事といってよい。永見が数ある美術団体の中からなぜ同会を選んだのかは不明だが、同会で活躍した長崎出身の画家、渡辺与平と古くからの知己であったこと、創立会員でもある洋画家、満谷国《みつたにくに》四郎《しろう》とこの時期盛んに手紙のやり取りを交わしていたことに鑑みると、彼らとの縁から導かれたものと考えるのが妥当だろう。なお、永見は当時最大の官設公募展であった文展においても入選を目指していたようだが［註20］、残念ながら最終的に入選した形跡は見られない。

永見の画業を考えるとき、現存する作例の少なさが大きな障害となる。文献上の記録としては太平洋画会展出品の四点のほか、一九一五年に長崎で開催された「永見夏汀作品展覧会」に出品した油彩画十点等があり［註21］、重複を考慮しても最低でも十五点程度の存在を確認できる。一方、現在所在を確認できるのは長崎県美術館所蔵の四点、すなわち《長崎港》《唐寺》《赤道近くの海》《朝のヒマラヤ》に限られる。これらから作風を検討すれば、いずれも比較的おおらかな線描が用いられ、《赤道近くの海》《朝のヒマラヤ》では大胆な形態把握と独特の色彩を看取できよう。これら二点の造形的特徴は、満谷国四郎に通ずるものであり、この時期の永見と満谷の頻繁な文通に鑑みれば、満谷が何らかの助言を施していた可能性も考えられる。なお、現時点で確認できた資料において、上京後の永見が絵画作品を発表した形跡はなく、大正時代、つまり長崎時代までに彼の絵画制作は終わりを迎えたものと思われる。

（三）ペン：ロマンティシズムの戯曲家

大正時代、多彩な活動に向けられた永見の創作欲動は、文学の分野にも及んだ。写真雑誌に投稿した批評のほか、『長崎文芸』等に寄稿した随筆やインドに関する紀行文『印度旅日記』（一九一七年）など、執筆自体は明治時代末期からすでに見られるが、本格的な創作という意味では、一九二三（大正十二）年四月、雑誌『人と藝術』に発表された戯曲「妖婦蔚山《うるさん》稲」が最も古いようだ。以降永見は驚異的なスピード感で戯曲の発表に突き進んでゆく。劇作家であり評論家の武藤直治が一九二四年四月発行の『早稲田文学』に寄せた評論によれば、武藤はこの時点までの永見の戯曲をほぼ全て読んでおり、その数はおよそ三十篇に至るという。およそ一年間で三十篇という恐ろしい多作ぶりには、武藤も「量に於いて、彼れを凌駕する戯曲家は殆んど居るまい」と舌を巻く［註22］。雑誌での発表にとどまらず戯曲集も刊行し、一九二四年から翌年までの間に三冊の発行に至った（一九二四年には創作集『恋の勇者』も刊行）。

一方、『蒲団』等で知られる作家、田山花袋《かたい》は永見の戯曲「和寇」について、セリフや人物描写等、全体的に低調であり「甚だつまらない」と厳しい評価を下している［註23］。永見の戯曲は、多作さや、異国情調豊かな題材の新規性において注目を集めてはいたものの、個々の作品が高い評価を受けるには至らなかったようだ。『阿蘭陀《おらんだ》の花』（一九二五年）以降、永見による戯曲作品はほとんど見られなくなってゆく。

（四）カメラ②：写真雑誌と舞台写真

一九三〇年代より、『カメラ』『アサヒカメラ』等の写真雑誌に再び永見の名が盛んに登場しはじめる。永見は写真雑誌において、例えば「コダックヂュオ六二〇の試写」「拾銭カメラは愉快ですよ」「夜間撮影の失敗防止法」のような、一般のカメラ愛好者向けの記事をかなりの頻度で投稿した。この時期永見は、数多くの写真を撮影し、記事の中で紹介しているが、芸術写真家を目指し『夏汀画集』等の出版や発表に勤しんでいた大正時代とは目指す姿が異なっていたようだ。かつてのように公募型の写真展に挑戦していた形跡は見られない。一九三〇年代半ば以降の仕事で独自の特色となっているのが、演劇関係の写真の撮影である。永見は一九三三年頃からこれらの撮影をはじめ、数千枚の写真を撮影したという。この中の一部は一九四一年、早稲田大学坪内博士記念演劇博物館に対し永見から寄贈された（作品73〜85）［註24］。一般的な構図をとるものに加えて、舞台上の照明場から俯瞰して撮影したものや、開幕前の稽古や支度と思しき場面など、一般的な舞台写真とは異なる独特な作品を残している。多数の戯曲作品を発表し、演劇愛好家である永見は数多くの俳優とも交流を持っていた。永見独自の舞台写真は、こうした俳優、あるいは演劇関係者たちとの密な交流の中で築き上げた特異な立ち位置にあったからこそ生み出し得たものであろう。

四、交流の日々―長崎と芸術家たちをつなぐ

現在、長崎歴史文化博物館には『尺牘集《せきとくしゅう》』と題された五帖からなる書簡集が所蔵されている。収められているのは、一九一二（明治四十五）年頃から一九二五（大正十四）年、つまり永見の長崎時代に様々な人々から永見に宛てられた書簡である。五帖合わせて三百通を超え、差出人は百人以上に上るが、その顔ぶれは南薫造、前田青邨らの画家、芥川龍之介、谷崎潤一郎、菊池寛ら文人、二代目市川猿之助ら演劇関係者など、錚々たるものである。永見は必ずしも、彼らとあてどない文通を重ねていたわけではない。宛てられた文面から推察すれば、永見は多くの芸術家たちに対して作品を買い求めていたようだ。例えば南薫造が一九一二年、永見に対し宛てた二通の書面を検討すれば、南が永見の求めに応じて《黄薔薇》《塩たく家》《伊太利古城跡の羊飼ひ》の三点を永見に送付したことがわかる［註25］。また第二節でふれたように、文学者に対しては「生原稿」を求めて手紙を送っていた。

作品のやり取りに関するもののほか散見されるのが長崎訪問時のもてなしに対する感謝の意を示す書面である。永見は長崎を訪れた芸術家たちを自邸に招き、自慢の所蔵品を紹介し宴席を設けた。芸術家たちが長崎の市中を見て回る際に同行して案内したり、制作に関する様々な便宜を図ったりもしている。こうした手あついもてなしとコレクションに対する評判が様々なかたちで広がった結果、長崎を訪れる芸術家で永見邸を訪れないものはない、といわれるまでの状況へとつながっていった。斎藤茂吉が日本画家、平福百穂《ひらふくひゃくすい》に宛てた手紙によれば、長崎訪問を期す百穂に対し、来崎時は永見邸に泊まるよう永見自身が希望している旨が伝えられている［註26］。多くの芸術家たちを招きもてなすことに喜びを見出していることがうかがえるが、これは生来の芸術一般に対する深い敬意と憧れによるものだろう。

永見と芸術家たちの交流によって生み出された作品があることにも注意を払っておかねばならない。ここでは先にもふれた長與善郎のケースを確認しておこう。一九二三（大正十二）年に雑誌『改造』で発表されすぐに書籍化された『青銅の基督』は、のちに映画化もされた長與の代表作の一つである。江戸幕府によるキリスト教徒弾圧が厳しい時代の長崎を舞台にした小説で、鋳物師である萩原裕佐が作り出す美しい踏絵用のレリーフを中心に、萩原裕佐と遊女、キリスト信者たちを主人公とした物語が展開される。長與善郎は一九二二年の九州旅行に際して永見から萩原裕佐に関する物語を聞き『青銅の基督』の着想を得て、執筆にあたっては永見から参考書籍を借用している［註27］。むろん、本小説は長與の想像力と表現によって創作されたものであるが、永見と芸術家の交差によって作品が生み出された好例の一つであろう。永見はいわば媒介者として、芸術家と「長崎」をあらゆる意味でつなぎ合わせる役割も果たしていたのである。

五、上京後―長崎の伝道者として

ここまでは一九〇六年永見家の当主となってから、一九二六年に上京するまで―すなわち、長崎を舞台とした永見の活動を中心に見てきた。ここからは、上京から最晩年に至るまでの永見の動きについて、一部既述の事柄も含むが、簡単に確認しておきたい。

(一) 夏汀堂―荻窪の新居から

一九二六(大正十五)年三月初旬、長崎を離れた永見一家は、東京府北豊島郡滝野川町に住居を構えるが、同地での暮らしは早々に終わり、同年九月中旬までには豊多摩郡高井戸町へと移り住む。西荻窪駅を最寄りとするこの新居が、およそ十四年にわたる東京時代の住処となった。

先にも少しふれた通り、永見はコレクションを起点に広義の南蛮美術や長崎に関する論考を発表するようになってゆく。一九二〇年代はじめごろから雑誌を主な舞台として始まった発表は、上京前後さらに活発化し、『長崎版画集』『続長崎版画集』『南蛮長崎草』『長崎の美術史』といった代表的な著作を生む。なお、『長崎版画集』二冊と『長崎の美術史』の出版元は「夏汀堂」となっている。永見は高井戸の自邸に書肆夏汀堂を開いたのである。ただし、この出版業が生計を支えたとは考えにくい。夏汀堂から出版されたのは、永見による著作五冊のほかには春山育次郎『月照物語』(一九二七年)の一冊のみであった[註28]。

すでに見た通り、戯曲を主とする永見の創作は、異国趣味的題材が関心を集めるものの評価は高くなく、むしろ、並行して発表した南蛮あるいは長崎に関する寄稿のほうが専門家たちの注意を惹いていた。想像の域を出ないが、彼はこうした評価も踏まえ、次第に創作から研究へと軸足を移していったのではないかと思われる[註29]。上京後の永見は、「南蛮文化研究家」のような肩書での紹介が増えるが、一九二八年に日本橋三越で開催された「南蛮史料展覧会」はその名をさらに広く知らしめる契機となった。永見は主催者内の中心人物として活躍し、展覧会出品作の一部を掲載した書籍『南蛮美術集』では解説の執筆を務めた[註30]。この前後、雑誌のほかラジオや講演会にもたびたび登場し、マルチタレントのような露出を見せている[註31]。長崎・南蛮に関する著書としては、『南蛮屏風大成』(一九三〇年)が最後の出版となった。南蛮屏風を中心的に扱った単行書としてほぼ嚆矢といえる本書は、永見所蔵品のほか、御物を含む国内所在の主だった南蛮屏風を収録し解説を付しており、南蛮美術に関する研究史の上でも重要である。本書を世に送り出した永見は、翌年に南蛮コレクションの大部分を池長孟に売却したものの、その後も雑誌等ではしばしば関連する論考を発表した。

一九三〇年代半ば以降、雑誌等における永見の論考で増えてくるテーマが、インド、シンガポール、インドネシアなどアジアの文化に関するもので、既述の通り大正時代の彼の経験に基づくものである[註32]。日本が「大東亜共栄圏」を掲げアジア諸国への支配意識を強めてゆくこの時期、一般向け雑誌においてもアジア特集の需要が高まっていた。

(二) 東京を離れて―晩年の日々と句作

一九四〇(昭和十五)年、永見は東京を離れ、避暑地として名高い箱根にもほど近い吉浜海岸へと転居する。多くの文人墨客同様、戦禍を避けるための疎開と考えられるが、転居に際して西高井戸の家を売却しており[註33]、東京へ戻ることはすでに考えていなかったのかもしれない。永見は相模湾を望むこの地でおよそ三年半を過ごしたのち、一九四四年に熱海へと移る。熱海では当初、西山地区の旅館、磯八荘の二階部分を借り切って生活していたが、一九四六(昭和二十一)年には、同じく西山地区の六一四番地へと移る。隣には歌人である佐佐木信綱《ささきのぶつな》が暮らす凌寒荘があり、永見は彼のもとに足繁く通い、佐佐木の主宰する月刊誌『心の花』に毎月のように自作の句や歌を投稿している。同誌は戦後の永見の継続的な発表を見ることができる唯一のものである。そもそも永見は、創作欲旺盛な大正時代の時点ですでに、俳人・歌人である高比良濤華、松尾一化子、松尾弔春子らが設立した団体「覇」に参加し、一九一八（大正七）年四月の『覇』創刊にも一役買った経験を持つ［註34］。

永見は一九四九年の暮れから翌五十年のはじめ頃、熱海市上多賀へと転居する。農家の一角を借りた簡素な住処であった［註35］。そして一九五〇年十一月、妻への遺書ともとれる手紙を投函し、二度と家に戻ることはなかった［註36］。永見は失踪の寸前まで、『心の花』への投稿を続け、同誌掲載の永見の句は延べ約百七十点に及ぶが、多くはインド、マレー半島、奈良、京都などの旅先と、故郷長崎の情景を詠んだものである。故郷や海外、国内の名勝地―最晩年の永見は質素な家の一室から、美しい記憶に想いを馳せる日々を過ごしていたのだろうか。

長崎の近代―永見徳太郎の位置

ここまで、明治末期から戦後間もない時期までの六十年間を怒涛の勢いで駆け抜けた永見の活動を追いかけてきた。実に多岐に及ぶ永見の仕事は、長崎の近代文化史においてどのように位置づけうるのだろうか。まず、創作者としての彼の仕事について考えるとき、先にも引いた武藤直治による一節が想起される。武藤は「［前略］戯曲家としての永見氏は、すべての点で余りにヴァライテー（引用者註：バラエティ）が広すぎるように思われる。［中略］彼があり余る勢力にまかせて、ほしいままに今迄の程度の仕事をつづけて行くのは、彼にとって惜むべきではないだろうか。今こそ加餐自重して、彼の力一ぱいの大きな仕事に着手しはじめる時ではないだろうか。［後略］」［註37］と指摘している。これは猛烈な勢いで発表される永見の戯曲について語られたものではあるが、永見の創作全般の核心を突くものであろう。永見が展開した多彩な活動は、各分野において比較的速やかにある程度の評価を受けたことからも明らかなように、芸術に対する旺盛な関心や情熱、それに裏付けられたマルチな才覚を物語るものである。一方、裏返せば滾《たぎ》る情熱の行先をひとつに定められず、湧き起こる興味に導かれるがまま、次々に重心を移していったがゆえに、遂に特定の分野における代表的存在とはなりえずに生涯を閉じたともいえる。片手で収まらないほど多くの肩書は、永見の魅力と限界を明瞭に映し出すものであった。しかしながらそれは、必ずしも永見が長崎の近代文化史上で果たした意義を喪失させるものではない。

長崎を語る際、日本・中国・オランダ、つまりは日本に洋の東西が混淆した独自の文化が育まれてきた土地、というイメージはもはや定型化しているといってよいだろう［註38］。ただ、注意を払っておかねばならないのは、今日われわれが抱くこうした長崎像、あるいは来崎する数多くの芸術家たちが求めた「異国情調あふれる長崎」というイメージは、出島を中心とする海外交流の拠点であった江戸時代から現在まで、常に在り続けたものではない、ということである［註29］。

明治時代に入り、異国情調的長崎像は、以前ほどの熱狂を見せなくなる。それは長崎版画の流通が減少することと同様の理由であろう。海外とつながる窓口という独自性は開国によって希薄化し、長崎は重要な軍事拠点の一つと見做されてゆく［註40］。長崎に暮らす人々の意識も同様であった。一九〇二（明治三十五）年、長崎の『東洋日の出新聞』に掲載された「桜の港たらしめよ」と題する記事には「古来寺社仏閣の壮麗を以て名有る此地乍《なが》ら土地の人は見慣るる儘《まま》に却て左程にも珍重せず。石垣の苔。支那風の寺閣。或は南蛮キリシタンの遺跡等常の物と思ひ倣せども是等固有の宝を持腐らせず。之を利用して市の利益を図らむには。［中略］風景の整理を遂ぐるこそ肝要なれ。」［註41］という一節がある。長崎に多くの人々を呼びこむ方策として、長崎港周辺に大量の桜を植樹すべしという趣旨の記事だが、注目したいのは、寺社仏閣やキリスト教遺跡などが地元住民からすれば「常の物」とされ重要視されない状況にあったことが垣間見える点である。この時点では、地域住民の中に今日のような「異国情調あふれる長崎」という自意識がいまだ育まれていなかったのである。この転機となったのが第二節でも触れた南蛮ブームであった。時間的にも空間的にもはるか彼方にある異国の面影を求める多くの人々が訪れる状況の中で、長崎においても明治末期から大正時代、海外交流史を中心とした長崎特有の歴史を編みなおそうとする優れた郷土史家たち—例えば福田忠明や永見とも交友のあった古賀十二郎、長崎図書館長・永山時英など—が幾人も登場し、連帯を深めてゆく[註42]。長崎の人々が、南蛮ブームにも後押しされつつ、丹念な歴史研究の蓄積によって結果的に異国情調豊かな長崎という自画像を描きはじめていたこの時期に、永見は登場し躍進してゆくのであった。こうした状況に鑑みれば、永見の南蛮美術を中心とする蒐集方針も、「海外交流」「舶来文化」「長崎」といったキーワードで総括され、長崎史を編む動きと連動しているように思えてくる。異国趣味的題材に偏った戯曲の数々も然りである。永見の活動があくまで、芸術への愛情や情熱に衝き動かされて展開したことは言を俟たない。だがその一方で、永見の蒐集や創作は、長崎が自画像を描く道のりと同じ地平にあった。

　永見は単にそこから影響を受けていたばかりではない。先にふれた通り、大正時代の永見は多くの芸術家たちと文通を交わし、積極的に来崎へ誘っている。彼らは銅座の永見邸で南蛮ゆかりのコレクションを鑑賞して異国情調に対する期待を満たし、時にはそれが絵画や文学といった制作へと直接的につながり、作品として世の人々へ届けられた。永見が芸術家たちと交流を持ったのは、生来の芸術への憧れによるものだろうが、結果的に永見は多くの芸術家、そして多くの人々と長崎を架橋する役割を果たしたといえよう。

　そして上京以降、雑誌やラジオ、著書での発表が顕著に物語るように、永見は長崎の発信者、伝道者としての役割を自覚し、その道を突き進んでいったように見える。

「いささかの長崎の文化植え置けりふるさとの弥栄祈りつつわれは」

「死の後も残さむかなやふるさとのたとき文化の古を今を」

　この二首は、長崎の歴史や文化を愛する同好の士であり、友人でもあった郷土史家、林源吉が永見なきあとに紹介したもので、晩年の永見の想いが凝縮されたような二首である[註43]。永見が「長崎の近代」をかたちづくる大きな渦—郷土史家をはじめとする地元の人々、来訪する芸術家と生み出される作品、それを目にする人々がなす「長崎」イメージの収縮と拡散の連鎖—のただなかにあり、その螺旋の強力な推進者の一人であったことは、記憶されなくてはならない。

むすびにかえて

　昨今、「地域美術史」「地方美術史」にとりわけ光が当てられている。それはいうまでもなく、各地のミュージアムによる、いわゆる郷土ゆかりの作家に対する調査研究が長年積み重ねられてきた結果であろう。それぞれの地域ごとにおける美術は、時に必ずしも中央—あくまで「近代日本の」という但し書きを要するが—の美術史に当てはまらない、独自の在りようを見せる。それらは「もうひとつの」「もうふたつの」というように、日本近代美術史を問い直し、多声的なものとして語りなおしてゆくエネルギーを有している。

　長崎県美術館でも、開館以来「長崎の美術」シリーズとして、彭城貞徳、山本森之助、渡辺与平、横手貞美など長崎ゆかりの作家をとりあげ、その顕彰に努めてきた[註44]。本稿で見てきた通り、数多くのジャンルを縦横無尽に飛び回る永見の活動は、「美術」の枠組みに収まりきれるものではないだろう。だが、美術がつねに、無数の人、モノ、出来事が絡みあい築かれる文化という名の土壌から産み落とされるものであるという、ごく自然な事実に目を向ければ、永見という結び目を丁寧にひもといてゆくことは、「長崎の美術」が生まれ育まれてゆく土台そのものを明らかにしてゆくことにほかならない［註45］。

率直にいえば本展では、永見の活動、あるいは永見と交流した中央の作家たちの来訪に対し地元の作家たちがどう呼応したか、という側面が大きく欠落している［註46］。これは今後取り組むべき課題であるが、この点が蓄積されてゆけば、長崎の近代文化史のダイナミズムにより迫ることができるだろう。多くの芸術家たちにそうしたように、永見の仕事は時を経てなお、豊饒なる長崎の近代へとわれわれを導いてゆく。

［註1］永見を芸術史の一ジャンルにおいて位置付けたものとしては、『長崎の美術1 写真／長崎』展（長崎県美術館、二〇〇五年）がある。本展は江戸時代末期に写真館を開いた上野彦馬から東松照明、雑賀雄二といった戦後の長崎をとらえた写真家に至るまで、長崎における写真の展開を追うものであり、大正時代の長崎における写真家として永見が一章を設けられ紹介されている。伊藤晴子編『長崎の美術1 写真／長崎』展図録（長崎県美術館、二〇〇五年）参照。

［註2］永見の多岐に及ぶ仕事と波乱に満ちた生涯について詳細に検討したものとして、大谷利彦『長崎南蛮余情 永見徳太郎の生涯』（長崎文献社、一九八八年）並びにその続編『続長崎南蛮余情 永見徳太郎の生涯』（長崎文献社、一九九〇年）は最も重要な参照点となる。また新名規明による『長崎偉人伝 永見徳太郎』（長崎文献社、二〇一九年）は大谷による研究を継承しつつ、永見の学歴などいくつかの重要な修正を行っている点、永見の文学作品について検討を重ねている点において重要である。

［註3］新名、前掲書、四十頁。

［註4］新名、同上、四十四—五十五頁を参照。

［註5］文藝年鑑編集所編『文藝年鑑 大正十五年版』（二松堂書店、一九二六年）、一九九頁では「大阪商業に学ぶ」となっているほか、『時事年鑑 昭和九年版』（時事通信社、一九三三年）四六六頁では「大阪商業学校中退」となっている。

［註6］永見徳太郎「櫻二題」『旅』第十七巻第四号（日本旅行倶楽部、一九四〇年四月）五十六—五十七頁。ここで永見は「市商の学生だった頃、毎日登校するには、中島川ほとりの天満宮さま前を、通らねばならなかった」と記しているが、銅座の永見邸から当時の長崎商業所在地を結ぶと、確かに中島川沿いを通過するルートがありうる。一方、海星商業はむしろ反対側に位置するため、「市商」が「海星」の誤記である可能性は考えにくい。

［註7］『南洋日日新聞』一九一八年九月六日。

［註8］『南洋日日新聞』一九二〇年十二月十三日の紙面には、永見洋行が「最近遂に事務所を閉鎖せり」の記載が見られる。また一九二〇年から翌年にかけて同地では小規模ゴム園の統合に関する動きが起こっている。永見護謨園もこうした流れの中で手放されたと思われる。

［註9］大谷、『長崎南蛮余情 永見徳太郎の生涯』（前掲註2）、三百九十頁。

［註10］大谷、『長崎南蛮余情 永見徳太郎の生涯』（前掲註2）、四百十五頁。銘板の存在は大谷が永見の息女、三宅トキ氏から聞いたものだという。

［註11］この時期の南蛮ブームについては、『南蛮の夢、紅毛のまぼろし』展図録（府中市美術館、二〇〇八年）を参考にした。

［註12］永見徳太郎「南蛮美術の蒐集」『美之國』第五巻第三号、行楽社、一九二九年三月、二十五—二十九頁。

［註13］長與善郎「九州と朝鮮」『人類の本第十二［評論感想篇］長與善郎詩、感想、紀行、集　波』新しき村出版部、一九二四年九月、七十七頁

［註14］今日では「異国情緒」とする場合が多いが、永見らが活躍した大正時代

には、「Mood」の意味合いを意識した「異国情調」という用法のほうが一般的であった。本稿ではこれにならい、「異国情調」という表現を用いる。

［註15］虚子「肥前の国まで」『ホトトギス』第二十五巻第八号、ほととぎす発行所、一九二二年五月、一—七十五頁。虚子は三月二十日、永見邸を訪問。

［註16］本図巻の内容及び、現在に至るまでの来歴については、宮永孝「文政三年のオランダ芝居：川原慶賀筆「阿蘭陀芝居巻」について」『社会志林』第五十二巻第二号、法政大学社会学部学会、二〇〇五年、一—百一頁に詳しい。

［註17］永見徳太郎「長崎版画切支丹絵の報告」『浮世絵界』第三巻第三号、浮世絵同好会、一九四三年三月、五—十三頁を参照。なお、版画の複製に際し、大浦天主堂主任司祭も務めた浦川和三郎との書簡のやり取りが残されている。

［註18］永見徳太郎ほか「昔の写真家 今の写真家 今後の？写真家 を語る座談会」『カメラ』新年号、アルス、一九四〇年一月、百三—百十二頁。なお、本座談会内で永見はわずかな「華山」時代を一九一一（明治四十四）年の頃と回想しているが、これは記憶違いであると思われ、一九〇九（明治四十二）年発行の『写真界』には、掲載写真に対する批評文を夏汀の名で寄せている。

［註19］永見徳太郎「思ひ出のまま」『夏汀画集』桑田商会、一九一三年、二—四頁

［註20］満谷国四郎から永見に宛てた、一九一六年十月十日付書簡には「本日審査を終り候 何とかして貴意を満足さすべく南氏と務め候へども最後に至り不幸落選の事となり残念の至に奉存候」とある。この年の文展より、南薫造が審査委員に加わっていた。

［註21］一九一五年六月五日から同十五日まで長崎商品陳列所にて開催。油彩画十点、写真二十九点が展示された。出品された油彩画のタイトルは以下の通り。《京の冬》《たそがれ》《赤き祠》《春日野》《柳と小川》《崇福寺より》《秋の日》《雪解の山》《夏になる頃》《春》。「雑報」『写真月報』第二十巻第七号、写真月報社、一九一五年七月、六十一—六十二頁。

［註22］武藤直治「偉大なるアマチュア—永見徳太郎氏の戯曲—」『早稲田文学』第二百十八号、東京堂、一九二四年四月、百九十四—百九十七頁。

［註23］田山花袋「三月の創作」『夜坐』金星堂、一九二五年六月、五十六—五十七頁。

［註24］同館では寄贈を記念し、同年六月に永見徳太郎氏制作・寄贈歌舞伎写真展を開催した。寄贈のいきさつ及び作品一覧については、以下の文献を参照。「永見徳太郎氏制作・寄贈歌舞伎写真展目録」、永見徳太郎「私の舞台写真」『黒船』第十八巻第七号、黒船社、一九四一年七月、二十二—二十五頁。

［註25］永見宛書簡集『尺牘集』第三巻に収められるもの。《黄薔薇》に言及した第一信は二月二十五日付、《塩たく家》《伊太利古城跡の羊飼ひ》に言及した第二信は六月十日付である。

［註26］『斎藤茂吉全集 第五十二巻（書簡 第一）』岩波書店、一九五六年、三百九十九—四百頁。

［註27］長與善郎「九州と朝鮮」（前掲註13）に、永見から萩原裕佐に関する物語を聞いたことが記されている。また一九二三年出版の書籍版『青銅の基督』（改造社）末尾には、「此作の生れるヒントを與へてくれた長崎永見氏に此處で記念としてお禮を述べておく」とある。『青銅の基督』と永見については、新名『長崎偉人伝 永見徳太郎』（前掲註2）にて詳しくまとめられている。

［註28］このほか、一九二七年八月の記事には、夏汀堂内には「山村耕花木版画会」が置かれ、毎月二枚ずつ、一年にわたり耕花の木版画を頒布し、最後に展覧会を催す計画が示されているが、実現した形跡はない。「紹介」『芸天』第四十一号、一九二七年八月、九頁。

［註29］大谷利彦は、永見の転身について、早くから交流のあった長崎の郷土史家、古賀十二郎の存在が大きかったのではないかと推察している。古賀は長崎の歴史、文化に精通し、永見の歴史主題の戯曲制作も古賀の知識に助けられた。大谷、『長崎南蛮余情』（前掲註2）、三百七十三—三百七十八頁。

［註30］南蛮会編『南蛮美術集』芸艸堂、一九二八年九月。言語学者、南蛮研究者であった新村出が序文を、画家、山村耕花が装幀を務めた。本書奥付によれば、編者である南蛮会の事務所は西荻窪の永見邸となっており、同会の実質的な主導者であったことが想像される。

［註31］詳細は本書所収の年表に譲ることとし、ここでは一九三二年のラジオ講演の例を挙げておく。「日支衝突軍艦鎮遠騒動」（一九三二年三月十四日）「長崎料理」（一九三二年三月十四日）日本放送協会編『昭和八年 ラヂオ年鑑』、日本放送出版協会、一九三三年六月、百九十三頁及び百九十八頁。

［註32］永見が寄せた随筆自体は、緊迫した軍事的内容というよりもむしろ「印度の駅珍景」「ジヤワの晝寝」など、当地の文化や風俗についてユーモラスな語り口で記したものがほとんどである。

［註33］大谷、『続長崎南蛮余情 永見徳太郎の生涯』（前掲註2）、三百五十四頁。

［註34］覇社は、河東碧梧桐の来訪と滞在によって長崎にもたらされた新傾向の俳句に刺激を受けて結成されたグループであった。永見は同人として同会に参加し、機関紙『覇』の印刷費を負担した。松尾一化子「吉鐲堂随筆」『フォトタイムス』第六巻第十二号、フォトタイムス社、一九二九年十二月、百二十一―百二十二頁。なお、河東碧梧桐も一九一八年に永見邸の客となっている。

［註35］大谷、『続長崎南蛮余情 永見徳太郎の生涯』（前掲註2）、四百三頁。

［註36］一九五〇年十一月二十日に永見は家を出た。妻、銀子に宛てた手紙も同日に投函されており、遺族はこの日を命日としたという。本書もこの記述に従っている。 大谷、『続長崎南蛮余情 永見徳太郎の生涯』（前掲註2）、四百十二頁。

［註37］武藤、前掲註21

［註38］例えば「和華蘭文化」など。このフレーズがいつから用いられ、定着したのか詳細は不明だが、特に一九八〇年代以降、用例が多い。当初「卓袱料理」の特色として用いられたものが、対象を拡張し長崎の文化全体を指すようになっていったようだ。

［註39］「長崎」が指すイメージの形成がどのようになされてきたかについては、畑中（挽地）佳恵氏による研究を大いに参考にした。 挽地佳恵『「長崎」イメージの形成と「私たち」―土地の名に働きかける―』（博士論文、二〇一三年七月、立教大学提出）など。

［註40］一九〇〇年には長崎要塞が設置されている。現在の長崎市中心部一帯は要塞地帯として定められた。

［註41］「桜の港たらしめよ」『東洋日の出新聞』一九〇二年八月十六日。

［註42］例えば、一九一三（大正二）年には福田忠昭が中心となった「長崎古蹟保存会」、古賀十二郎らが主導した「長崎史談会」（第一期）が設立されている。さらに一九二八（昭和三）年には、福田や古賀、永山、武藤長蔵らを顧問とするかたちで改めて「長崎史談会」（第二期）が発足している。機関紙と位置づけられる『長崎談叢』に永見もしばしば寄稿した。明治末期から大正時代の長崎における歴史研究の歩みについては、以下の論文に詳しい。新木武志「呼び起こされる長崎の過去 ～長崎史研究と開港記念日の創出～」『平和文化研究』第四十一集、長崎総合科学大学長崎平和文化研究所、二〇二一年三月、二一―三十六頁。

［註43］林源吉「夏汀追憶三題」『長崎談叢』第三十八集、一九五八年四月、九八―百二頁。

［註44］二〇〇五年の開館以来、「長崎の美術」シリーズとして実施した展覧会は以下の通り。「1 写真／長崎」「2 山本森之助」「3 彭城貞徳」「4 渡辺与平」「5 横手貞美」「6 田川憲」「7 池野清」

［註45］永見は、社会的ステータスと財力を持ち、多趣味に活動する「数寄者」の在りようとも重なるものの、その範疇を抜け出ており、今のところ「文化人」としておきたい。また永見同様のスケール感ではなくとも、領域横断的な「文化人」と呼ぶべき人々は、各地域に存在するはずである。彼らは分野をまたがるがゆえに等閑視されがちだが、彼らの仕事をひもといてゆくことは、地域の文化史を豊かにしてゆくことにつながるだろう。

［註46］例えば美術に絞ってみても、少なくとも現段階では、来崎した画家から濃厚に影響を受けたような作風を示す地元の画家やグループを確認できていない。そもそも、明治末期から大正時代における長崎を舞台とした、地元の美術の活動に対する調査研究はこれまでほとんど蓄積されておらず（山本森之助など出身者だが長崎外で活躍したケースは除く）、喫緊の課題である。

「南蛮病」永見徳太郎と「南蛮狂」池長孟

塚原 晃（神戸市立博物館学芸員）

一・はじめに

本展覧会の主人公・永見徳太郎（一八九〇―一九五〇）を語るとき、池長孟（一八九一―一九五五）の存在は欠くことができない。現在神戸市立博物館に所蔵されている「池長孟コレクション」は、一九五一（昭和二十六）年にこの池長本人から神戸市に一括委譲された約七千点［註1］の美術作品および関連資料で構成されている。十六世紀後半から十九世紀にかけて、海外との文化交流に触発されて制作された日本美術、いわゆる「南蛮美術」［註2］を体系的に収集したものとして知られているが、その中に永見徳太郎による蒐集品が含まれている。その数は二百五十点を下ることはないだろう。本稿では永見徳太郎に関して詳細な伝記情報を提供する先行研究［註3］や、山口雅生《まさお》の回想記［註4］などを参照しつつ、永見と池長の関係を示す新出の自筆資料を交えながら、南蛮美術に情熱を捧げた二人の足跡をたどる。

永見徳太郎（1935年撮影）

二・銅座の殿様と南蛮美術

長崎の永見家は江戸時代から貿易や金融業で富を築いた家系である。一九〇六（明治三十九）年に六代目当主となった徳太郎は、本業の倉庫業に加え、一九一九（大正八）年からマレー半島でのゴム園経営や貿易業にも進出し、人生の経済的絶頂期を迎えた。その銅座町の邸宅には、芥川龍之介、竹久夢二など多くの作家や文化人が来遊していた。その豪勢でハイカラな振舞いから、永見は「銅座の殿様」とも呼ばれた。

絶頂期にあった永見の姿を、ある少年が毎日のように目撃していた。丸山に約三百年続いた料亭・花月の最後の十七代目当主となる山口雅生である。山口は中学生の頃、毎朝の登校時に、恰幅の良い体躯を乗馬服で包んで馬を駆る永見の姿を新大工町あたりで眺めていた。当時（大正十年頃）の長崎の街中で乗馬を楽しむ紳士は永見以外にいなかったという。

永見は「夏汀」の雅号をもち、少年時代から文芸趣味と写真術に没頭し、一九一三（大正二）年には、自身が日本初の個人による写真集だと主張する［註5］『夏汀画集』を刊行していた。同じくカメラに夢中になっていた山口少年にとって永見は、その華麗な乗馬姿とあいまって「大きなビイジョン」としてそびえ立つ存在だった。その山口が、戦後の荒廃した神戸の地で、永見と縁深い池長美術館の存続をかけて奔走することになるとは、このころは想像すらできなかっただろう。

永見徳太郎が、南蛮美術を蒐集しはじめた経緯については詳らかではない［註6］。南蛮屏風［註7］の存在を知ったのは大正九年前後だったと述べているが、実際には蒐集の初期は長崎版画など地元の美術工芸品が多かったものと推測される［註8］。

大正時代後期、マレー半島のゴム園経営が行き詰まり、永見は所有不動産処分と倉庫業廃業に踏み切る。実業家としての前途に見切りをつけ、一九二六（大正十五）年に長崎から東京へ移住、以後は蒐集家・写真家・著述家としての活動に専念する。その後の約五年間が、蒐集家・永見徳太郎の最盛期となる。後に永見自身が自嘲するところの「南蛮病」に取り憑かれた時代と言える。

きっかけは、大阪市内の旧家・松原家に伝来し、高見澤忠雄（一八九九―一九八五）が、一九二六年に落札した《南蛮屏風》（現・クリーブランド美術館［アメリカ］蔵）との出会いだった。翌年、東京松屋百貨店で高見澤らが開催した「初期肉筆浮世絵展覧会」に出品、これを見て感激した永見は直ちに高見澤からこの屏風を入手するだけではなく、コロタイプ印刷の『画集 南蛮屏風』としてその精細な写真を公にした。寛永期と思われる当世風俗とキリスト教宣教師たちの姿が共存する内容構成から推測して、その制作時期は元和から寛永の鎖国完成期で、その絵師は長谷川派と思われる［註9］。永見はこの画集の解説で、これを天正～慶長期の狩野派絵師が南蛮貿易の実態を活写したものとして、その表現内容と史実との照合について熱く語っている。この展覧会では、高見澤が京都で見出した扇面画京名所六十一枚組も展示され、そのうちの一枚が《都の南蛮寺図》（作品13）だった。一五七六（天正四）年に献堂式が行われた京都で最初の本格的なカトリック教会を描いた唯一の絵画で、これも直ちに永見の所有となった［註10］。

東京への移住は、永見の蒐集家としての視野を広げたに違いない。たとえば、明治洋画のパイオニア・高橋由一《初代玄々堂像》（作品36）は、長崎時代の永見にはまったく接点のない作品であり、東京移住後に入手したと推測される［註11］。あらゆる時代の対外交流に触発された美術作品をカバーする意欲を感じさせる。

一九三〇（昭和五）年、永見は、南蛮美術関係の最大の画集『南蛮屏風大成』を刊行、二十八点の南蛮屏風を紹介する。その研究解説編である『南蛮屏風の研究』で永見は、奈良の上村耕作所蔵の南蛮屏風をリストに挙げつつも、「拝見していないから、事実よいものか、悪いものかは言うことができない」と述べている。この屏風は、先述のクリーブランド本南蛮屏風を世に出した高見澤忠雄が、この年に発見したばかりのものだった［註12］。惜しくも永見が自著で紹介することができなかったこの屏風は、現在世界で九十件以上確認されている南蛮屏風のなかでも突出した表現力と保存状態を誇る狩野内膳筆のもので、池長孟が一九三二年にこれを入手することになる。

三・南蛮狂へのコレクション譲渡

池長孟［註13］は一八九一（明治二十四）年、生誕の直後に兵庫の資産家・池長通《とおる》の養子となった。池長家はもともと美術や芸術などとはあまり縁がなかったが、教育事業に熱心だった通の死後、莫大な資産を受け継いだ孟は、この父親を越えたいという焦燥に駆られていた。誰にも真似できない社会貢献を求めて、経

池長孟（1930年頃の撮影か）

済的な困窮に陥っていた植物学の世界的権威・牧野富太郎を援助し、一九一八（大正七）年にその研究所を神戸市内の会下山に開設した。ここに十万点の植物標本を収蔵し、牧野が擁する高度な学識とともにその分類整理を試行錯誤したことは、池長のコレクターとしての資質を無意識のうちに高める経験となったはずである［註14］。

一九二二（大正十一）年に池長は欧米各地を七ヶ月間旅行するが、その道中、米国ボストン美術館に立ち寄った。展示室で多くの欧米の油彩画や日本の浮世絵を鑑賞し、ここに勤めていた富田幸次郎（当時は中国・日本副部長、後にアジア部長）の案内で地下収蔵庫を見学、作品の整理分類、その移動や点検時の機械化・省力化、写真付きで詳細に記載された収蔵品目録に驚嘆し、逃げるように美術館をあとにする［註15］。「身上つぶして南蛮狂」［註16］と池長自身が晩年に懐想する、破天荒な蒐集・美術館構想の種はここで蒔かれたのである。

池長は最初の妻・正枝を大正十四年に亡くした。この喪失感から抜け出すため、住み慣れた兵庫の古い本宅を離れ、神戸葺合区の新興住宅街に、当時としては斬新なスパニッシュ・ゴシック様式の邸宅「紅塵荘《こうじんそう》」を一九二七（昭和二）年に新築する。池長はその室内を飾る美術品を探し求め、同年八月、大阪内本町のべにや美術品店で、ロシア船を描く古い版画に目を奪われ、即座に買い取る。しばらくしてこれが「長崎版画」であると、大阪八幡筋の美術商・杉本梁江堂に教えられ、この店を通じて同種版画の大量購入に着手する。

長崎版画を買い漁る池長孟の出現は、たちまち、南蛮美術に関わる人々の注目を集めることになった。たとえば黒田源次や西村貞などの研究者はこの頃から池長と知り合い、以後、その蒐集活動を最新の学術で裏打ちしていく。さらに池長は東西文化交流研究の開拓者・新村出と接触をはたす。新村は、他に現存例がない「針屋」版三点を含む六点の長崎版画を池長に譲渡した。

池長孟と永見徳太郎の出会いも、やはり長崎版画を縁とするものだった。永見を池長に紹介したのは杉本梁江堂で、さらに一九三一年の、永見の南蛮美術コレクションの池長への譲渡も杉本の仲介だった［註17］。

コレクション譲渡の理由として、東京での生活と精力的な著作活動を維持するための資金確保（実際に池長が永見に支払った代金は二万七千円［註18］）が推測されるが、詳細はわかっていない。池長も永見も長崎版画を多数蒐集していたが、図柄が重複する分はこの譲渡には含まれていない。また、現クリーブランド美術館本《南蛮屏風》は池長の手に渡っておらず、この作品に対する永見の特別な思いが垣間見える［註19］。

四・池長美術館開館と南蛮病

永見徳太郎コレクションの譲渡で、池長孟が獲得したのは、実体の作品・資料だけではなく、その蒐集方針そのものでもあった。制作時系列的に《都の南蛮寺図》（作品13）から高橋由一《初代玄々堂像》（作品36）に至るラインナップを擁するこのコレクションは、「南蛮美術」すなわち海外から影響を受けた日本美術を網羅する構想を、池長に啓示したに違いない。一九三二年、はやくも池長の財力と行動力は、南蛮屏風および初期洋風画の大作に向けられる。池長孟コレクションの三大屏風ともいうべき《泰西王侯騎馬図》、狩野内膳筆《南蛮屏風》、《四都図・世界図屏風》（いずれも現神戸市立博物館蔵、重要文化財）をこの年に立て続けに入手した。

最終的に池長は、江戸洋風画や、黄檗美術、明治洋画なども含めた約七千点の作品・資料を蒐集した。植物研究所での試行錯誤、ボストン美術館での衝撃など、過去の尊い経験が結びつき、美術館構想が一気に形となっていく。一九三八（昭和十三）年五月、「池長美術館」が神戸熊内《くもち》町に竣工し、コレクションの展覧会が一九四〇年に四月一日から五月三十日まで行われた。

美術館開館に際して、池長は永見に展示目録を送付した。これを受けて四月八日に、永見が池長に返した葉書が現存している［註20］。

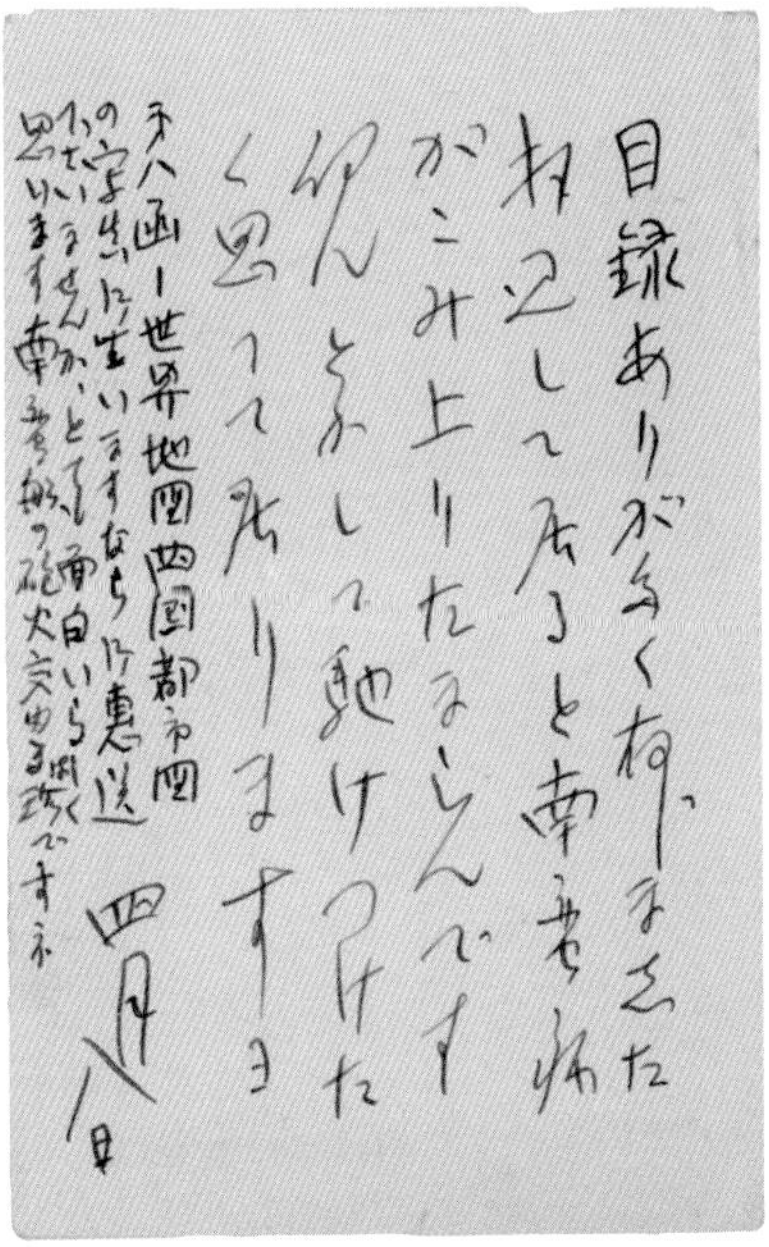

永見徳太郎の池長孟あて葉書 昭和15年（1940）4月8日

目録ありがたく存じました。拝見して居ると南蛮病がこみ上りたまらんです。何んとかして馳けつけたく思って居りますヨ。

第八函―世界地図四国都市図の写真御座いますなら御恵送下さいませんか。とても面白いらしく思います。南蛮船の砲火交ゆるは珍ですネ。

四月八日

この葉書の主旨は、展示目録にある「四都図・世界図屏風」の写真送付希望だが、南蛮美術にのめり込んだ過去への自嘲か、「南蛮病がこみ上りたまらんです」という言葉、そして、大胆かつ闊達な筆致からは、この頃の永見のおおらかな人柄と、こどものような興奮も伝わってくる。

しかし展覧会の芳名帳を見る限り、永見が池長のもとを訪れた形跡はない。この年の夏に永見は食料事情が悪化する東京から、熱海に近い吉浜海岸の借家に夫婦で転居しており、その準備で神戸への長旅を断念したのかもしれない。かねてからの経済的な不如意に加え、一九三六年ごろから通風の発作など体調不良がつづき、熱海周辺での生活に永見は心身の回復を期したのだろう。

五・戦後の苦境と散逸の危機

直接の戦災を免れたとはいえ、戦後の情勢は、永見徳太郎と池長孟に冷酷なものだった。

一九四五（昭和二十）年の神戸大空襲で、美術館とその南蛮美術コレクションは奇跡的に焼失を免れたものの、その後池長は人生最大の苦難に直面することになる。この難局に池長とともに立ち向かい、活路を見出したのが、先述の山口雅生だった。

山口が最後の当主となった長崎の丸山花月は一九三〇年に廃業に追い込まれたが、それでも彼は古賀十二郎のもとで長崎の文化史や美術を夢中で学んだ。古賀が池長の黄檗・長崎系絵画の蒐集に協力していた縁があり、さらに高見澤忠雄からの推挙もあって、一九三九年に山口は神戸に呼ばれ、池長の個人秘書として池長美術館の創設に携わった。

一九四〇年に開館した池長美術館は毎年四月から五月にかけて展示を行ったが、戦局の悪化により一九四四年の第五回目が最後となる。長期閉館が懸念される中、「自分の処に居るよりも君の将来のために」と、池長は山口に住吉山手の白鶴美術館に転職をすすめる。同年三月より白鶴美術館へ移籍した山口は、本流の東洋古美術と盤石な美術館経営について、創立者であり理事長の嘉納治兵衛より薫陶を受け、戦後はＧＨＱのための展示・普及活動に対応するなど、多忙ながらも美術館人として充実した日々を過ごした。一方、戦後間もない頃の池長美術館は、進駐海軍の将校クラブ、そしてＣＩＣ本部として使用され、本来の活動を再開できる状況にはなかった。

コレクションへの課税問題に苦慮していた頃の池長孟
1949年撮影

一九五〇年春、大阪で行われた日本学術会議で池長と再会した山口は、神戸への帰途の電車で、悲痛な話を聞かされる。南蛮美術コレクションを全て手放すので、売却先を世話してほしいというのである。その後山口はこのコレクションが東京で売られているという噂も耳にした。

戦後、池長のコレクションは私有財産として課税対象となり、一九四七年より財産税、一九五〇年からは富裕税などがかけられた。作品購入費も含めて、池長美術館を創設するのに約二百万円かかったとされているが［註21］、戦後池長に課せられた税の総額は百万円を越えたという［註22］。「社会公益のためにこれ程尽くして来た私には、絶大なる感謝の意を表し、何かの報償を捧げてもよかりそうなものを、日本ではすべてが逆だ」と、池長は日本の社会に怒りを募らせる［註23］。自分と家族の生活を維持するために、その邸宅紅塵荘や、一部の美術品を売却して急場をしのいだが、一九四九（昭和二十四）年から翌年にはコレクション全体の売却を検討せざるを得なくなった。

かつての憧憬の的だった永見徳太郎の蒐集、そして自分が美術館の設立に関わった池長孟の南蛮美術コレクションが、まさに崩壊しようとしている。他館に奉職する身でありながら、山口は池長の恩に報いるため、そのコレクションを散逸することなく存続させる道を探った。

山口の動きと前後して、池長コレクション売却の噂は、永見徳太郎にも伝わっていた。しかも、永見も池長から売却先について相談を持ちかけられていた。自分のコレクションを託した池長からの頼みであり、わずかでも望みのもてる人物にさっそく接触を図る。その反応について丁寧に伝え、今後の対応について慎重に指示を仰ぐ、一九五〇（昭和二十五）年六月十九日付の永見の手紙が現存している（作品64）。

前略

御秘蔵処分の風説は昨春頃東京にて数ヶ所、耳に致しました。本年も亦耳にしました。

その前 或る市では熱心で有ったらしいが、ひとまとめには予算の都合がという事になり一部分ならばとの説も生じそのままの由と私はもれ聞きました。欲しくはあるも手が出ない希望者は他にもありましょう。

先方より手紙参り、国宝、重要美術品が多数ある事と思ったらしいのに、と如何にも素人考えらしい事を云ってきました。重複の品の類似も相当ある様子、万一、一点づつ御手放しの時は源内の分は何程にてお譲りになるかとの問合せです。

先方へ全々謝絶いたしますか、或は源内を縁に他の分もすすめましょうか御伺い申し上げます。

先方は有名な長者です。

いい返事でないが御寛大に思召下さい。

六月十九日　徳太郎

池長大人

私は明日あたりより起床のはず病よくなりました。

ある有名な資産家に打診したものの、一括ではなく単品売りの可能性、特に「源内の分」（おそらく伝平賀源内筆「西洋婦人図」）がいくらかと聞いてくるなど、芳しくない回答だったので、「御寛大に思召し下さい」と永見は結ぶ。この返書を読んでいる池長にはまだ、この頃の永見の窮地を想像できなかったに違いない。この手紙の封筒に記された永見の住所「熱海市上多賀七四二」の裏に隠れている悲惨な現実を。

先述の通り、永見徳太郎は妻・銀子とともに、一九四〇年に東京から吉浜海岸に移住したが、その体調不良と窮乏ぶりは如何ともしがたく、熱海の旅館や別荘を借家として転々とした後、一九四九年晩秋あたりから熱海上多賀の農家のあばら家を間借りするに至る。かつての「銅座の殿様」の面影が微塵もない暮らし向きに、知人や親族が上多賀の借家に来るのを永見は強く拒んだ。復員してきた嗣子・良から、永見が資産のほとんどを失ったことを厳しく責め立てられ、結果永見夫妻は上多賀に逃れたとも言われている。心身ともに打ちのめされ、惨めな借家住まいを強いられる永見のもとに、池長からコレクション売却の相談が持ちかけられた。某資産家に接触をはかる体力は残っていたが、「私は明日あたりより起床のはず病よくなりました」とあるように、あばら家に病臥する日々も多かったのだろう。それでも病身を押して、ペンをとった。かつて池長に「たまらんです」と書き送った、はしゃぐような、あふれんばかりの楽しさに満ちた筆勢は弱まり、一文字一文字を慎重に小さく書き置く。永見晩年の失意と矜持がにじみ出ているかのようである。

六・失踪、そして引き継がれる蒐集

同じ頃神戸で山口雅生は、池長孟の意向を受けて、その南蛮美術コレクションを神戸市に一括委譲させるべく、白鶴美術館の人脈も利用して、兵庫県と神戸市の行政、市会、そして地元新聞社の有力者に働きかけた。これらが功を奏し、池長に月七万円を二十年間支給する条件で、池長美術館を市立美術館として、そのコレクションとともに引き継ぐことが、一九五一（昭和二十六）年三月の市会で承認された。池長美術館は四月より「市立神戸美術館」として再出発することになる。

南蛮美術コレクションの行く末にようやく光明が見えてきた頃、池長は永見の異変を知ることとなる。一九五〇（昭和二十五）年十一月二十日、熱海市上多賀の借家を出た永見は、二度と帰ることはなかった。最後まで手放さずにいた郷土資料を長崎市に一括寄贈し、その謝礼金が遺族の手に渡る目処がついたところで、永見は自身の処し方を決したのだろう。一九五〇年の年末も押し迫った頃、池長は山口を呼び、行方不明となった永見を救うため、コレクション委譲と引き換えに支払われることになっている給付金の前倒し支給を神戸市役所と交渉するよう頼んだ。さすがに市役所が応じるわけもなく、山口はなんとかして十万円を工面して池長に渡したが、永見は消息を断ったままである。上多賀に残された妻・銀子のもとには永見の遺書と思しき手紙が、失踪した十一月二十日消印の郵便で届けられた。後に遺族はこの日を永見の命日とした。

一九五一年の市立神戸美術館の発足後も、その顧問として池長孟は休むことはなかった。神戸市に委譲したコレクションの詳細を採録する書籍の執筆・編集に取り組み、一九五五（昭和三十）年五月に刊行に至ったのが『南蛮美術総目録』［註24］である。植物研究所での牧野富太郎との試行錯誤や、ボストンでの美術館人としての洗礼というべき体験を経て、南蛮美術を専門領域として追い求めてきた知的体系の構築を、池長はこの目録をもって完成させた。その四ヶ月後、池長は六十五歳の生涯を閉じた。

『南蛮美術総目録』では、旧池長孟コレクションを構成する全ての美術作品・関連資料について、作品名・作者・年代・材質などの基礎情報はもちろんのこと、展覧会出品歴・参考文献、そして来歴まで網羅している。

その来歴情報として、この目録中の約二百五十箇所に「永見蒐」という表記が見られる。自らの蒐集の作品構成に関して、永見はまとまった記録を残さなかったが、その構成情報とともに作品・資料の現物を次世代に継承する役目を池長は全うした。晩年不遇の永見を救えなかった池長だったが、今回の長崎県美術館での展覧会で、永見コレクションの多くが里帰りを果たせたのは、その心尽しの賜物のひとつと言えよう。

※なお本稿を著すにあたり、長崎県美術館の松久保修平氏より永見徳太郎関連の文献をご教示いただきました（註6・19）。深く御礼申し上げます。

［註1］神戸市会は昭和二十六年三月十九日に第七二号議案で池長美術館を神戸市へ寄附採納し、第七三号議案でこれを市立美術館とすることを可決した。その議案書に記された同美術館の所蔵品数は四、二八六点とあるが、この中には未整理の一括資料も多く含まれていた。その後の市立美術館・博物館による資料整理によりその総数は七千点以上になり、今後もその総数は増加することが見込まれている。

［註2］「南蛮美術」の用語は、十六世紀後期から十七世紀前期までのスペイン・ポルトガルなどとの「南蛮貿易」に触発されて制作された日本美術に限定する狭義の使用が現在一般的である。一方、一九八〇年代までは、それ以降の日蘭・日中交易に影響された前近代の美術全般をも含めた用語としてこの語が使われた。たとえば新村出による『南蛮記』『南蛮広記』といった著書は、狭義の「南蛮美術」ばかりではなく、江戸時代の洋学や洋風画などのトピックスも多く扱っている。池長孟はその蒐集品リストを『南蛮美術総目録』の名で出版した。その実際の内容は、江戸時代の洋風美術または中国風美術に分類すべきものが多くを占めている。本稿では、狭義ではなく、新村出や永見徳太郎、池長孟と同じく、十六世紀から十九世紀まで対外交易の影響のもと制作された日本美術全般をさす広義として「南蛮美術」という言葉を使用する。

［註3］本稿の永見徳太郎に関する記述の多くは大谷利彦『長崎南蛮余情（正編・続編）』（長崎文献社、一九八八・一九九〇）、新名規明『永見徳太郎』（長崎文献社、二〇一九）によっているが、紙面の都合上、個々の参照箇所については割愛する。

［註4］山口雅生『長崎丸山花月記』（清文堂出版、一九六八）、『郭の娘』（長崎花月史研究所、一九七三）。紙面の都合上、個々の参照箇所については割愛する。山口雅生は長崎丸山花月に生まれ、その最後の十七代当主。廃業後も散逸した家宝への執着心から、古賀十二郎に師事し長崎系美術への造詣を深めた。その一大コレクションを形成しつつあった池長孟に誘われ、一九三九年よりその美術館開館に携わる。一九四四年より白鶴美術館に移籍、翌年から一九五四年まで主事として同館の実務を取り仕切ると同時に、一九五一年から翌年まで市立神戸美術館

にも奉職。白鶴美術館退職後は関西日蘭協会の理事を務めた。

［註5］永見『珍しい写真』の序文（一九三二、粋古堂）

［註6］永見自身の回想によれば、少年時代からキリシタン遺物に興味を持ち、浦上の信徒からそれらをもらうことがあったこと、その後東京で見た浮世絵版画展で長崎版画に驚きその場で買い求めることもあった（永見「南蛮美術の蒐集」『美之國』第五巻第三号、一九二九）。

［註7］狩野派などの在来流派の絵師が、伝統的な日本絵画の技法で、南蛮貿易の様子を描く屏風絵については「南蛮画屏風」「南蛮船絵屏風」などまちまちな名称で呼ばれ、主題・技法上の特徴が明示されていなかった。永見は、これを明確化し、初期洋風画の屏風群と区別した上で「南蛮屏風」と統一して呼称することを提唱した（昭和五年の『南蛮屏風大成』）。

［註8］また、『南蛮屏風の研究』（一九三〇）の序記によると、永見が南蛮屏風を知り始めたのは大正九年（一九二〇）ごろだとしている。ただし「南蛮屏風」の存在が広く世に知れ渡るようになるのは大正十四年（一九二五）の新村出の『南蛮広記』『続南蛮広記』、昭和二年（一九二七）の「初期肉筆浮世絵展覧会」以降と思われるので、大正九年頃に永見が認識したのは長崎版画など地元長崎の古美術品だった可能性がある。

［註9］坂本満編著者代表『南蛮屏風集成』（中央公論美術出版、二〇〇八）三五七頁、成澤勝嗣によるクリーブランド美術館本の解説を参照。

［註10］高見澤たか子『金箔の港　コレクター池長孟の生涯』（筑摩書房、一九八九）一三〇頁

［註11］東京日本橋呉服町にあった玄々堂の印刷工房は、洋画家が集うサロンでもあり、そのひとりである高橋由一が明治七、八年頃に描いた先代の肖像（作品36）は、玄々堂の「床の間の次」に掲げられていた。所蔵者の二代玄々堂松田敦朝は明治三十六年に亡くなるが、以後の本図の伝歴は未詳。東京の印刷業界関係者を転々としたのを昭和四年以前に永見が入手したのかもしれない。塚原晃「初代玄々堂松本保居の銅版画」（『神戸市立博物館研究紀要』十九号、二〇〇三）

［註12］岡本良知・高見澤忠雄『南蛮屏風』（一九七〇、鹿島研究所出版会）解説編「一八　神戸市立南蛮美術館蔵」を参照。

［註13］池長孟とそのコレクション形成のあらましについては、次の展覧会図録での成澤勝嗣の解説を参照。『南蛮堂コレクションと池長孟』（神戸市立博物館、二〇〇三）

［註14］勝盛典子「池長孟と牧野富太郎」（『神戸市立博物館研究紀要』十九号、二〇〇三）を参照。

［註15］神戸市立博物館の池長孟関連資料に、欧米旅行の際にニューヨークから神戸の自宅宛に送付された、ボストン美術館での体験を綴った池長の手紙がある。

［註16］池長孟『南蛮美術総目録』（一九五五、市立神戸美術館）の序文より。

［註17］註4の山口『長崎丸山花月記』、一二四頁を参照。

［註18］註11の図録、一二〇頁を参照。

［註19］現クリーブランド美術館本は、おそらく昭和九年（一九三四）に海軍省の所蔵となり、戦後民間に流出し、現在の所蔵となった。永見から海軍省への譲渡については、楢崎宗重「南蛮屏風に就て」（『浮世絵芸術』三月号、一九三四）。なお永見徳太郎とこの南蛮屏風については、本書所収のコラム「永見と南蛮屏風」を参照。

［註20］神戸市立博物館の池長孟関連資料に、池長美術館開館時の記録資料の一部として、この葉書が保存されている。

［註21］註4の山口『長崎丸山花月記』、一四二頁を参照。

［註22］註11の成澤勝嗣による解説、六十四頁参照。

［註23］註11の成澤勝嗣による解説、六十四頁参照。

［註24］池長孟『南蛮美術総目録』（一九五五、市立神戸美術館）

［凡例］

●作品番号は必ずしも展示の順序とは一致しない。

●会期中の展示替え、あるいはその他の都合により、本書掲載作品が展示されていない場合がある。

●図版に付したデータは、作品番号、作品名、作者名、制作年、材質・技法、所蔵者の順で記し、永見徳太郎旧蔵品については末尾に〈永見旧蔵〉と示した。

●章解説、コラムは全て松久保修平（長崎県美術館）が執筆した。

●作品解説は松久保修平、森園敦（長崎県美術館）が執筆した。作品36、103〜105、122、125は森園が執筆し、それ以外は松久保が執筆した。

●旧字体、旧仮名づかいについては原則的に現代表記に改めたが、一部、表現の面を重んじてそのままにしたものを含む。

●作品解説中の重要な引用に関しては、紙幅の都合上簡略化し、雑誌等の場合は［著者名「記事名」発表年］、単行書の場合は［著者名『書名』発表年］の形式で記した。より細かい情報については資料編の「主要参考文献一覧」「永見徳太郎自筆・談話　書誌」を参照いただきたい。

●永見を含む当時の引用文や、「永見徳太郎自筆・談話　書誌」に収録した文献のタイトルには、今日から見ると不適切な表現を含む場合があるが、歴史的観点を重んじて意図的に改変せずそのまま記載した。編著者並びに執筆者は、あらゆる差別について反対するものであることをここに明記する。

プロローグ
銅座の殿様―永見徳太郎

永見良一は、一八九〇（明治二十三）年、永見本家四代目永見徳太郎（至誠）の四男として生を享けた。永見家は江戸時代から続く長崎を代表する商家である。大名貸しや貿易によって富をなし、明治時代に入っても国立第十八銀行の創設に関わるなど長崎の経済界を牽引した。良一は勉学よりむしろ絵画や演劇を愛好する幼少期を送ったが、一九〇六（明治三十九）年、五代目であった兄の早逝に伴い、十五歳の若さで永見本家の当主となる。こうして良一は本家当主が代々名乗る「徳太郎」へ改名し、六代目永見徳太郎（以下、永見）となった。

永見は兄から引き継いだ倉庫業を中心に事業を展開しつつ、十八銀行、長崎電気軌道等多くの企業において取締役や監査役を務めたほか、商工会議所議員や長崎市議会議員なども歴任した。また永見家は代々、長崎くんちで銅座町の「傘鉾商人」―その町の傘鉾にかかる経費を一手に担う、いわば顔役―を務めていたが、さらに永見は一九一八（大正七）年、自ら演出・脚色した「瓊浦波五人女」を銅座町の奉納踊りとして披露するまでに至った。永見に与えられた「銅座の殿様」という異名は、馬に乗り市中を闊歩する振る舞いだけに由来するものではないだろう。永見は経済人としても文化人としても、長崎において大きな存在感を放っていたのである。

本章では明治時代から、永見が長崎を離れ東京に移住する一九二六（大正十五）年までの永見家の展開がうかがえる資料を紹介する。永見の情熱は事業よりむしろ文化芸術に向けられ、結果として永見本家を拡大するには至らなかった。一方で、様々な作品を買い求め、多くの芸術家たちをもてなす華やかな文化人としての生活が、こうした事業家としての活動に支えられていたことは確かであろう。

1―1・2

永見徳太郎像

大森桃太郎　一九三三（昭和八）年　エッチング・紙
長崎歴史文化博物館〈永見旧蔵〉

和服に身を包み、凛々しい表情で前方を見据えているのは、四十三歳頃の永見である。作者の大森桃太郎（一九〇一―一九六三）は福岡県出身の洋画家。明恍、海門とも号した。一九一九（大正八）年、画家を志して上京し、岡田三郎助が主宰する本郷洋画研究所で学んだ。一九三三（昭和八）年、富士山麓へ移住し、画業を通じて富士山を主題とした絵画の制作に取り組んだことで知られる。

本版画作品は長崎歴史文化博物館に二点所蔵されており（いずれも永見から長崎市立博物館に寄贈）、ともに大森のサインのほかに「徳太郎」というサインが永見自身の手で付け加えられている。こうした点に鑑みると、本作は永見の依頼によって制作され、永見が自らのサインを加えた上で知己に頒布した可能性も考えられるだろう。一九二〇年代後半からの旺盛な執筆・発表が認められてか、この時期の永見は長崎の歴史や文化に関する研究者、評論家として各種メディアに盛んに登場していた。ただし、大森と永見がどのような交友関係を持っていたかについては今のところ明らかでない。

2

柳川家、対州家、秋月家、金員調達書

永見伝三郎　一八七一（明治四）年　紙本墨書（冊子）
長崎歴史文化博物館〈永見旧蔵〉

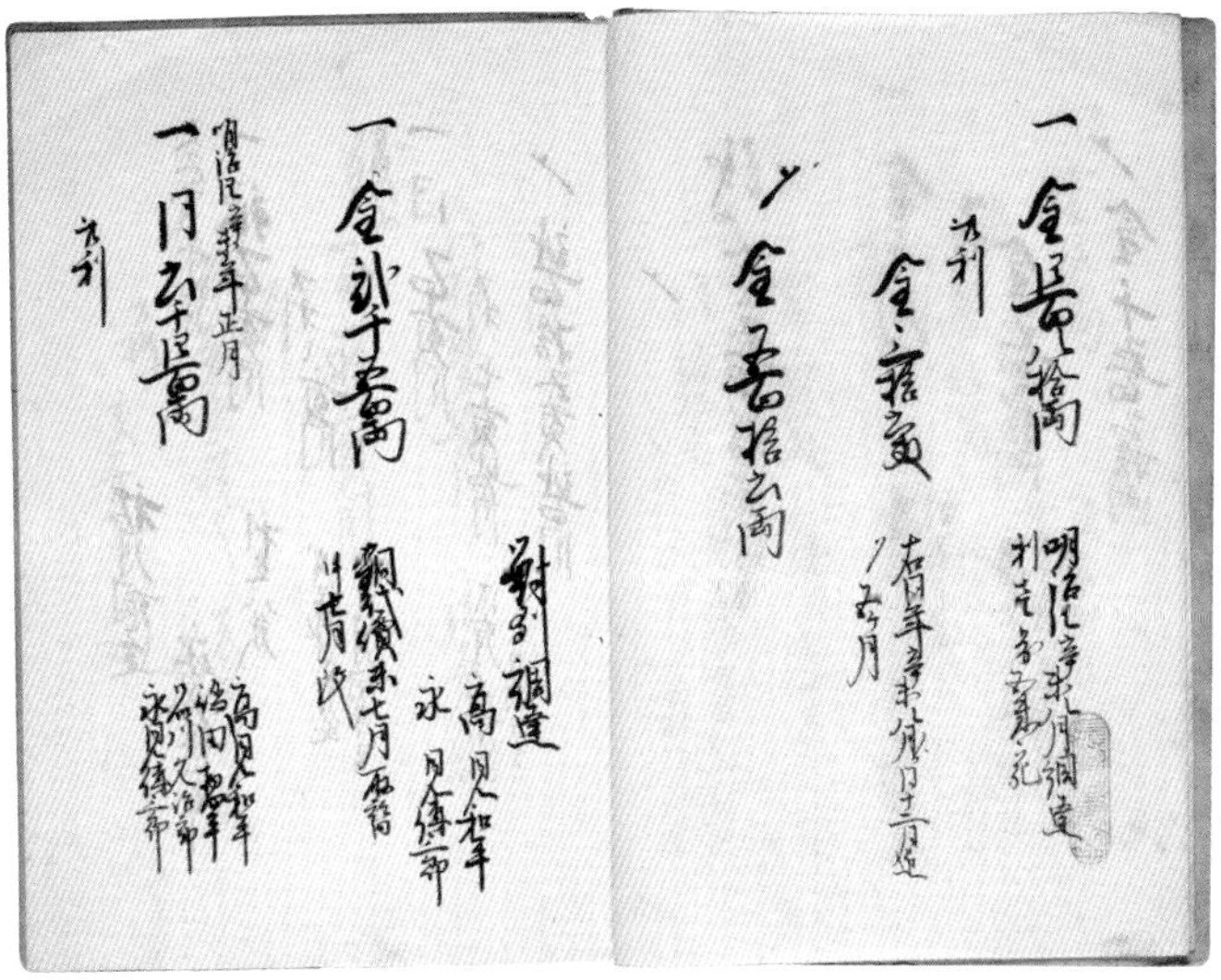

3

商工技芸崎陽魁

一八八五（明治十八）年　木版・紙（冊子）
長崎歴史文化博物館

江戸時代後半から明治初期にかけて、永見家は九州諸藩に対する貸付業（大名貸し）や、薬類などを含む貿易業、そして地主業によって富を築いていた。作品2は、永見家の幕末から一八七一（明治四）年までの対馬藩・秋月藩・柳川藩に対する貸付等について、貸手側である永見家側で作成された記録。なお、本資料の記載者である永見伝三郎は、六代目永見徳太郎からみて大叔父にあたる人物で、一八七六（明治九）年の第十八国立銀行（現・十八親和銀行）創設に際しては初代頭取を務めるなど、明治初期の長崎の経済界において大きな役割を果たしたことで知られる。伝三郎を中心に、永見一族は第十八国立銀行の初期の経営に参画し、のちに六代目徳太郎も同行の監査役を務めている（一九二〇年一月から一九二六年八月）。

作品3は一八八五（明治十八）年に発行された、同時期の長崎における商店、社寺等の姿を描いた版画集である。「質商」とある通り、この時期の永見家は、貿易業を中心に様々な事業を展開していた。なお、所在地は「長崎銅座町二十番戸」となっているが、まさにこれはのちに数多くの芸術家たちが訪れることになる永見邸の番地を示すものである。

4

呉服太物商許可証

一八九一（明治二十四）年　紙本墨書
長崎歴史文化博物館〈永見旧蔵〉

一八九一（明治二十四）年四月一日付で長崎県より発布された許可証。「第一号／呉服太物商／出来鍛冶屋町卅七番戸／永見徳太郎」と記載されている。ここで記されている「永見徳太郎」は本書の主人公である六代目永見徳太郎（良一）ではなく、父親の四代目永見徳太郎のこと。

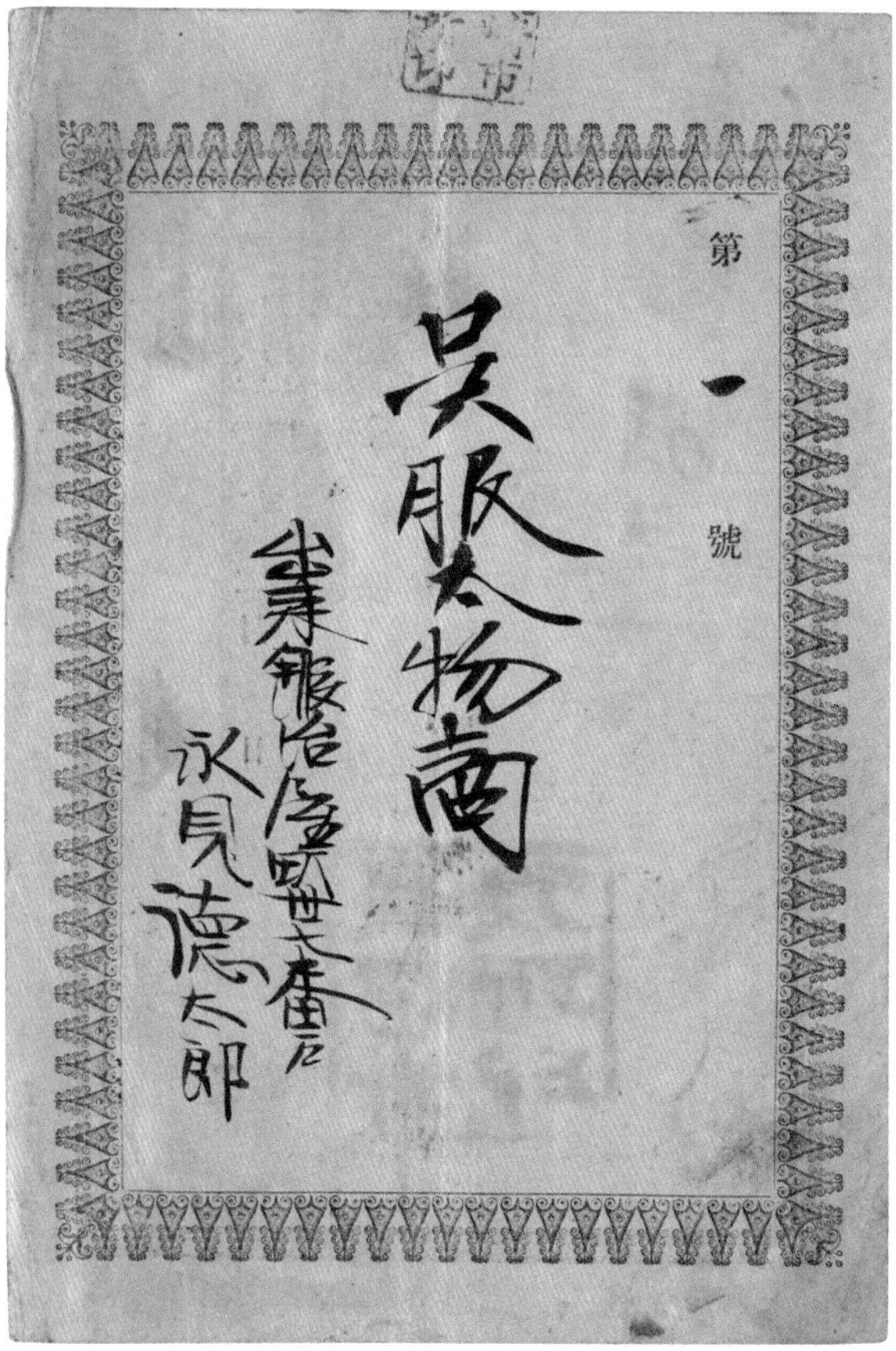

第一號
呉服太物商
出来鍛冶屋町卅七番戸
永見徳太郎

現在の鍛冶屋町にあたる出来鍛冶屋町に店を構えた永見呉服店がどのような営業を行ったかは不明であるが、永見本家の家業が貿易業を中心としたものから次第に軸足を移している様を見て取ることができる。ただし、永見本家による呉服店の営業は短命に終わったようで、一九〇三（明治三十六）年には廃業を迎えている。一八九九（明治三十二）年に四代目徳太郎が逝去し、十代半ばの青年であった竹二郎（六代目徳太郎の兄）が五代目徳太郎として当主を引き継ぐなど、経営体制における変化も、呉服店廃業と関連しているのかもしれない。

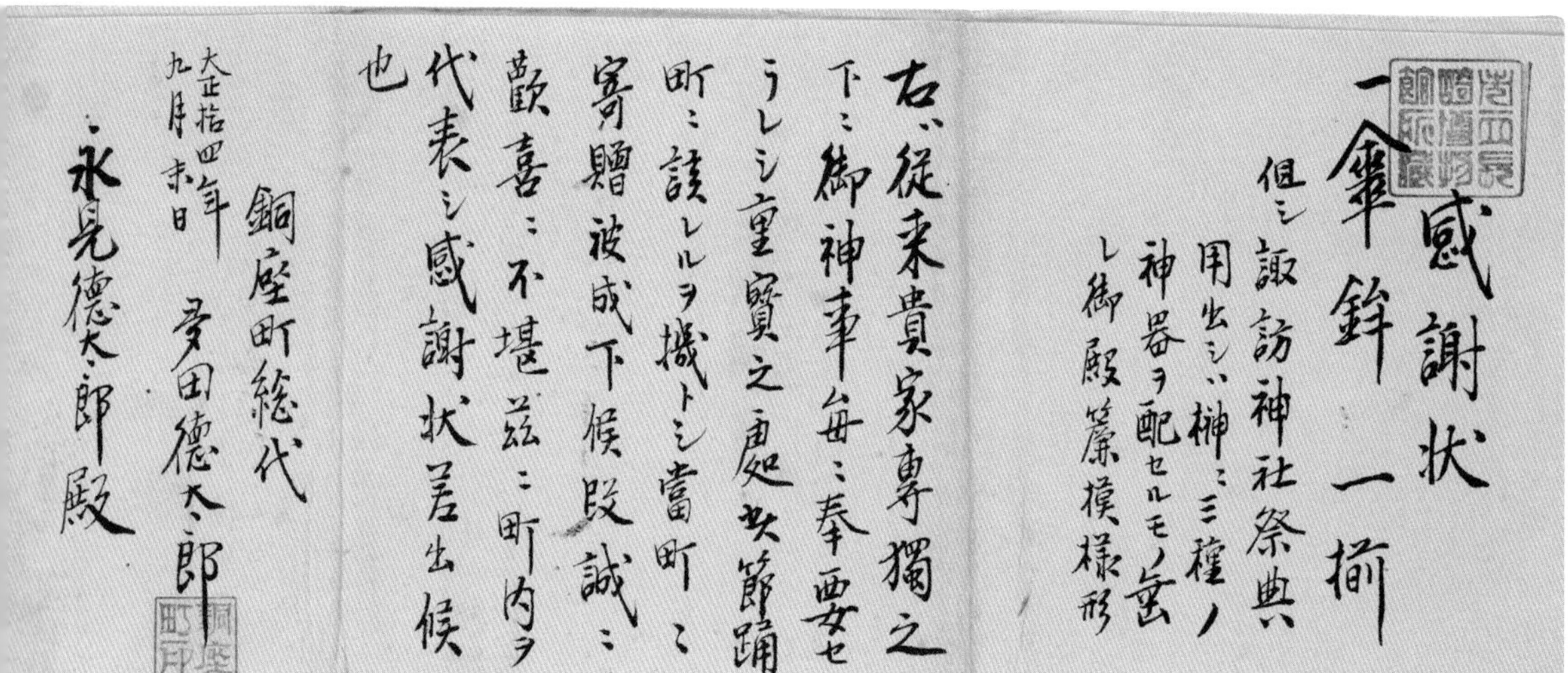

感謝状
一傘鉾一揃
但シ諏訪神社祭典用出シハ榊ニ三種ノ神器ヲ配セルモノ蛮レ御殿篆模様形
右ハ従来貴家専獨之下ニ御神事毎ニ奉要セラレシ重寳之処此節踊町ニ該レルヲ機トシ當町ニ寄贈被成下候段誠ニ歓喜ニ不堪茲ニ町内ヲ代表シ感謝状差出候也
大正拾四年九月末日
銅座町総代
孝田徳太郎
永見徳太郎殿

5

永見倉庫写真

一九一二（大正元）年頃　写真
長崎歴史文化博物館

一九〇三（明治三十六）年に呉服太物商を廃業した永見本家において、次いで主たる事業となったのが倉庫業であった。一九〇四（明治三十七）年より開業した倉庫業では、入江町（現在の新地町・出島町付近）の永見本店倉庫をはじめ、銅座町、浦五島町、諫早でも倉庫を営んだ。本作は入江町の永見本店倉庫における米穀類の取引を撮影したもの。撮影年は不明であるが、『写真集 明治大正昭和長崎』（越中哲也・白石和男共編、国書刊行会、一九七六年）では本写真を大正元年に撮影されたものだとしている。米俵はうず高く積み上げられ、多くの人々による取引の活気が伝わってくる。

この時期の長崎にはいくつかの倉庫会社が営まれていたが、営利を目的としない公共的性格を持つ「長崎自由倉庫」（一九〇七年設立）を除けば、永見倉庫は長崎でも最大級の規模を誇った。なお、倉庫業に関連するものとして、「日本海上運送火災保険会社」ほか、いくつかの保険会社の長崎における代理店も務めたことがわかっている。

6

銅座町総代ヨリ傘鉾寄贈礼状

銅座町　一九二五（大正十四）年　紙本墨書
長崎歴史文化博物館〈永見旧蔵〉

いわゆる「長崎くんち」は、氏神・諏訪神社の秋の例大祭である。奉納踊を担当する当番の町を踊町と呼び、踊町は七年で一周する。奉納踊の行列において先頭を飾るのが傘鉾であり、いわば町のシンボルたる存在であるが、文中に「従来貴家専独之下ニ御神事毎ニ奉要セラレシ重宝」とあるように、銅座町において永見家は代々、傘鉾に関する費用を負担し、傘鉾を管理する役割を担う「傘鉾町人」であった。「傘鉾町人」の肩書は永見家がまさしく銅座町の顔役として大きな存在感を放っていたことを物語る。

本資料は一九二五（大正十四）年、この年踊町を迎える銅座町が傘鉾を寄贈してくれた永見に対し感謝を述べたもの。この年の長崎くんちからおよそ半年後、永見は一家で故郷を離れ上京する。その理由は事業が芳しくない状況にあったことに起因するとも、作家として生きる道を選んだともされるが定かでない。いずれにせよ、この年永見は所蔵品の売立を行うなど、様々な点において身辺の整理を進めていた。

7

絵葉書・長崎諏訪神事　銅座町奉納　傘鉾

一九二五（大正十四）年　写真

長崎歴史文化博物館

8

絵葉書・【長崎諏訪神社大祭紀念　明治四十三年十月】銅座町傘鉾

一九一〇（明治四十三）年　写真

長崎歴史文化博物館

第一章 あつめる ―「南蛮美術」の大コレクター

永見家を継ぎ若き長者となった永見は、事業家として長崎の政財界で活躍を見せる一方で、生来の芸術に対する憧憬を様々な形で発露してゆく。なかでも、「文化人」の永見の名を広く全国に知らしめたのが、広義の「南蛮美術」を中心とした作品や資料の所蔵家としての姿であった。

数多くの来訪者たちによって、永見邸を彩っていた無数の作品に関する印象が綴られている。例えばジャーナリスト、評論家として知られる徳富蘇峰は、一九二一（大正十）年五月に永見邸を訪問し、その印象を「夏汀君は、全身悉く是れ趣味とも云ふ可き人だ。随《したがっ》て其宅は、一個の博物館と云ふも、過言でない程の蔵儲がある」（徳富猪一郎『烟霞勝遊記 下巻』一九二四年、民友社、九十二頁）と記している。「博物館」という喩えは、当時の永見邸に蔵されていた品々のボリューム及び多様性を想像させるに十分な響きを放つ。永見家には永見が蒐集したのではなく、代々受け継がれてきた作品や資料も多数あったが、永見は南蛮や長崎に関するものを中心に意欲的な蒐集を重ねてコレクションを拡大させていった。さらに所蔵品を起点とした研究に基づく論考の発表にも取り組むようになった永見は、上京直前の時期に著した『長崎南蛮草』を皮切りに立て続けに著書を発表し、「南蛮文化研究家」としての立場を確立してゆく。

一九三一（昭和六）年「永見コレクション」は重要な転機を迎える。永見は所蔵する南蛮関係の作品ほぼ全てとなる二百五十点以上を、神戸の蒐集家、池長孟に売却したのだ（コレクションの売却を含む池長と永見の関わりについては、本書所収の塚原氏による論考を参照）。池長の所蔵となった永見コレクションは戦禍や戦後の動乱を乗り越え、現在は神戸市立博物館に所蔵されている。

本章では、現在神戸市立博物館が所蔵する二百五十点を超える永見旧蔵品を中心に、恣意的に以下の三つのテーマに基づいて作品を見てゆくことで、永見コレクションの特質に迫ってみたい。

（一）世界との交差

桃山時代以降、舶来する異国の人々は様々な文物をもたらす。（想像の）世界の姿を映す地図類や南蛮屏風、南蛮人風の意匠を示す工芸品は、当時の人々がいかに異国的なものに魅了されていたかを物語る。《北亜墨利加人物アハタムス像》や《支倉常長像》もまた、まさに日本が世界と交差した出来事を主題としたものである。

（二）海を越えて—思考と技術

ヨーロッパからもたらされたのは、「モノ」だけではなかった。娯楽を含む様々な文化や、同地において育まれた技術もまた日本へ移入され、なかには日本においてさらに独自の展開を迎えたものもあった。《うんすんかるた》や鮮やかかつ繊細なガラス類は、舶来の文物が日本という土壌でまた新しい花を咲かせてゆく様を垣間見せる。

（三）「長崎」の肖像—東西の混淆

永見が愛蔵し、池長に引き継がれたコレクションの中には、長崎関係の地図のほか、長崎における黄檗僧やキリスト教関係の遺物など、広い意味で「長崎」へつながる作品・資料が数多く含まれている。キリスト教関係の遺物は、永見にとって最初期の蒐集品であることも興味深い。

こうして見てゆくと、永見コレクションがしばしば「南蛮」の範疇を逸脱していることに気づく。「南蛮」と「長崎」の文化は、海外交流に端を発し育まれたものという共通点を持つ。永見の南蛮美術や資料に対する関心は、彼の長崎への親愛なまなざしとも重なっているのかもしれない。

——その夜は銅座の永見氏に招かれて吉利支丹の遺品の外、かなり古い外国貿易を描いた大幅の軸物を見ることを得た。〔中略〕かかる異国情緒にひたって一夕を語り更かすと、何やらどこからかラベイカの一ふしでセレナードでも聞こえてきそうだ。銅座から上野屋まで帰ってくる長崎のノクターンは夢のようであった。

新村出「長崎再遊」（『心の花』二十八巻第一号、竹柏会、一九二四年一月）より

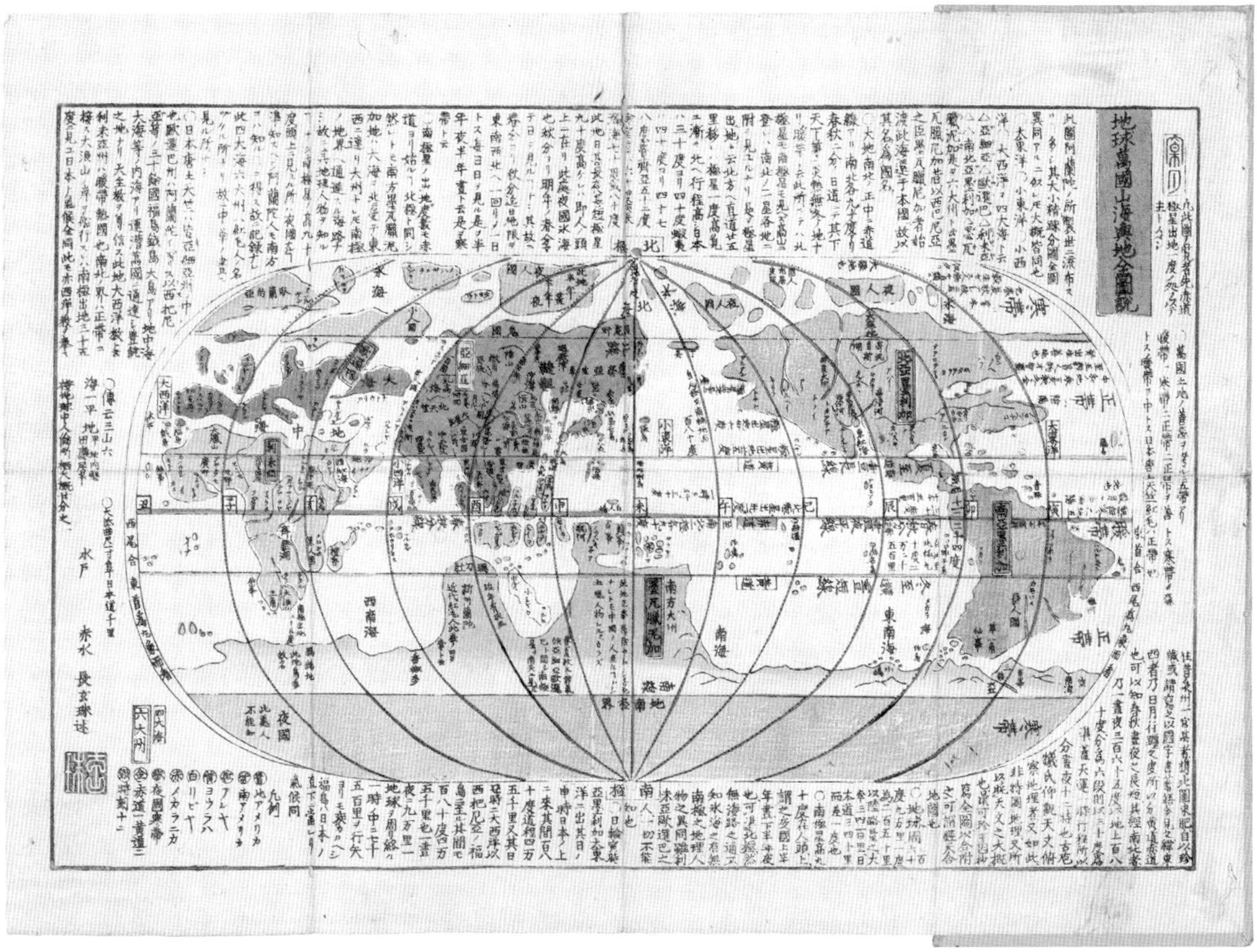

9

地球万国山海輿地全図

長久保赤水　江戸時代後期　木版・紙
神戸市立博物館〈永見旧蔵〉

イエズス会に属するイタリア人宣教師、マテオ・リッチ（一五五二―一六一〇）は、ゴア、マカオを経由して明時代の中国へ入ると、同地で李之藻らの協力のもと、『坤輿万国全図』（一六〇二年、北京刊）を刊行した。『坤輿万国全図』は日本にも運ばれ、そこで生み出された数多くの模写図は日本各地に世界の姿を伝えるものとなった。『坤輿万国全図』の系譜にある世界図、すなわちマテオ・リッチ系世界図と呼ばれるものには、原目貞清の『輿地図』（一七二〇年）など複数の作例が知られるが、なかでも代表的なものが、長久保赤水（一七一七―一八〇一）の『地球万国山海輿地全図』である。赤水は水戸藩の儒者、地理学者で、本図のような世界図のほか、精細な日本図制作の先駆的作例とされる『改正日本輿地路程全図』（一七八〇）の発行なども果たした。赤水による地図は世界図、日本図ともに人気を博し、日本人の世界認識に大きな影響を与えたとされる。

地図の下部には、「墨瓦蠟泥加《メガラニカ》」という巨大な大陸が描かれている。これは南極大陸を指すものではなく、十九世紀に否定されるまで長きにわたり存在が信じられていた幻想の大陸であった。

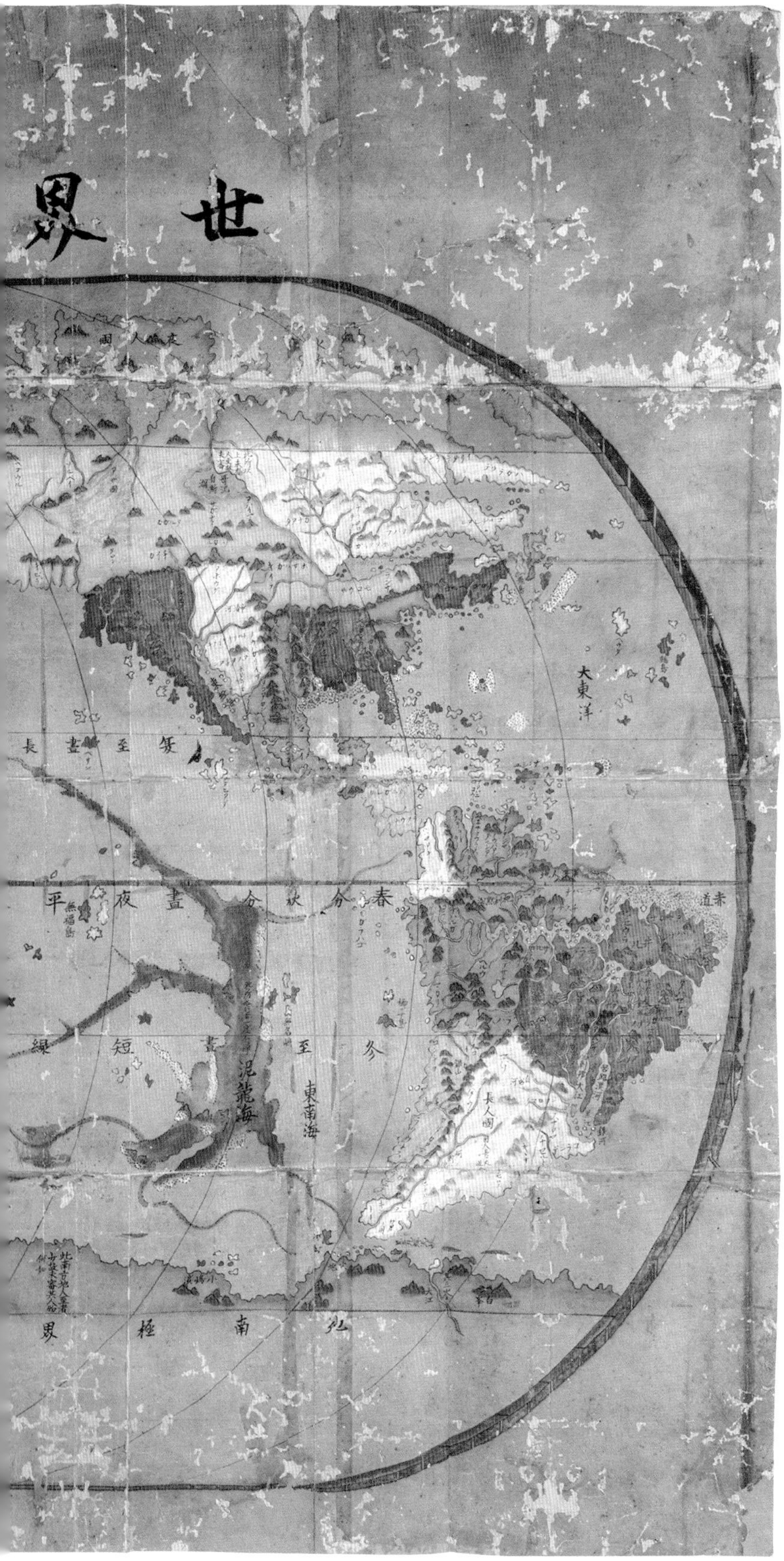

10

世界萬国之図

紙本着色
神戸市立博物館〈永見旧蔵〉

制作者及び制作年は不詳であるが、地図の形状や地図内での地名の表記からして、マテオ・リッチ系世界図の系譜にあるものと考えられる。南アメリカ大陸の左側に「泥龍海」という文字とともに、文字通り龍の姿が表されているのが興味深い。マテオ・リッチの『坤輿万国全図』から派生した世界図の中で、「泥龍海」の名称とともに龍が描かれているものとしては、明治大学図書館が所蔵する《地球全圖》が知られているが、本図も同様の原本に連なる可能性が考慮できるだろう。ただし、明治大学図書館所蔵作品とは異なり、本図には「泥龍海」の真上に「此所船行者一度不帰」というやや不穏な文言が付されている。

当時、海外から日本にもたらされたモノや文化は数多くあるが、自らを取り巻く世界に対する認識を形づくるという点において、舶来の世界図（を模したもの）が与えた影響は計り知れない。

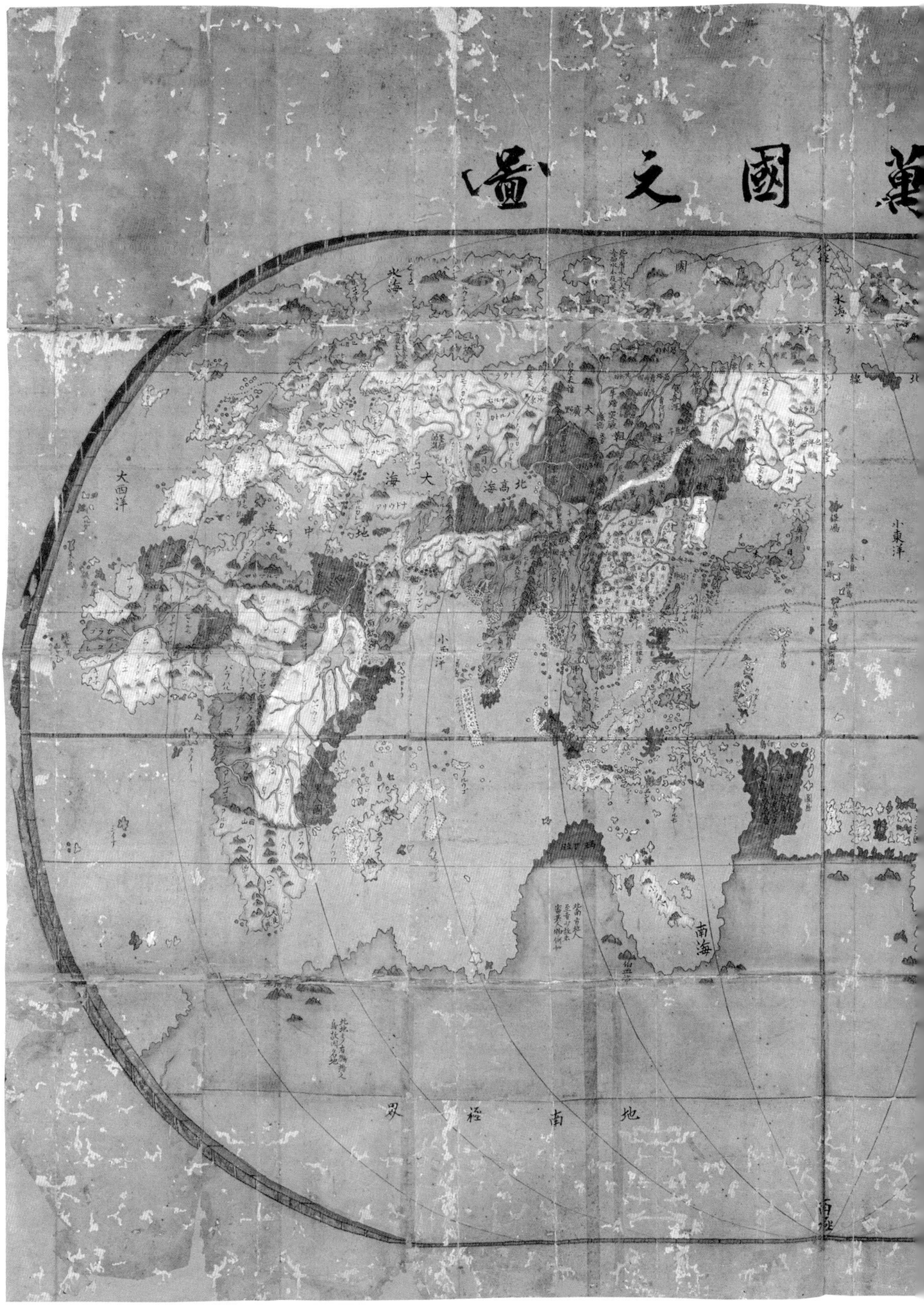

大西洋
小西洋
小東洋
北高海
南海

11
万国人物図

江戸時代（十七世紀）　紙本金地着色　三帖
神戸市立博物館〈永見旧蔵〉

合わせて三十八図からなる画帖で、一枚の図に一カ国ずつ、二人ないし三人の人物が、いずれも漢画風の表現で表される。一六四五（正保二）年に制作された「万国総図人物図」の内容とほぼ一致する点から、同様の原図の影響下にある（ただし、「万国総図人物図」では「小人」「長人」が加えられ四十図となっている）ことが指摘されている。

永見は「筆力剛健な線、濃厚な色彩」が生み出す落ち着いた雰囲気を本作から感じ取り、こうした人物図の中でも最も古いものの一つではないかと想定している。永見が所蔵していた頃は「たいみん（大明）」から始まり「につほん（日本）」で終わる一冊の画帖であったが、池長孟がこれを三冊に分け、「池長好み」にすべく「日夜指示して苦心惨憺、数ヶ月にして漸く」豪奢な装幀へと改装した。

12
万国人物図

作者不詳（伝 荒木如元）　江戸時代　紙本着色
神戸市立博物館〈永見旧蔵〉

一七二〇（享保五）年に長崎の西川如見が著した『四十二国人物図説』は、世界各地の人々の風俗を記した図譜として後世に大きな影響を与えた。本作もまた、同書あるいはそれを受容した類型の万国人物図の影響下にあるものと考えられる。永見は本作を長崎の絵師・荒木如元《あらきじょげん》（一七六五―一八二四）によるものとしている。荒木如元は元々一瀬の姓であったが、唐絵目利として知られる絵師、荒木元融の跡を継いで荒木姓を名乗った。若杉五十八に続く、同時期の代表的な洋風画家として知られる。

永見は本作について、人物の相貌にみられる陰影や衣服の緻密な表現を高く評価した上で、その来歴をかつて長崎奉行所に収められていたものとし、「此の絵巻に依つて、奉行所の役人達は、渡来して来る異国の人々が、何れの国籍を有せるやを知りしものであらうと思われる」［永見『長崎の美術史』一九二七］と想像を膨らませている。

13

都の南蛮寺図

狩野宗秀　桃山時代（十六世紀後期）　紙本金地着色
神戸市立博物館〈永見旧蔵〉

狩野派の絵師であり、高名な狩野永徳の弟にあたる狩野《かのう》宗秀《そうしゅう》（一五五一―一六〇一）が描いたもの。ここでいう「南蛮寺」とは、正式には「被昇天の聖母教会」と称した、京都の四条坊門姥柳《うばやなぎ》町に建てられた教会のこと。一五七六（天正四）年、イエズス会によって献堂式が行われた。永見にして「天守閣を思わせる」教会の建築や、庭内に植えられた棕櫚、あるいは門前に並ぶ店々において西洋風の帽子を売る店が描かれているのが印象的である。同寺は一五八七（天正十五）年に豊臣秀吉が発布したいわゆる「バテレン追放令」ののちに破壊されたため、本作はその在りし日の姿を伝える視覚資料として重要視され、永見の所蔵時からすでに多くの研究者たちの注目を集めていた。なお本図は元々京都各地の名所を描いた六十一枚ひと揃いの扇面図の一つであり、裏面には「五十、なんはんとう」の記載があると伝えられる。

14

南蛮人交易図

江戸時代（十七世紀後期） 紙本着色
神戸市立博物館〈永見旧蔵〉

いわゆる「南蛮屏風」とは、桃山時代から江戸時代にかけて日本で制作された、スペイン・ポルトガルとの交易の様子を描いた屏風作品のことを指す。九十点を超える作例が知られ、国内外で所蔵されている。永見旧蔵の本作も、元々六曲一双の屏風であったもので、そのうち右隻の左側三扇分を掛軸の形式に仕立てたものだと考えられている。画面中、至るところで南蛮人たちの賑々しい姿が描かれ、交易品のやり取りをしていると思われる様子や、碁のようなボードゲームに興じる様子も描かれている。また画面右手には、奉行所のような屋敷があり、奉行と思しき日本人と、四人の南蛮人が面会する様が見て取れる。

永見は南蛮や紅毛、中国関係のものまで海外交流を示す品々を幅広く蒐集の対象とし、蒐集のみならず研究的な内容の論考を盛んに発表したが、とりわけ注力したテーマの一つが南蛮屏風であった。一九三〇（昭和五）年には国内外の南蛮屏風の多くを収録した『南蛮屏風大成』も出版している。同書に付された永見による南蛮屏風に関する概説では、「南蛮屏風」という名称の定着を推し進めたのも永見自身であると誇らしげに記している。

15
南蛮屏風（残欠）
江戸時代（十七世紀前期） 紙本着色
神戸市立博物館

16

長崎唐蘭館図巻

伝 渡辺秀石　江戸時代（十八世紀初期）　紙本着色　二巻
神戸市立博物館〈永見旧蔵〉

江戸時代の長崎では、オランダ人、中国人それぞれに居住地区が定められていた。オランダ人は一六四一（寛永十八）年に平戸から出島へオランダ商館が移されて以降は出島内でのみ居住が認められ、中国人については一六八九（元禄二）年以降、唐人屋敷が居住地区となった。

渡辺秀石（一六四一―一七〇九）は長崎出身の絵師。黄檗《おうばく》僧、逸然性《いつねんしょう》融《ゆう》（一六〇一―六八）より画法を学んだとされ、一六九七（元禄十）年からは初代唐絵目利兼御用絵師として長崎奉行のもと務めを果たした。本作は、一六九九（元禄十二）年、幕府勘定頭、荻原重秀（一六五八―一七一三）が長崎を巡察し、渡辺秀石に命じて制作させた出島と唐人屋敷の絵図の系譜を引くものであると考えられている。

なお、長崎歴史文化博物館が所蔵する、本作とほぼ同様の図柄を示す《漢洋長崎居留地図巻》も、本作と同時期に池長孟の手に渡った。本作よりも良好な状態であるにもかかわらず、戦後池長は長崎歴史文化博物館所蔵品の方を売却したという。推測の域を出ないが、いわば同好の士である永見に対する親愛の感情が、そのような判断へと繋がったのかもしれない。

17

紅毛婦人と召使図

江戸時代　紙本着色
神戸市立博物館〈永見旧蔵〉

あでやかな衣服に身を包んだ西洋の女性とその従者を描いたもの。女性の上衣に施された文様が印象的だが、描画に際し衣服のひだや陰影が無視されている点には技量の不十分さを認めるほかないだろう。

本作の作者は不詳であるが、永見は本作を高く評価していたようで、著書『長崎の美術史』の「南蛮絵」の章にて図版入りで紹介している。永見は本作にみられる墨の線描の流麗さなど、様々な点に注目を寄せているが、とりわけ従者を描いた色彩感覚を重んじ、「色の調子は、鑑賞家をして賞美するに惜まない声を、放つ位のものであらう」と記している〔永見『長崎の美術史』一九二七〕。このように永見は、作者や来歴が不詳のものであっても、よい作品だと思えばひるまず蒐集の対象としていた。

18

ブロンホフ家族図

不詳（伝 司馬江漢）　江戸時代（十九世紀前期）　布（芭蕉布か）・着色
神戸市立博物館〈永見旧蔵〉

画面右上に「文化十四年長崎来／阿蘭陀人」と記され、黒色の衣服を身にまとった男性と幼子を抱いた女性が描かれている。男性が手にした一輪の花に対し手を伸ばす幼子の姿が愛らしい。ヤン・コック・ブロンホフ（一七七九—一八五三）は一八〇九（文化六）年に荷倉役として来日し、その後ラッフルズによる出島奪取計画ののち、英国側との折衝のためバタヴィアに赴き、捕らえられ英国へ送られた。そして一八一七（文化十四）年、ドゥーフの後任として阿蘭陀商館の商館長に任命され、再来日を果たすのである。この時ブロンホフは妻子を伴って渡航していた。外国人女性の日本滞在という異例のことであったため、ブロンホフと妻子というモティーフは絵画や長崎版画においても盛んに用いられた。なお、家族はわずか五ヶ月後に送還されている。

19

北亜墨利加人アハタムス像

木版・紙
神戸市立博物館〈永見旧蔵〉

軍服を着た西洋人男性が、いささかユーモラスな相貌で描かれている。画面上部から左側にかけて、「北亜墨利加人／アハタムス像」と書き込まれているが、この人物こそ、日本の開国に大きな影響を与えたペリー総督率いる艦隊において、副官を務めていたヘンリー・アレン・アダムズ（一八〇〇―一八六九）である。神戸市立博物館には、永見が蒐集した同種の《ペルリ像》（ペリー）も収蔵されている。ペリーにしろアダムズにしろ、厳密にいえば「南蛮」という言葉が包括する範囲を逸脱しており、さらに言えば長崎とも直接的な関わりはない。永見の蒐集対象は多岐に及び、本作のような、いわば開港関係資料と称すべき作品や資料もコレクションに加えていた。

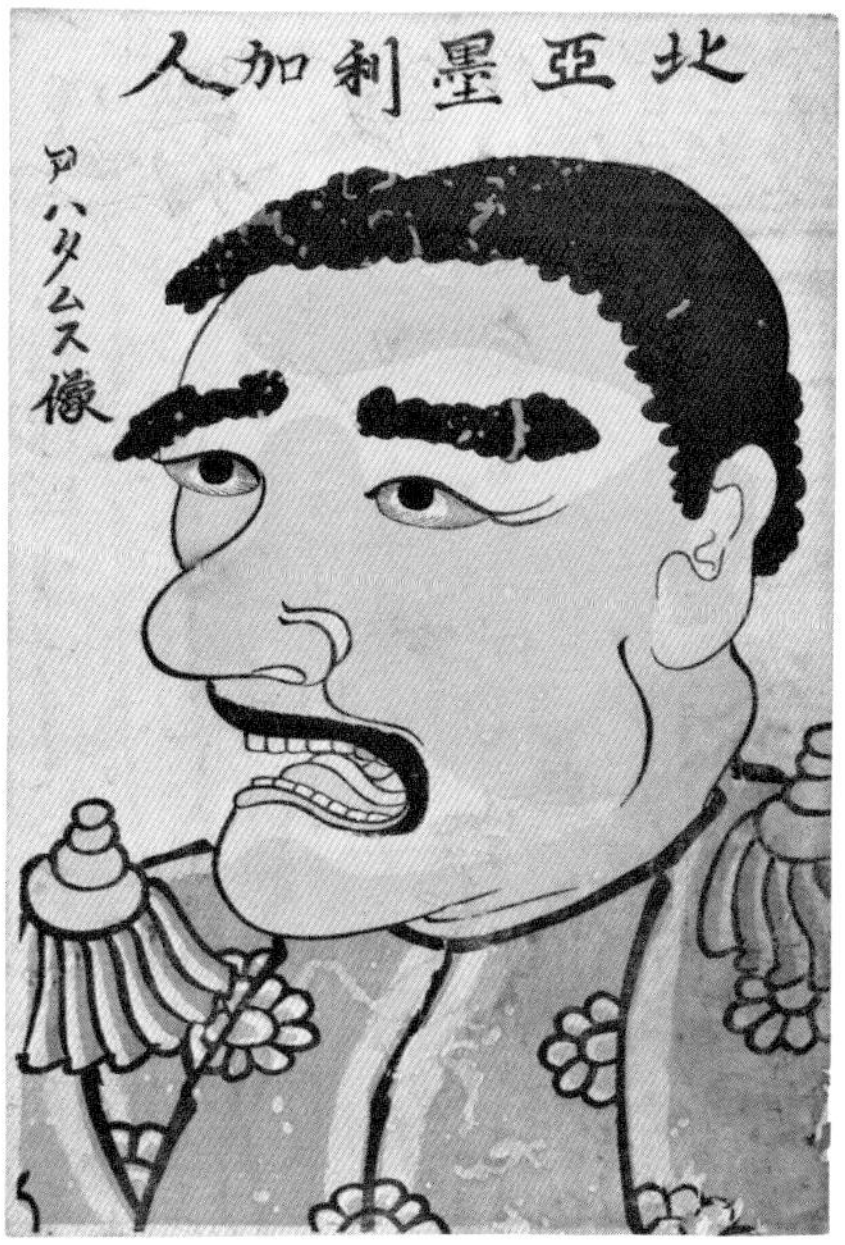

20

支倉常長像

銅版・紙
神戸市立博物館〈永見旧蔵〉

仙台藩の武将、支倉常長《はせくらつねなが》（一五七一―一六二二）は、一六一三（慶長十八）年、仙台藩主である伊達政宗の命を受けヨーロッパへと出発した。伊東マンショ、原マルチノ、千々石ミゲルら天正遣欧使節に対し、慶長遣欧使節と称される。伊達政宗が支倉常長ら使節団を派遣した目的は、スペイン国王との貿易に関する交渉、そしてローマ教皇に対して宣教師の派遣を依頼するためであったという。江戸時代にヨーロッパへ送られた公的な使節団である彼らが日本へと持ち帰り、仙台藩によって保管されていた品々は歴史的に重要な価値を認められ、二〇〇一年には「慶長遣欧使節関係資料」として国宝に指定されている。

本作は西洋風の衣服に身を包み、磔刑のキリスト像を前に祈りを捧げる支倉常長の姿が描かれた銅版画。単色の摺りであるが、図柄は明らかに、仙台市博物館が所蔵する国宝「慶長遣欧使節関係資料」の中の一点、油彩画《支倉常長像》を丹念に模したものであり、もみあげの部分などごく一部を除いて同様の様態を示している。

21

色絵象にインド風俗図壺

江戸時代（十八世紀後期） 有田窯
神戸市立博物館 〈永見旧蔵〉

黒色の地に白、金、赤、緑といった鮮やかな色彩による絵付けが施され、ダイナミックな図柄と相まって濃厚な異国趣味を感じさせる。本作はいわゆる「沈香壺《じんこうつぼ》」と称される壺の一種で、その名称は香木として名高い「沈香」を入れておく用途を持っていたことに由来するという。白色の象に乗る二人の異国人というエキゾチックな図柄は、一七七八（安永七）年に刊行された更紗の指南書、そして『佐羅紗便覧』を増補した『増補華布便覧』（一七八一年）から借用したものであることが指摘されており［MOA美術館『神戸市立美術館名品展』一九九八］、往時の国内における異国趣味に応えるべく製作されたものとされる。

永見は本作について特に言及していないが、編集・解説を務めた『南蛮美術集』において、本作を三点しかない原色版図版の一つとして掲載している。

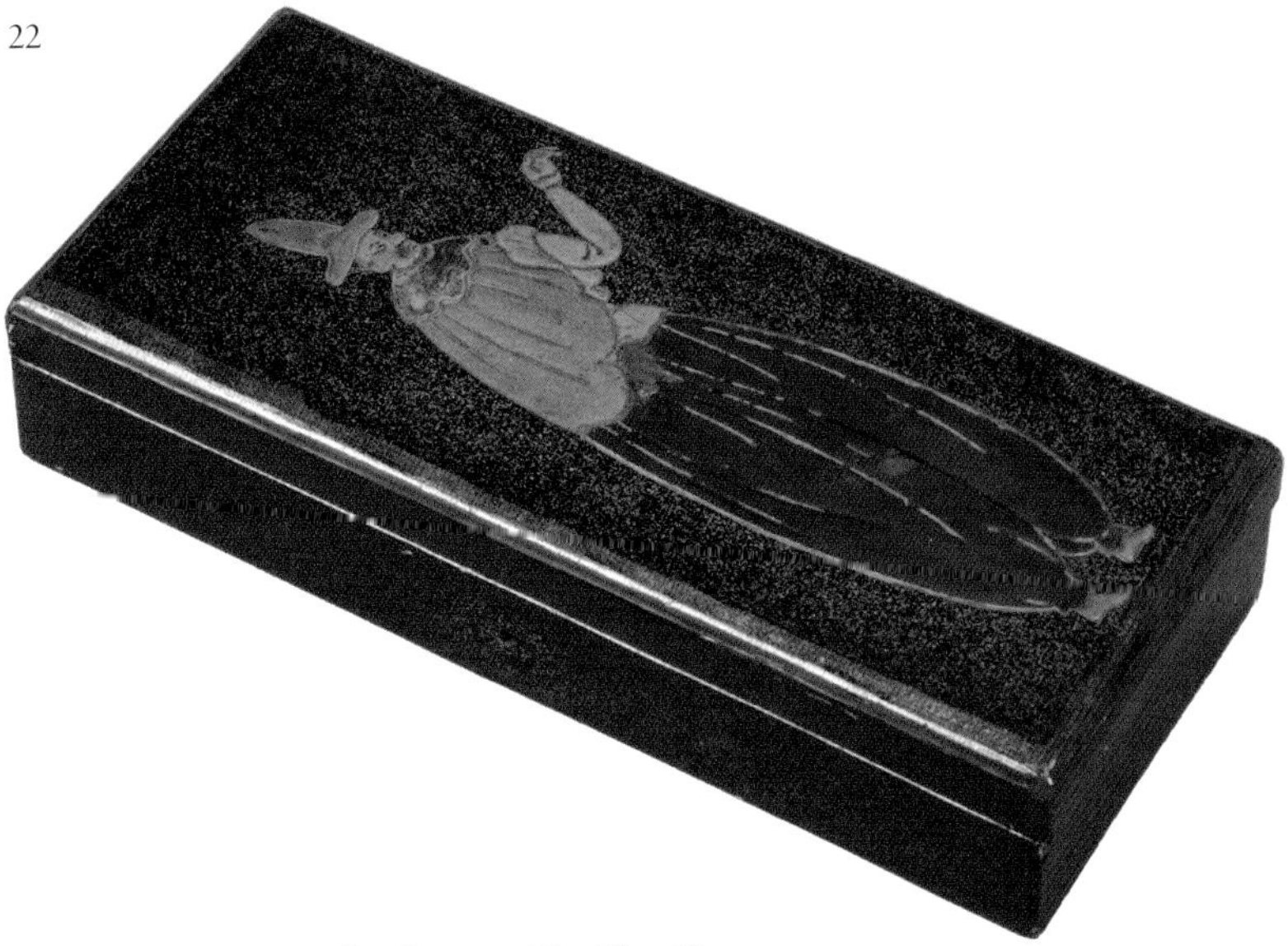

22
蒔絵南蛮人図文箱
桃山—江戸時代初期　漆器
神戸市立博物館〈永見旧蔵〉

十六世紀からはじまるスペインやポルトガルとの交易の中で、日本から海外へと渡った美術作品もあった。「南蛮漆器」と呼ばれる、漆に華やかな蒔絵や螺鈿を用いて異国風の意匠を施した品々はその代表的な例といえる。一方で、海外との文物の交流は国内向けの調度品や工芸品においても影響を与え、異国趣味的な意匠を生み出すこととなった。

《蒔絵南蛮人図文箱》《蒔絵南蛮人洋犬文硯箱》も、こうした国内向けの調度品であると考えられている。いずれの作品も梨地を背景に、南蛮屏風に描かれるような細身のひょろりとした南蛮人や洋犬の姿が蒔絵でかたどられている。南蛮的な意匠はこうした文箱、硯箱のようなものに限らず、徳利や根付、刀の鐔といったものの中にもみられ、当時の日本における異国への関心が幅広い分野にまで及ぶ熱狂的なものであったことを物語っている。

23
蒔絵南蛮人洋犬文硯箱
桃山—江戸時代初期　漆器
神戸市立博物館〈永見旧蔵〉

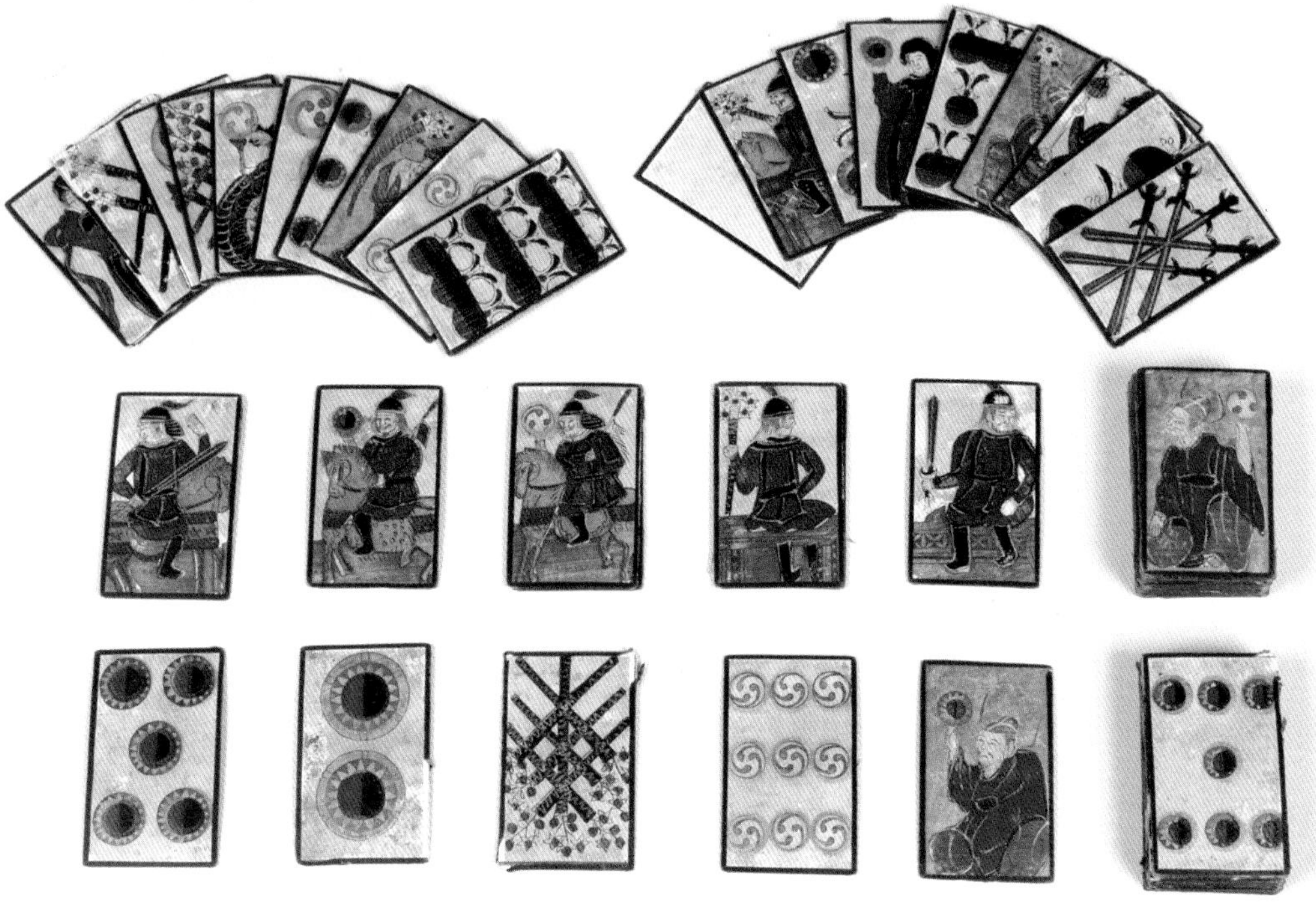

24

うんすんかるた

紙本着色
神戸市立博物館〈永見旧蔵〉

南蛮貿易が日本にもたらしたものの中には、ヨーロッパで育まれた様々な娯楽の文化も含まれていた。その代表的な一つがカードゲーム、すなわち「かるた」である。「うんすんかるた」は、この時伝えられたものが時代の変遷に伴い、アレンジされていく中で生み出されたもの。桃山時代に愛好された「天正かるた」では、四十八枚で一揃いであったが、うんすんかるたでは総数七十五枚とかなり増加している。七十五枚のかるたは図柄によってコップ（酒杯）、イス（剣）、オウル（貨幣）、ハウ（棍棒）、クル（巴紋）の五つのグループに分けられ、それぞれのグループは一から九までの数札に、六種類の絵札（ウン、スン、ソウタ、ロハイ、コシ、ウマ）を加えた十五枚で構成される。ウンと呼ばれる布袋や福禄寿といったモティーフやスンと呼ばれる中国風の人物など、明らかに東洋文化の影響下にある図柄もみられ、受容された西洋由来の文化が土着の様々な文化と融和し変質してゆく様を看取できる。

25

南蛮唐草輪金ぎやまん瓶

ガラス、金属

神戸市立博物館〈永見旧蔵〉

26

藍色カットグラス脚付杯

ガラス　神戸市立博物館〈永見旧蔵〉

27

彩絵緑色阿蘭陀人文角形ガラス瓶

十八─十九世紀　ガラス・着彩

神戸市立博物館〈永見旧蔵〉

28
ガラス飾蓋付紙製円筒箱
紙箱にガラス、着彩
神戸市立博物館〈永見旧蔵〉

29
ガラス飾円箱方位磁石
ガラス、着彩
神戸市立博物館〈永見旧蔵〉

海の外からもたらされ、「ぎやまん」や「びいどろ」と称されたガラス類は、透き通り光を放つその美しさによって、多くの人々を魅了した。これらはいわゆる「和ガラス」と呼ばれる、日本のガラス文化を大いに育むこととなった。

《彩絵緑色阿蘭陀人文角形ガラス瓶》では、緑色のガラス瓶にオランダ東インド会社のモノグラム「ＶＯＣ」のマークと、オランダ人と傘を差す従者という、長崎版画等でも盛んにみられるモティーフが描かれる。海外から船で運ばれたガラス瓶に、日本で絵付けが施されたとされている。

《藍色カットグラス脚付杯》はやや厚みのあるガラスによるグラスであるが、深い瑠璃色が美しい。洋画家、満谷国四郎が永見をモデルに描いた《長崎の人》（作品１５０）では、ソファに腰掛ける永見の手、あるいは傍らに置かれた小机の上に、本作と類似する形態のグラスが描かれている。永見は青年時代の回想の中で、「私の家なんかでは赤、紫、青、黄色のぎやまん茶碗を始終使ってい」たと振り返る［永見「南蛮美術の蒐集」一九二九］。永見にとってこうしたガラス類は幼い頃から慣れ親しんだものであり、そうした経験もまた蒐集に結びついているのかもしれない。

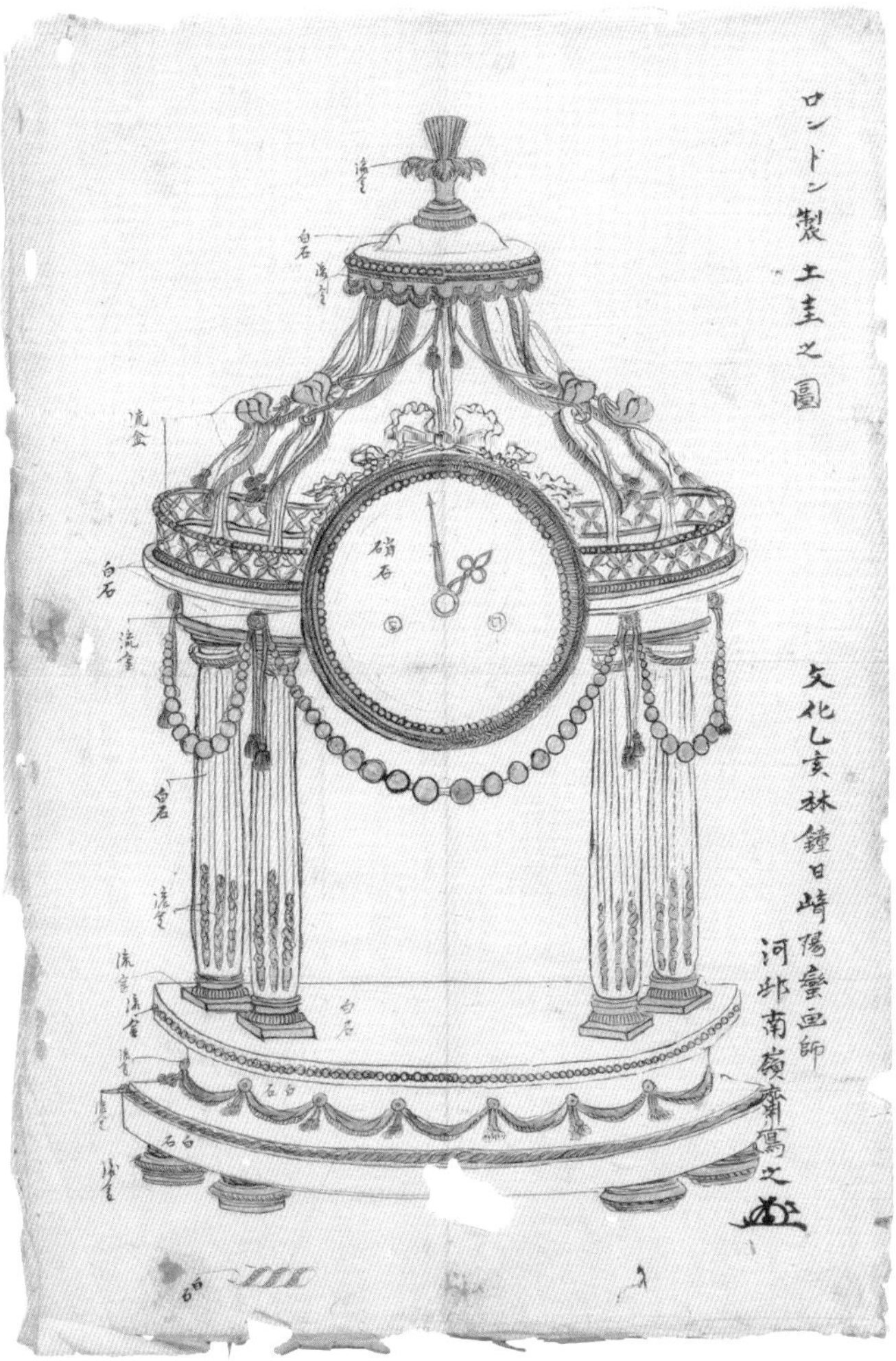

30

時計図案帳

河村（原）南嶺斎　一八一五（文化十二）年ほか　紙本着色
神戸市立博物館〈永見旧蔵〉

舶来の時計は長崎に優れた時計職人たちを生み出すこととなった。御用時計師であったとされる御旗家もその一つである。本作は同家で伝えられた図案帳で、時計図案のほか、その周辺に配す様々な装飾の画稿も含まれる。

その中の一枚、「ロンドン製土圭之図」は、イギリス・ロンドンにて製作された時計を写したものだと考えられるが、「白石」「流金」「硝石」等、図柄だけでなく各部の素材についても子細に記録されている。長崎での時計製作が、海外製の時計に学びつつ隆盛を見せたことをうかがわせる資料といえよう。題字の下には、「文化乙亥林鐘日崎陽蠻画師／河邨南嶺齋寫之」の署名がある。河村南嶺斎《かわむらなんれいさい》は、今日では長崎派の代表的画家、河村若芝に連なる絵師である原南嶺斎（一七七一―一八三六）と同一人物とされるが、永見は一貫して二人は別人であると信じていたようだ。

なお本作は、一九二六（大正十五）年三月の時点では親交のあった長崎の郷土史家、古賀十二郎の所蔵品として紹介されている一方、一九二七（昭和二）年十一月時点では永見の所蔵となっている。この間、永見は東京へと転居しているが、長崎を離れる永見に古賀が贈呈したのだろうか。

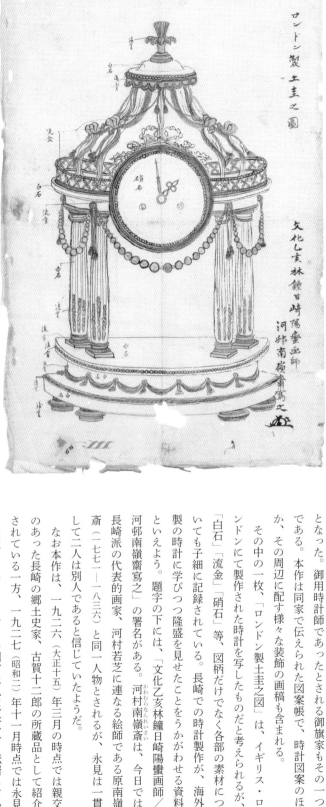

31

紅毛ポンポコポン図（のぞきからくり図）

西苦楽　江戸時代　紙本着色
神戸市立博物館〈永見旧蔵〉

永見が『長崎の美術史』（一九二七年）において「私の愛蔵中の愛品」と紹介している作品。「覗きからくり」と称されるからくりには様々な形態のものが含まれるが、ここでは、覗き窓から箱の中を覗いて楽しむからくりと、それに集う人々が描かれている。画面中央の黒いハットを被った少年とその左右の幼子と老婆の様子から、このからくりには少なくとも三つの覗き窓が設えられていることがわかる。豪奢な装飾に彩られたからくりの左右に描かれた、ロープのようなものを手にした人物や、ラッパを吹いている人物はからくりを操作しているとみられ、西洋においてこうした覗きからくりが興行として楽しまれていたことがうかがえる。作者の西苦楽については「西肥嵜陽東古河街住」と画面左下に記される通り、長崎で活躍した絵師だと考えられるが、詳細は不明。舶来の絵画資料に学んで描かれたものであろう。なお、「ポンポコポン」は「覗きからくり」のことで、大正時代に発行された『長崎市史　風俗編』においても長崎方言の一つとして紹介されている。

32

ポールモールの聖ジェームズ宮の眺望

ロンドン版　一七五三年　銅版筆彩・紙

神戸市立博物館〈永見旧蔵〉

33

ローマ近郊ヴァチカンのベルヴェデーレ邸の眺望

ロンドン版　一七五三年　銅版筆彩・紙

神戸市立博物館〈永見旧蔵〉

いずれも、一七五〇年代のロンドンで発行された銅版画である。作品32はポールモール（パル・マル、ロンドン中心部の通りの名）のセント・ジェームズ宮殿を望む景観、作品33はヴァチカンのベルヴェデーレ邸内の眺望が主題である。両作品ともに紙の周囲は黒く塗られており、遠近法が極端なほど強調された画面となっている。これらは反射式覗き眼鏡を用いて楽しむ、いわゆる眼鏡絵で、レンズと鏡を組み合わせた窓から覗き込むことにより鑑賞者は強烈な奥行き、立体感を味わうことができた。様々な主題のものが制作されたが、とりわけ本作のような各国の名所風景を主題としたものが人気を博し、数多く制作されたという。こうした舶来の眼鏡絵が、司馬江漢や亜欧堂田善らに影響を与え、洋の東西が混濁したような独自の表現を生み出すこととなった。

34
放蕩息子の帰還
銅版筆彩・紙
神戸市立博物館〈永見旧蔵〉

35
西洋宮殿図
銅版筆彩・紙
神戸市立博物館〈永見旧蔵〉

作品32、33と同様、覗き眼鏡を用いて楽しむ眼鏡絵。ただし、これらはおそらく覗き窓のついた箱の中に納められた状態で鑑賞されたものと思われる。いずれの作品についても、窓やドアといった開口部は紙が切り取られ、箇所によっては裏側から色のついた薄紙が張り付けられている。さらに《放蕩息子の帰還》では、空の部分に無数のピンホールが開けられている。つまり、箱によって生み出された暗闇の中、絵の裏側から光を当てることで、星が瞬く夜空や、光あふれる室内を表現することができるのだ。暗闇の中で鑑賞することを想定してか、非現実的ともいえる鮮やかな色調となっているのも印象的である。こうした楽しみ方も含め、様々な種類の眼鏡絵が日本でも受容され、江戸時代後期から大正時代頃までを中心に愛好されたという。

36

初代玄々堂像

高橋由一　一八七五（明治八）年頃　油彩・カンヴァス
神戸市立博物館〈永見旧蔵〉

近代洋画の開拓者、高橋由一（一八二八―一八九四）による肖像画。モデルは、京都で銅版画を専門とする印刷会社、玄々堂を創業した松本保居《やすおき》（一七八六―一八六七）である。由一にとって仕事の付き合いがあったのは二代目の松田緑山であり、モデルとなった初代とは直接会う機会はなかったと考えられている。おそらく由一は写真や聞き取りをもとに描いたと思われるが、人物の微妙な表情までも表そうと丹念に筆を重ねていることが分かる。

一八六九（明治二）年に東京の呉服橋に本拠地を移した玄々堂は、由一をはじめ、五姓田義松、山本芳翠ら、初期洋画家たちが盛んに出入りする場となっていた。そして西洋画研究に取り組む彼らによって一枚刷り石版が数多く制作され、玄々堂を通じて世に送り出された。由一の弟子で永見とも懇意であった長崎出身の洋画家、彭城貞徳《さかきていとく》（一八五八―一九三九）もまた、玄々堂で一時期働いている。

本作は永見の旧蔵品であるが、いつ、どのような経緯で永見が本作を入手したのかは全くの不明である。しかし、初代玄々堂が長崎の出島を通じてもたらされた西洋版画から多くを学んだことを考えれば、永見が本作に並々ならぬ興味を抱いたということも頷けよう。

《南蛮屏風》1600年頃、紙本金地着色（六曲一双屏風）、クリーブランド美術館（アメリカ）

永見と南蛮屏風

永見は所蔵品を出発点に、南蛮及び長崎関係の美術作品・資料に関する研究を独自に深め、雑誌等各種メディアで発表を重ねた。発表された記事はかなりの数に及び、その対象も幅広いが、中でも永見が注力したテーマの一つが南蛮屏風であった。関連する永見の著書として『画集南蛮屏風』（一九二七年）、『南蛮屏風大成』（一九三〇年）があるが、後者は永見所蔵品をはじめ、国内外の南蛮屏風の図版を数多く収録し永見の解説を付した大著で、南蛮屏風を専門的に扱った書籍としてはほとんど最初のものとなる記念碑的な一冊であった。そして前者では、永見が一九二七（昭和二）年に入手し、南蛮屏風研究に突き進んでゆく原動力となった一組の南蛮屏風について、図版とともに詳細な分析が綴られている。この作品こそ、現在クリーブランド美術館（アメリカ）が蔵する六曲一双の《南蛮屏風》であった。既述の通り、永見は一九三一年、神戸の蒐集家、池長孟に南蛮関係の所蔵品の大部分を売却したが、その時も本屏風は売却されずに永見の手元に残されており、特に思い入れの強い作品であったことがうかがえる。本コラムでは、現クリーブランド美術館所蔵品（以下、本屏風）が永見の愛蔵品となってから手放される頃までの道行について記録を辿ってみたい。

永見は一九二七年、本屏風を丹緑堂こと高見澤忠雄から購入した。南蛮美術を愛する同好の士であった画家、山村耕花の誘いで本作を見に行った永見は、「呼吸するさえ胸苦し」いほどの衝撃を受け、すぐさま購入にこぎつけたようだ。

入手後、永見は先述の通り『画集南蛮屏風』（一九二七年）を出してこの優品の存在を世に知らしめた。その後、永見が本屏風を手放したいきさつについては、楢崎宗重「南蛮屏風に就て」（『浮世絵芸術』三月号、一九三四年）に詳しい。楢崎の記述に従って経緯を見てゆこう。一九三一年二月、スペインの練習艦が来日するのに合わせ、海軍省は歓迎会を開く。本会において、永見愛蔵の本屏風が展示され、併せて永見の『画集南蛮屏風』も贈呈された。スペイン側の称賛を受けたことで海軍省幹部も喜び、永見を訪問し感謝を述べるとともに江田島にある資料館に収めたい旨を伝えたという。これがその後の布石となった。

その後、アメリカの某人からも購入希望があったものの、本屏風は日本で保存すべきものとして永見はこれを退けた。そして、京都の実業家、湯浅七左衛門と島津源蔵が永見に本屏風を譲り受けたい旨申し出たところ、ついに永見はこの屏風は海軍省に置くのが最もよいので、海軍省に寄贈するならば手放してもよい、と伝え、湯浅島津両氏はこの意思を承諾した上で永見から買いとり、海軍省に収めたという（ただしこの通りであれば、寄贈者は永見ではなく湯浅・島津の両氏となるはずだが）。この楢崎の論考の末尾には（昭和九・二・一七）とあるため、海軍省への寄贈は一九三四（昭和九）年頃のことであったと思われる。

一九三七年、海軍省は原宿に「海軍館」を開館した。同館では海事に関する作品や史料、模型など様々な物品が展示されたが、古代からの日本と海の関わりを示すべく、「歴史部陳列室」も置かれた。その陳列品目録には「南蛮屏風」の文字が見える。推論の域を出ないが、永見の手を離れた本屏風がこれに該当する可能性は高い。戦後本屏風は民間を経てアメリカへと渡るが、限られた一時期のこととはいえ、海と日本の関係性を追う文脈のなかで、かつての愛蔵品が多くの人々の目に触れることになったのは永見にとっても僥倖であったに違いない。

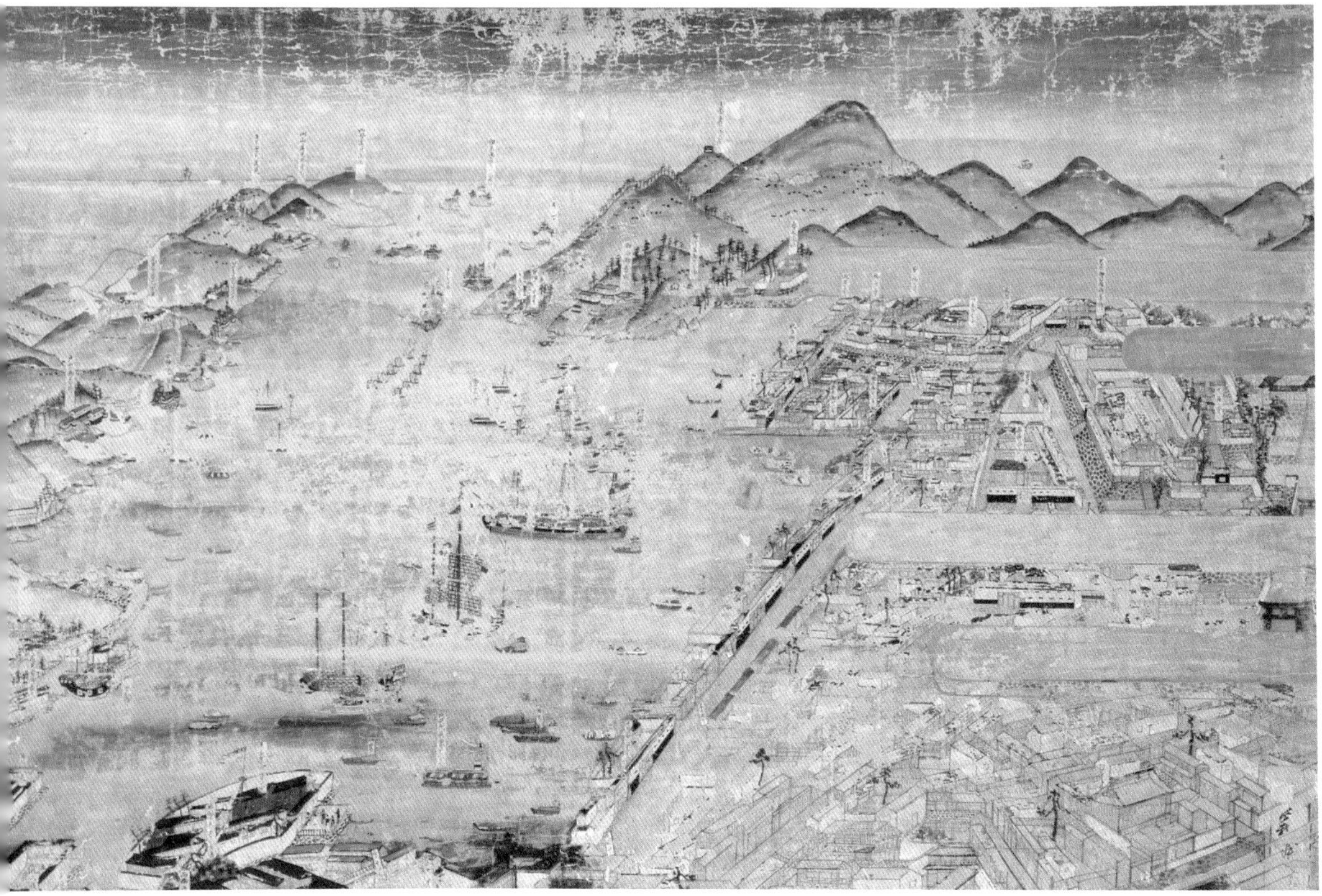

37

長崎港図

城義隣　江戸時代後期（十九世紀）　紙本着色
神戸市立博物館〈永見旧蔵〉

38

長崎港図

原本・石崎融思　一八一八（文化十五）年　紙本着色
神戸市立博物館〈永見旧蔵〉

中国、オランダをはじめとした海外から、多くの品々や文化がもたらされ、その混淆の中で長崎という土地が―あるいは「長崎」のイメージや自画像が―育まれていった。長崎港はまさに、あらゆるものが運び込まれる文字通りの玄関口であり、外国船が往来する港の姿は当時より長崎という場所を象徴するイメージとして数多くの美術作品において題材となった。

作品37は長崎の絵師、城義隣《じょうぎりん》（一七八四―？）が描いたもの。泥絵（顔料に胡粉を混ぜた不透明な絵具を筆で彩色する民衆的な絵画）を得意としたとされ、永見、池長ともに本作を泥絵の中でも優れた作品の一つとしてとらえていた。

作品38は江戸時代の長崎を代表する絵師、石崎融思《いしざきゆうし》（一七六八―一八四六）による《長崎港図》のもととなった粉本と考えられている作品。「此山米点《このやまべいてん》」「綱ハ何レモ濃キ墨ニテカキヲコシ」など、筆遣いや彩色の方法に至るまで様々な指示書きがなされている。石崎融思は、長崎奉行のもとで舶来の書画や工芸品、珍しい動植物や外国人風俗を模写・記録する唐絵目利の職を長く務めた絵師。長崎港のイメージが継承されてゆく過程を想像させる一点である。

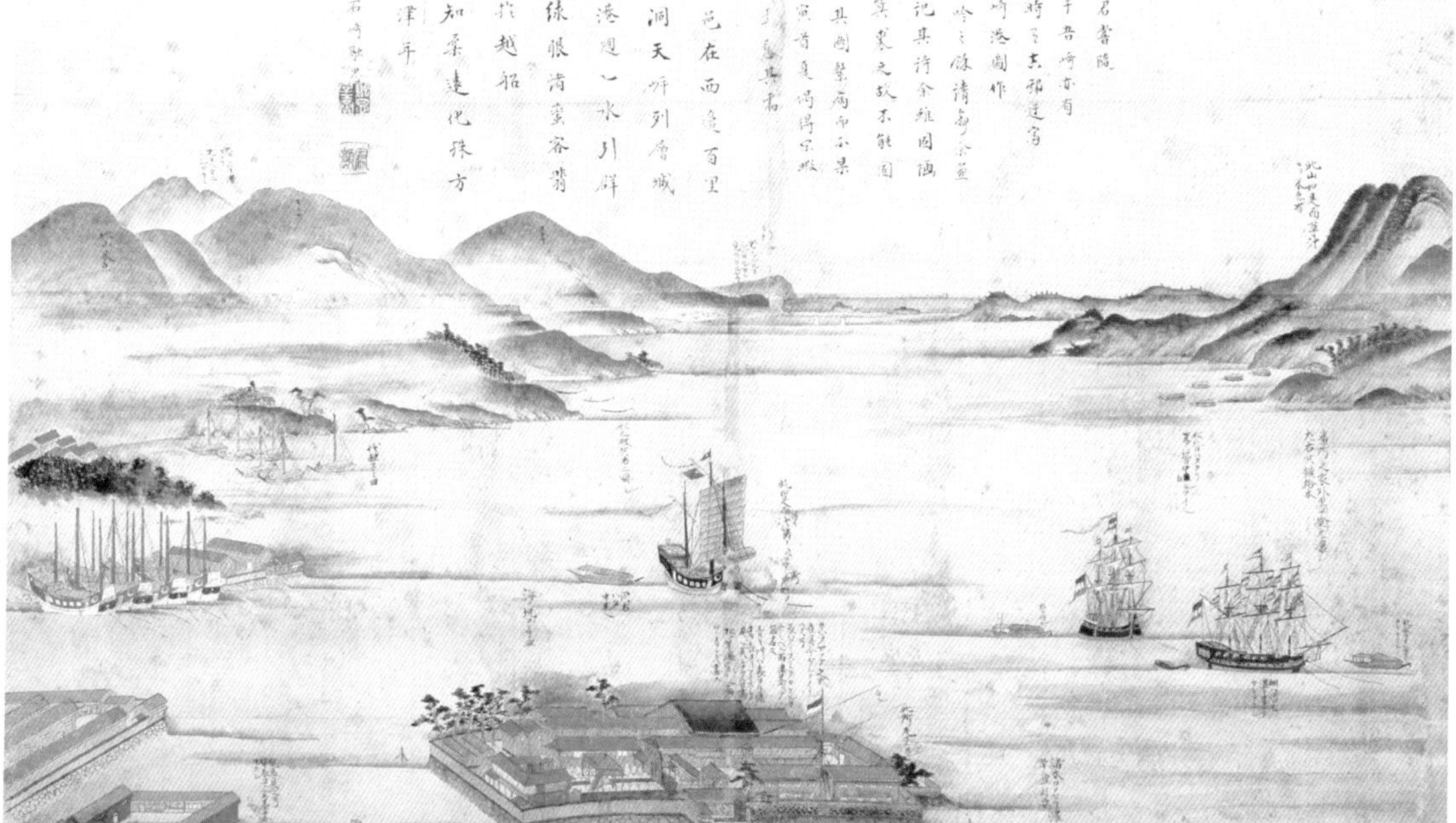

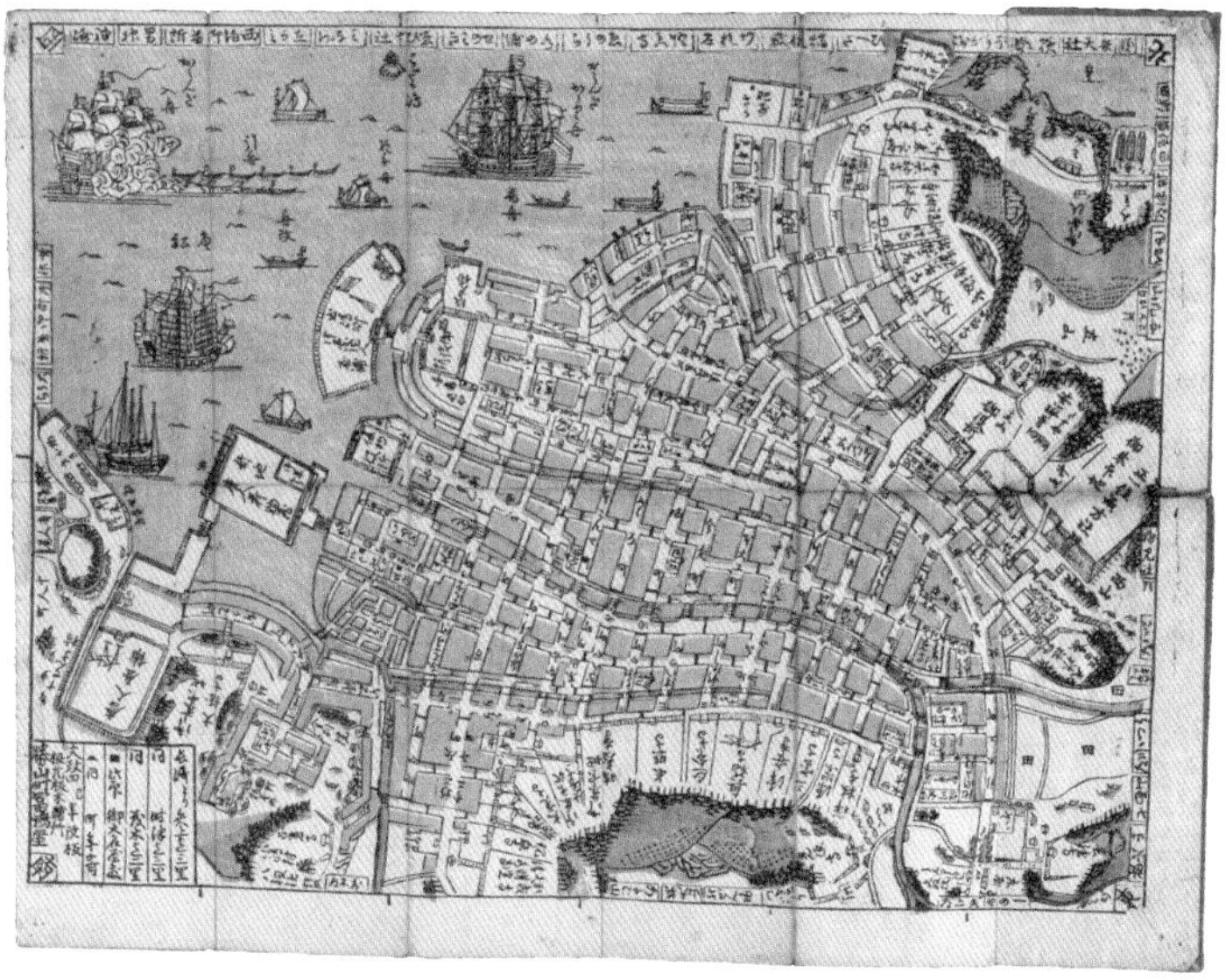

39

長崎図（無題）

富嶋屋版　一八二一（文政四）年　木版・紙
神戸市立博物館〈永見旧蔵〉

40

長崎湊外沖之図

文錦堂版　江戸時代後期　木版・紙
神戸市立博物館〈永見旧蔵〉

《長崎図（無題）》は長崎市中の地図。画面左下の表記より、本作品が文政四年に富嶋屋から発行されたものであることがわかる。版元の富嶋屋は、元々「豊島屋」の屋号で勝山町に店を構え、数々の優れた長崎版画を世に送り出した。二代目から富嶋屋に改名したが、その後文政年間には廃業したという。江戸時代、長崎では富嶋屋や文錦堂、耕寿堂など多くの版元から本作のような地図が数多く発行された。これら長崎地図には、地形や町名といったいわゆる地図的な情報のほか、港に浮かぶ外国船が描かれたものも多く、本作においてもオランダ船や中国船と思しき船がみられる。地図としての実用性はもちろん、異国情緒を加味した土産物としての役割も見出されていたのだろう。永見はこのような長崎地図を数十点所有していた。長崎地図では版元や発行年が記載されている場合が多く、長崎版画の研究においても重要な役割を担う。永見もまた、単に鑑賞のためというよりも、研究資料として蒐集に励んだ可能性が考えられる。

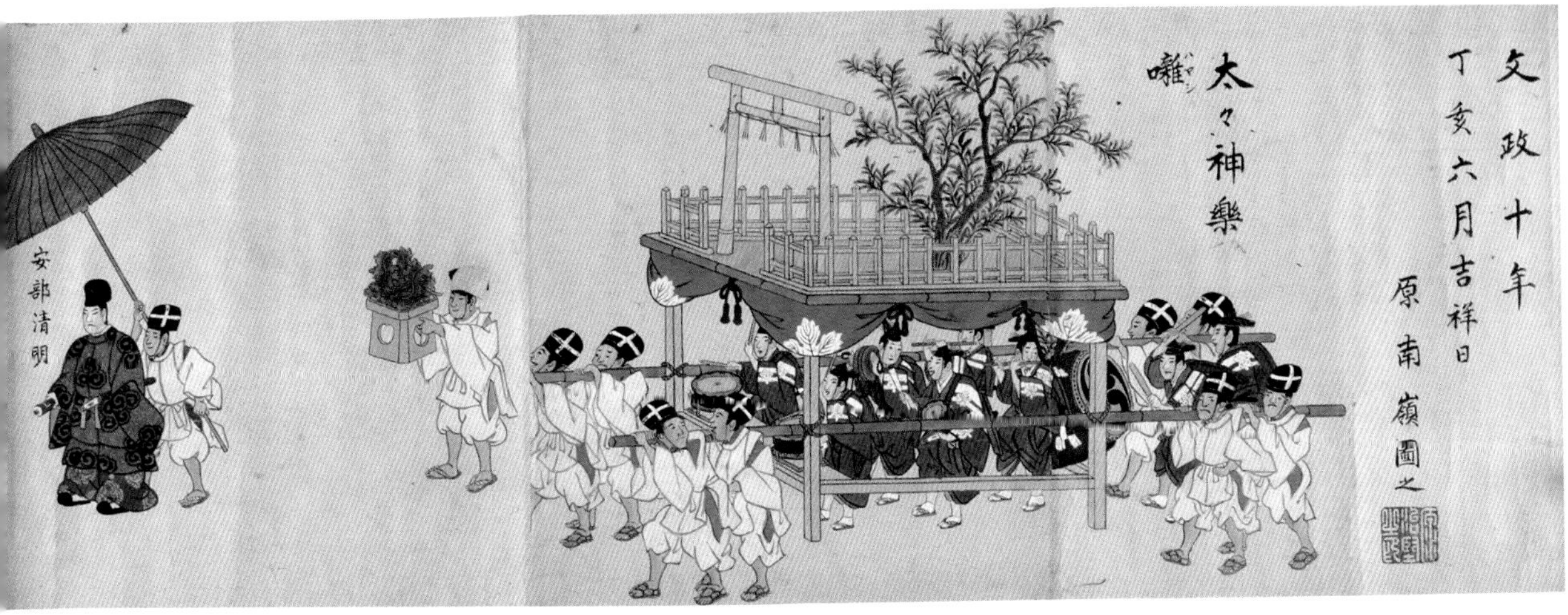

41

諏訪町年中行事図

原南嶺斎　一八二七（文政十）年　紙本着色
神戸市立博物館〈永見旧蔵〉

冒頭に「文政十年／丁亥六月吉祥日／原南嶺圖之」とある通り、原南嶺斎（一七七一―一八三六）によるもの。原南嶺斎は河村若芝に漢画を、若杉五十八に洋風画を学んだとされる長崎の絵師。高い技量を身につけていたと考えられ、長崎くんちにおいて万屋町が用いる傘鉾の垂れ、《魚尽し》は原の下絵によるものであるという。

本作は「太々神楽　囃」にはじまり、以降「十一月　冬至年易」「十月　廿日恵比須」「九月　菊猩々」「八月　名月神楽」「七月　七夕歌仙」「六月　御祓」「五月　矢瀬田植」「四月　加茂葵祭」「正月　子ノ日遊」と続く、年中行事を描いた絵巻物。絵巻中に「安倍晴明」と付された人物がいることを勘案すれば、古くから伝えられる伝承や絵図等に基づいて制作されたものを原が写したことが想像される。

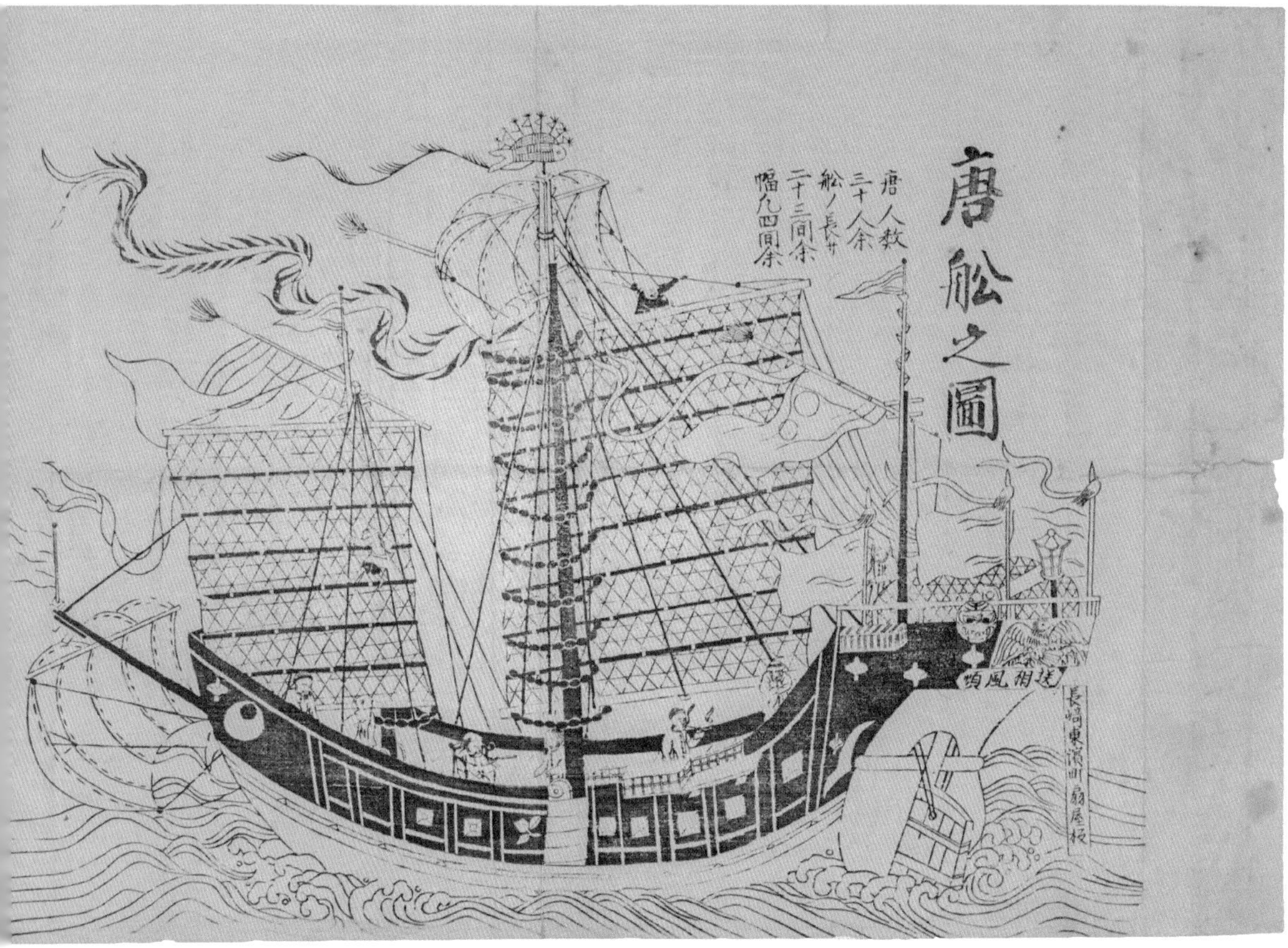

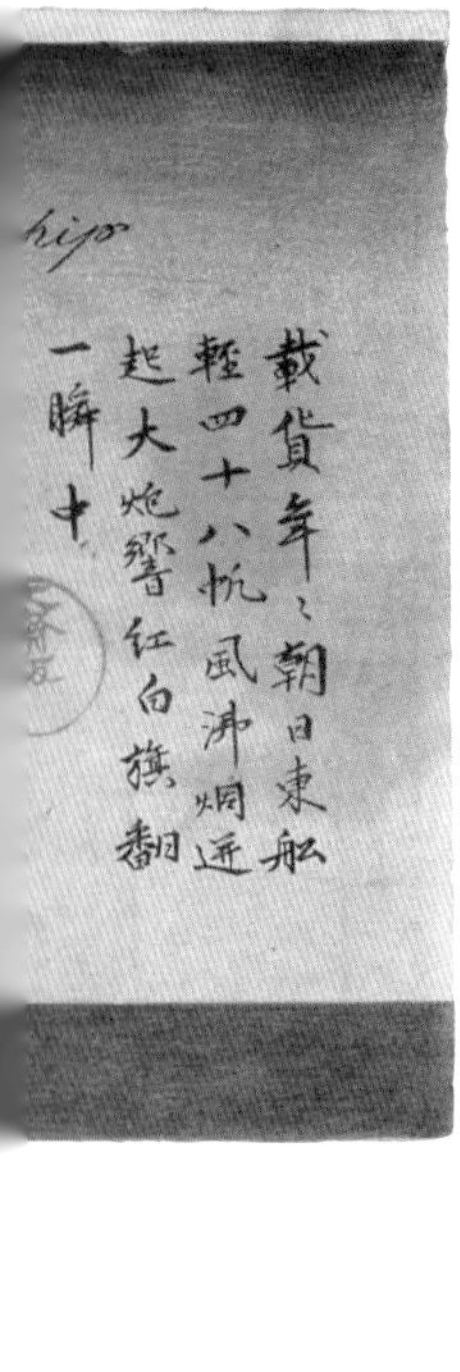

48

Hollandsch groot Schip

磯野文斎版（大和屋版）　江戸時代（十九世紀前期）　木版・紙
神戸市立博物館

オランダ語による「オランダ帆船」という題名通り、海に浮かぶオランダ船をモティーフとした長崎版画。優れた長崎版画の描き手であった磯野文斎（?―一八五七）によるものであると考えられている。画面右側に記された七言絶句の中に「紅白旗翻一瞬中」とある通り、オランダ船の往来を躍動感ある表現で伝えている。

本作は永見の旧蔵品ではないが、永見の『長崎の美術史』に異版と思われる図版が収録されている。永見が所蔵品を自ら複製、出版した『長崎版画集』『続長崎版画集』（ともに一九二六年）に掲載されたもの、あるいは各種展覧会に永見所蔵品として出品されたものは合わせて百点をはるかに超えるが、永見の南蛮コレクションをまとめて受け入れた神戸市立博物館にも収蔵されていない。永見や池長による展覧会や発表の効果もあってか、長崎版画は当時研究者のみならず多くの愛好者を生んでいた。池長へのコレクションの譲渡（一九三一年）以前に売却された可能性が考えられる。

47
唐船之図
扇屋版　江戸時代後期　木版・紙
神戸市立博物館〈永見旧蔵〉

「長崎版画」とは、文字通り江戸時代の長崎で発行された版画で、異国趣味豊かな図柄によって土産物として愛好されていた。版元が制作から販売までを一手に担う。本作は「扇屋」という版元から発行されたものだが、同店が東浜町にあったこと以外、詳細は不明である。唐船やオランダ船等外国船は、エキゾチックな長崎のイメージを喚起するものとして、長崎版画において盛んに用いられたモティーフである。

多岐に及ぶ蒐集の中でも、長崎版画は永見にとってとりわけ重要なテーマであった。大正時代の中頃、長崎から東京に出向いた彼は、新橋の浮世絵版画店で長崎版画に出会い、その場で十四、五枚を買い求めたという。以降、彼は東京、京都、大阪など行く町々で探し回るなど蒐集に注力し、結果的に彼の長崎版画コレクションはかなりの規模に至った。実は「長崎版画」という呼び名も永見が強力に推進したもの。戦前期まではむしろ「長崎絵」という呼称のほうが一般的であったが、永見は「長崎絵」は長崎で育まれた絵画一般を指し、版画類とは区別するべきだとして「長崎版画」の呼称を推奨した。

42

諸国名所百景　肥前長崎目鏡《めがね》橋

二代歌川広重　一八五九（安政六）年　木版・紙
神戸市立博物館〈永見旧蔵〉

二代歌川広重（一八二六―一八六九）が手がけた『諸国名所百景』は、八十五枚からなるとされる（但し現在のところ実物が確認されているのは八十一枚）、日本各地の名所を取り上げたシリーズ。版元は初代歌川広重の『名所江戸百景』の版元としても知られる魚屋栄吉である。神戸市立博物館には永見旧蔵の『諸国名所百景』が十三枚所蔵されているが、そのうちおよそ半数を占める六枚は「肥前長崎目鏡橋」、「肥前長崎唐船の図」、「肥前五島鯨漁の図」、「対州海岸」、「長崎丸山の景」（二枚）といった、長崎と関連の深い場所を題材としたものである。管見の限り、本作の蒐集意図について永見が言及したことはないように思われるが、こと蒐集において、永見は長崎と通ずるあらゆるものに目配りしていたことがうかがえる。

43
諸国名所百景　肥前五島鯨漁の図
二代歌川広重　一八五九（安政六）年　木版・紙
神戸市立博物館〈永見旧蔵〉

44
諸国名所百景　対州海岸
二代歌川広重　一八六〇（万延元）年　木版・紙
神戸市立博物館〈永見旧蔵〉

45
諸国名所百景　肥前長崎唐船の図
二代歌川広重　一八五九（安政六）年　木版・紙
神戸市立博物館〈永見旧蔵〉

46
諸国名所百景　長崎丸山の景
二代歌川広重　一八五九（安政六）年　木版・紙
神戸市立博物館〈永見旧蔵〉

49

水亭囲碁図

荒木元融　江戸時代（十八世紀末期）　紙本墨画淡彩
神戸市立博物館　〈永見旧蔵〉

水際に建つ庵の中で、碁に興ずる中国人たちの姿が描かれている。荒木元融《あらきげんゆう》（一七二八―一七九四）は長崎で活躍した絵師。唐絵目利兼御用絵師であった荒木元慶の養子となり、さらに石崎元徳に師事して画法を修めた。一七六六（明和三）年八月、荒木元慶が職を辞したため、同九月より唐絵目利兼御用絵師を務めた。

永見は様々な媒体で所蔵品を紹介したが、作品の細部というよりも伝来やそこから派生した物語に注目することが多かった。そうした中で本作については子細な記述を行っている。永見の鑑賞眼を看取できる例として紹介しておこう。「中央に涼亭が水上に建つて居て、室内、裏屋根、欄干、柱には浮絵の如く、角度を強くつけ、墨色に濃淡の調子を快く現はし、碁を楽しむ唐人四人の中、二人の服装は、蛮画の絵具を以つて赤く塗り、〔中略〕右手の岩・樹木・遠景の山は墨と茶色を主とし凹凸を見せ、樹木、水には青い彩がある、藁葺《わらぶき》の屋根遠山、岩等の茶色は、紅色と同じ蛮画の絵具を使い、料亭内の小さき人物の顔面や衣服、室内の壁や帷、及び樹木、水には盛んに印影の法にて、微妙なる点に努力の跡を見せ」るとする〔永見『長崎の美術史』一九二七〕。

50

天保九如図

石崎融思　一八四五（弘化二）年賛　紙本着色
神戸市立博物館〈永見旧蔵〉

石崎融思（一七六八—一八四六）は、唐絵目利を務めたことで知られる長崎の絵師。荒木元融の実子であるが、唐絵目利の名家、石崎家の養子となり家督を継いだ。優れた画技を持ち、当時の長崎を代表する絵師の一人であったという。石崎融思に学んだ絵師の中には、のちに「長崎三画人」と称されるようになる鉄翁祖門、木下逸雲、三浦梧門もいた。

「天保九如図」は中国の古典『詩経』に由来する伝統的な吉祥画題である。蓬莱山の様な山と川、太陽と月が組み合わされる。永見は「蓬莱の様な山や岩石、それ等の間を縫ふて流るる渓流、繁茂せる樹立には、何処かに、大雅堂の味を持つた様な大胆な筆跡を示し、蛮画と南画の特徴をよく掴み得て居る」［永見『長崎の美術史』一九二七］とし、南画的な作風を基盤としながら、そこに西洋美術に連なる表現を加味した本作に対して、江戸時代を代表する南画、文人画家である池大雅に通ずるものを感じ取っている。

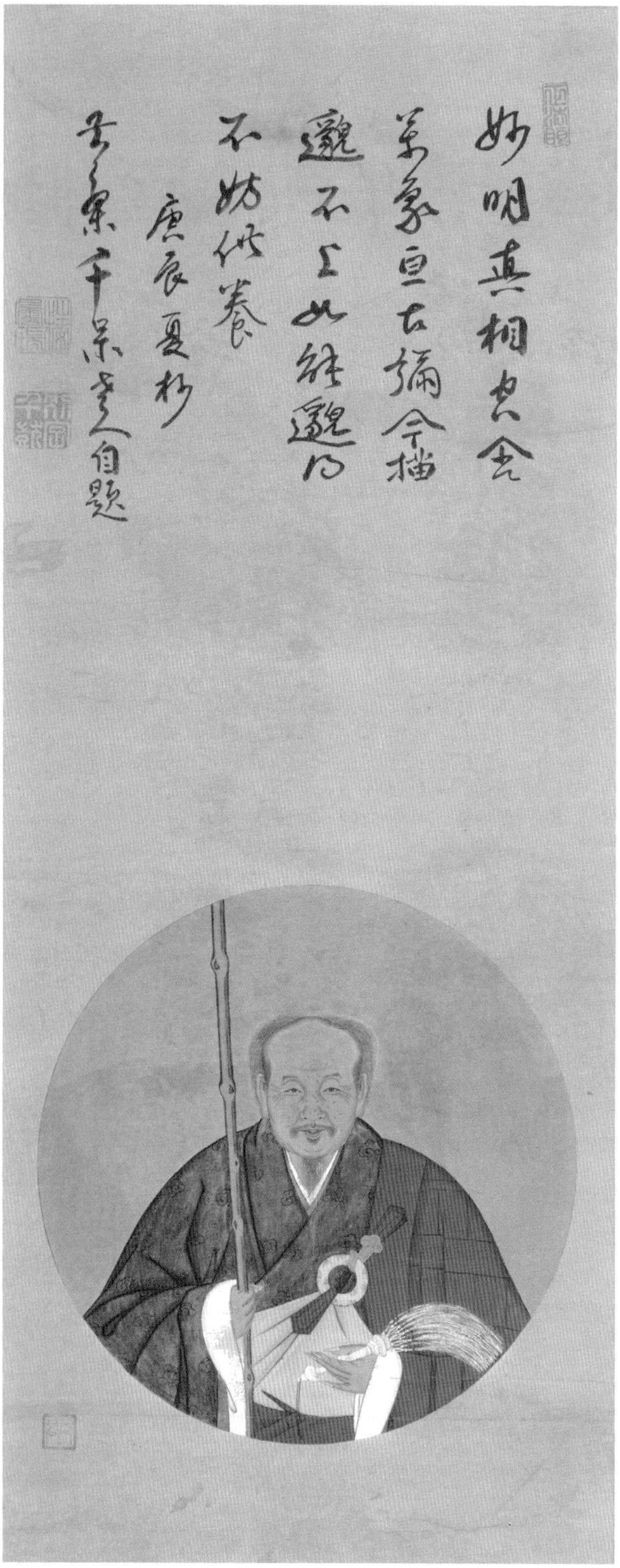

51
千呆性侒図
元喬　一七〇〇（元禄十三）年賛　紙本着色
神戸市立博物館〈永見旧蔵〉

像主である千呆性侒《せんがいしょうあん》（一六三六—一七〇五）は福建省出身の黄檗僧で、一六五七（明和三）年、即非如一に随行して長崎に至った。長きにわたり崇福寺住持を務めたほか、一六七五（延宝三）年及び一六八一（延宝九）年には、長崎で起こった飢饉に際して施粥によって人々を救ったことでも知られる。本作を描いたとされる元喬は、喜多元規《きたげんき》に連なる絵師であると考えられているが、経歴などは詳らかでない。

永見は『長崎の美術史』の中で本作について、千呆の画賛を評価した上で、元喬の画力が元規に比べて一段落ち、元規の巧みさには及ぶべくもない、と率直な評価を綴っている。

52

関羽像

木下逸雲　江戸時代（十九世紀）　紙本着色
神戸市立博物館〈永見旧蔵〉

木下逸雲《きのしたいつうん》（一八〇〇―六六）は長崎の八幡町で乙名（町役人）を務める木下家に生まれ、のちに自身も同町乙名となる。石崎融思のもとで漢画の画法を学んだ後、舶来の中国人画家、江稼圃《こうかほ》に師事して南画の画技を修めた。長崎における南画の発展に大きく寄与し、鉄翁祖門、三浦梧門と並んで「長崎三画人」と称されることもある。

本作は、言わずと知れた『三国志』に登場する関羽を描いたもの。繊細な線描と巧みな陰影表現は、石崎融思のもとで学んだ技法を十分に活かしたものであるといえよう。関羽は早くから武神、そして商売繁盛の神として中国で信仰を集め、こうした文化は華僑を通じて長崎にも早くから伝えられた。長崎有数の商家に生まれ育った永見も関羽信仰には親しんでいたようで、関羽の肖像画は長崎の商家では誰でも所蔵するものだとし、冬至の日には関羽像と唐船図を飾り、「しるこ攻め」ともいえるほど、皆で集まって汁粉を食べる習慣があることを紹介している。

56
マリア観音像
十八世紀前期　陶製
神戸市立博物館〈永見旧蔵〉

53
小児を抱く中国人物像
木彫・着彩
神戸市立博物館〈永見旧蔵〉

永見の蒐集対象には、キリスト教関係の品々も含まれていた。作品56はいわゆる「マリア観音」として永見から池長に譲渡されたもの。一般にマリア観音と称されるものは、元来、中国の福建省などで慈母観音、子安観音といった祈願の対象として製作され、日本に伝来したのち、幼児を抱く姿や白磁の色彩によって、日本の信徒が聖母マリアに見立てて信仰の対象としたものを指す。ただし、多くの研究者が指摘する通り、近代以降、蒐集家たちが関心を向ける中で数多くの模造品が作られており、現在では史料や伝来による裏付けがなされたものに限って「マリア観音」とするべきだとされる。

本作の入手経緯については永見の回想が残っている。これに従えば、少年時代、浦上をよく散歩していた永見はキリスト教遺物に興味を持ち、信者たちと交流をはじめる。信者たちは当初訝しんでいたが、キリシタン遺物に対する彼の敬意が伝わって次第に親しくなり、永見も「新しい神様の石板画や耶蘇の一代記を描いた版画等の土産」を贈るようになる。信者たちは喜び、永見の求めるものをくれるようになったという［永見「南蛮美術の蒐集」一九二九］。コレクターとしての永見の原初的な体験につながる資料である。

55

恵比寿をかたどる聖像

木彫

神戸市立博物館〈永見旧蔵〉

57

マリア観音像

陶製

神戸市立博物館〈永見旧蔵〉

54

如来坐像をかたどる聖母子像

木彫・着彩

神戸市立博物館〈永見旧蔵〉

58

キリスト茨冠像銅牌

外国製　金属
神戸市立博物館〈永見旧蔵〉

作品58は、茨の冠を被り、両手を縄で縛られ、芦の笏を持つイエス・キリストの姿を表した銅牌。「エッケ・ホモ（この人を見よ）」と称されるこうした図像は、イエスの受難を表すものとしてキリスト教美術における伝統的な画題とされる。本作のようなレリーフも数多く制作され、東京国立博物館にはかつて長崎奉行所が「踏絵」に用いていたという本作とほぼ同様の図柄・形状を持つ銅牌が収蔵されている。永見は本作を、長崎・古賀村の地中に埋められた寺の柱の中から見つかったものとしている。

このほか、キリスト教関係の遺物として、永見はメダイやロザリオなどを多数蒐集した。また長崎歴史文化博物館には、大浦天主堂に伝わる宗教版画を永見が昭和初期に複製した掛軸が所蔵されている。

59
キリスト像銅牌
外国製　金属
神戸市立博物館〈永見旧蔵〉

60
キリスト像板絵
外国製　板・着彩
神戸市立博物館〈永見旧蔵〉

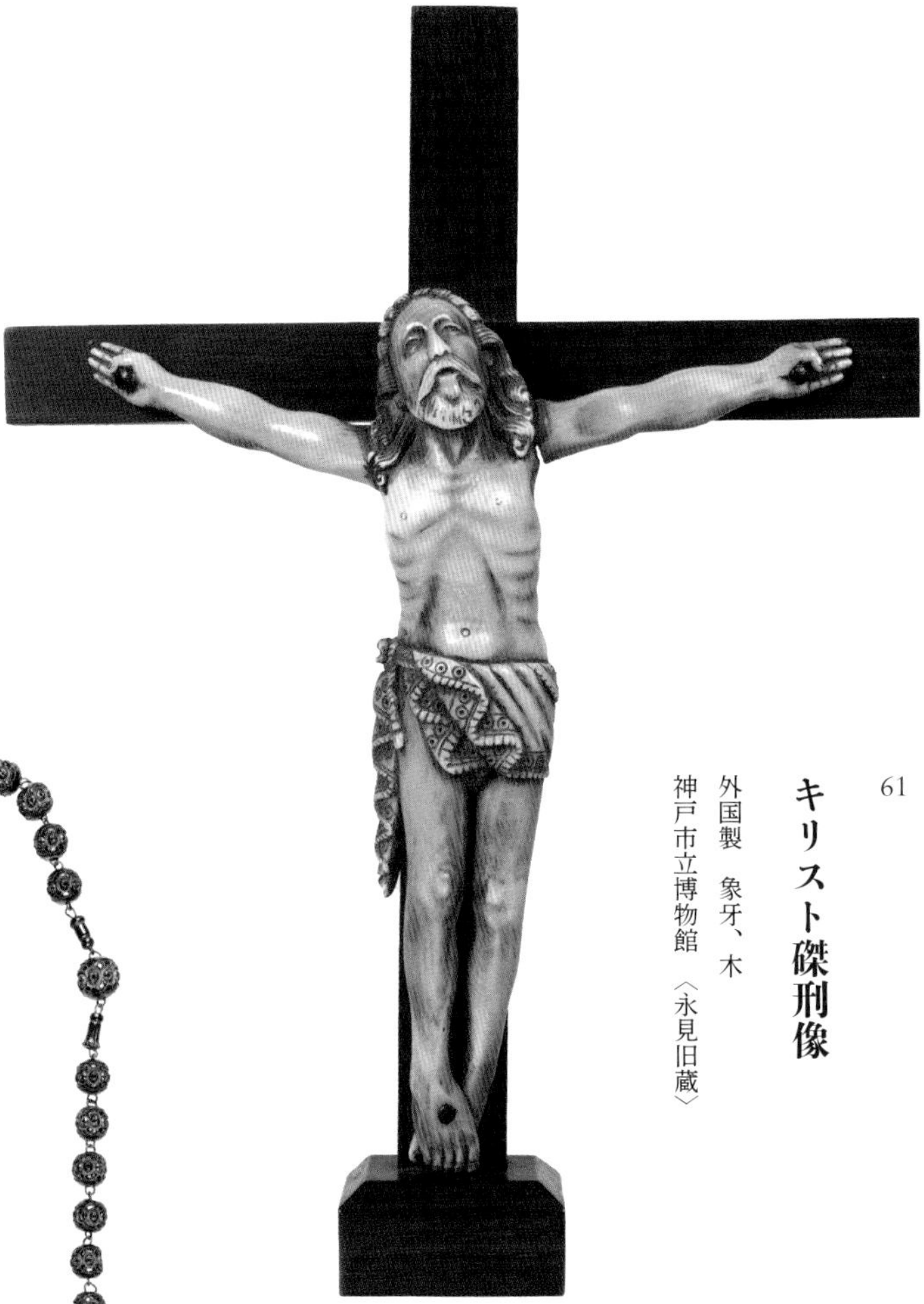

61

キリスト磔刑像

外国製　象牙、木

神戸市立博物館〈永見旧蔵〉

62

大コンタツ

外国製　木、金属

神戸市立博物館〈永見旧蔵〉

63
永見徳太郎写真

写真
神戸市立博物館

部分拡大図

左下に「新島にて　永見徳太郎」のサインが記された永見の肖像写真。正確な撮影年は不明であるが、一九三八（昭和十三）年三月発行の『アサヒカメラ』所収の永見による記事「愉快な記念写真」にて同じ写真が紹介されているため、少なくとも一九三八年以前に撮影されたものであろう。この記事によれば、伊豆諸島の一つである新島を訪れた永見は、「カルコ」と呼ばれる力仕事をする女性に男性が担がれている絵はがきを見つける。これに永見が関心を示したことをきっかけに、永見を担ぐ熟練のカルコや写真屋が集まり、この写真が生まれた。写真に写る永見は右手を上げ朗らかな表情を浮かべているが、内心は落ちてしまうのではないかと戦々恐々としていたという。

本写真は池長孟旧蔵のもの。一九三一（昭和六）年に自慢のコレクションを売却して以降結ばれた交友がその後も続いていたことを物語る。

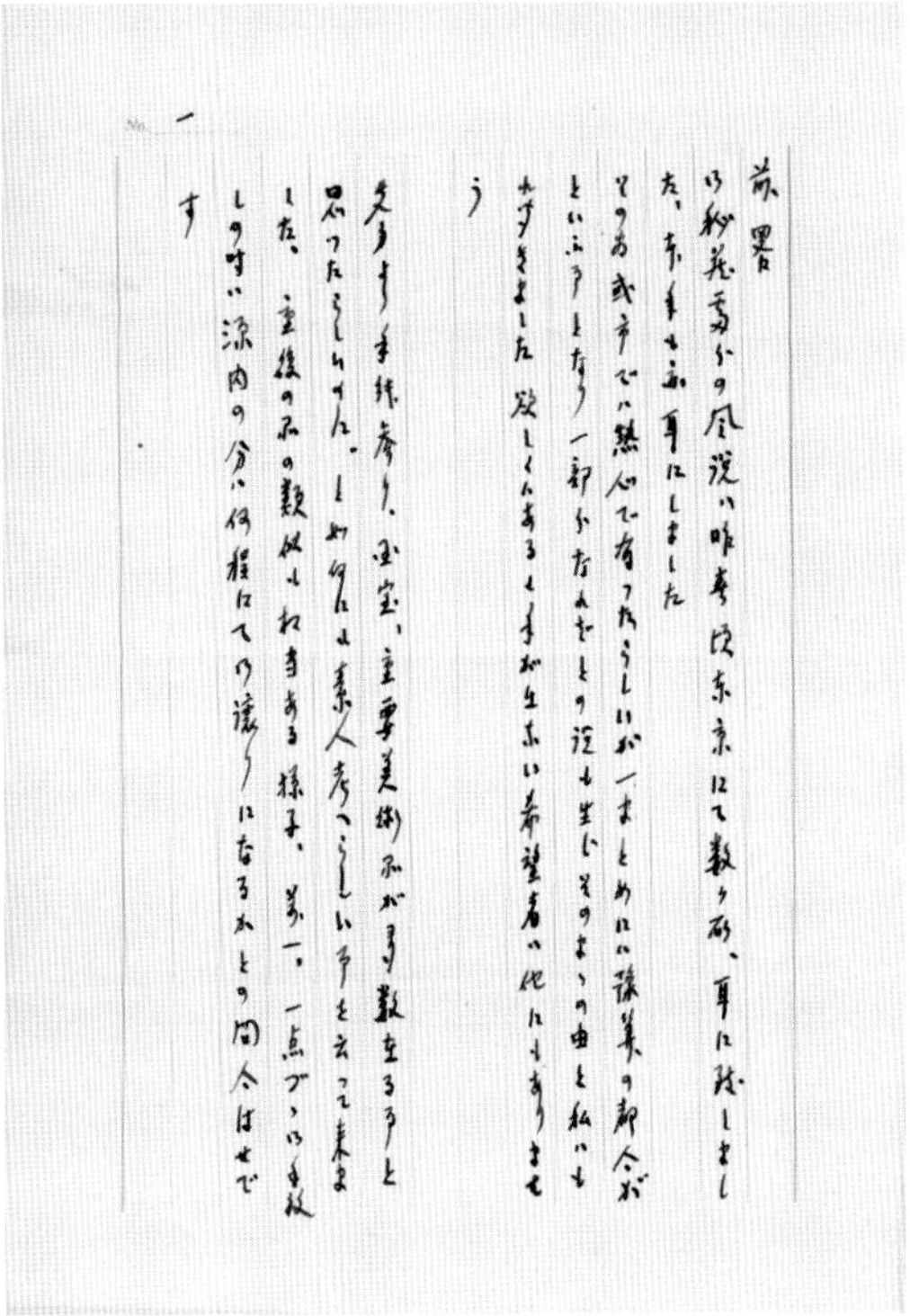
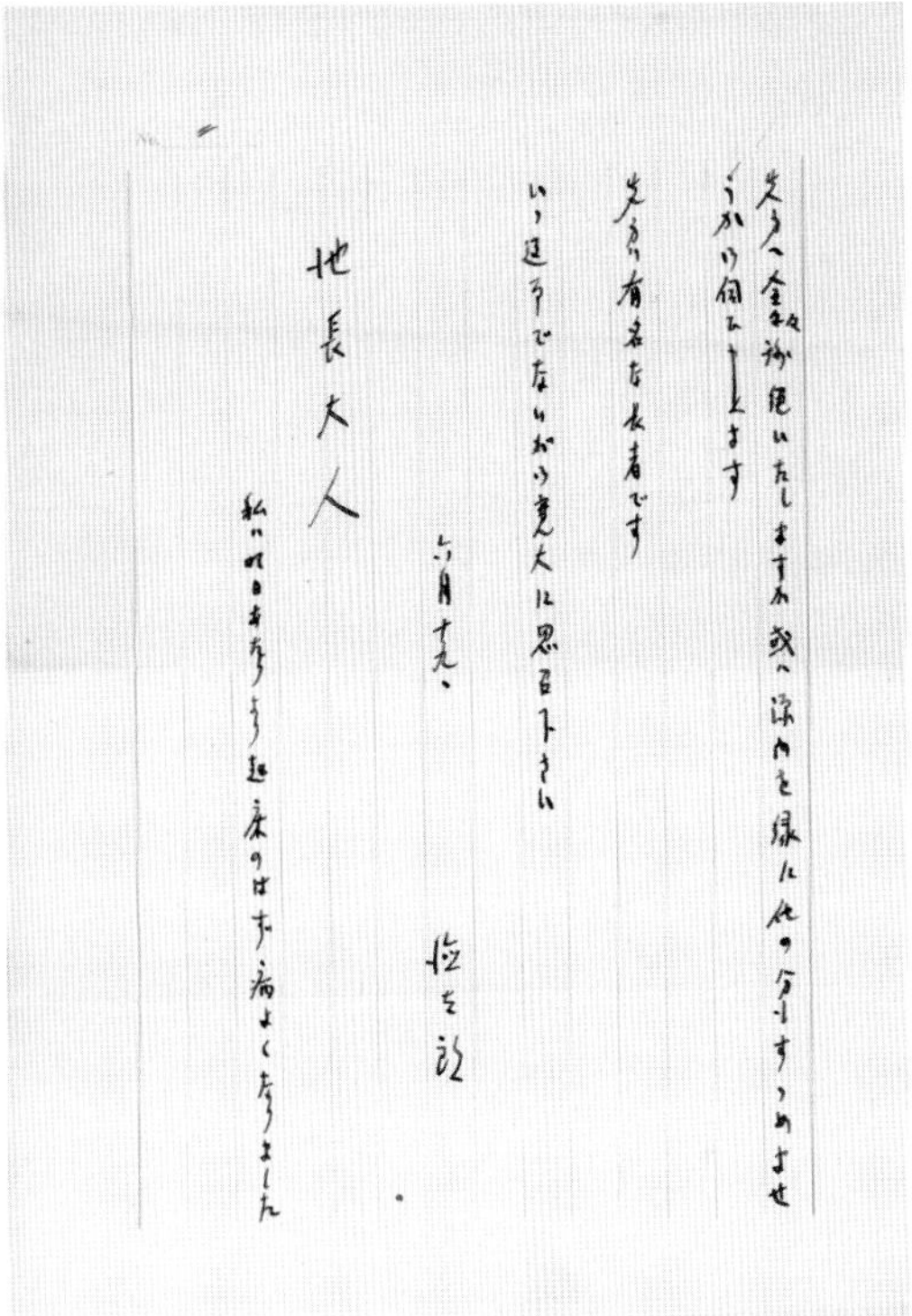

64

池長孟宛永見徳太郎書簡

永見徳太郎　一九五〇（昭和二十五）年　ペン・紙
神戸市立博物館

一九五〇（昭和二十五）年六月十九日付で永見から池長孟に宛てられた書簡。「御秘蔵処分の風説は昨春頃東京にて数ヶ所、耳に致しました」という一文からはじまる。書簡の概要としては、池長がコレクションの売却を考慮しなければならない状況にあり、永見にその仲介を頼んだようだ。永見は池長に配慮しつつ、一点ずつであれば売却もあり得るだろうとして、知り合いの「長者」との仲介を進めようとしている。永見は「南蛮」に対する情熱を同じくする池長に対し、可能な限りにおいて協力しようとしていたのだろう。ふたりのコレクターの交流を物語る資料である（本書簡を含む池長と永見の交流については本書所収の塚原氏論考に詳しい）。一方、この時期の永見もまた経済的に困窮する苦しい局面を迎えていた。所蔵品を売却することで家計を助けるべく動いていたことが、洋画家の鈴木信太郎との書簡のやり取りからうかがえる。

池長へ宛てたこの手紙からわずか半年後、永見は遺書ともとれる妻への手紙を投函して二度と姿を見せることはなかった。

第二章
つくる
―アーティスト・永見夏汀

アーティストとしての永見徳太郎の出発点は「写真家」であった。一九〇〇年代半ばから、永見は自ら付けた「夏汀」の雅号を名乗り、写真団体の展覧会に出品し、『写真界』等の写真雑誌での掲載を重ねていった。一九一三（大正二）年には各種展覧会に出品し賞を受けた作品を含む、写真集『夏汀画集』を発表し、以降『夏汀画集二』（一九一五年）、『夏汀画集三　印度の巻』（一九一六年）と写真集を発行したが、以降は展覧会への出品も次第に減少してゆく。いくばくかの中断期間を経て、一九三〇年代より、『アサヒカメラ』等の写真雑誌に再び永見の名が盛んに登場しはじめるが、一般向けの記事の執筆が主で、かつてのように公募型の写真展に挑戦していた形跡は見られない。それでも、現存している舞台写真や祭りを撮影した写真には、永見特有の視点を垣間見ることができる。

写真集を次々と世に出し、新進気鋭の写真家として認知されつつあった一九一〇年代、永見は絵画制作にも取り組んでいた。一九一五（大正四）年三月には、太平洋画会第十二回展において《京の冬》が入選を果たし、一九一七年の同会第十四回展においても三点が入選している。太平洋画会展という伝統と知名度のある公募展での入選は、長崎の近代洋画史上でも重要な出来事といってよいだろう。ただし永見の絵画作品はほとんど伝えられていない。本書掲載の四点は、唯一所在が明らかな作品であり、永見の作風を考える上で貴重である。なお、上京後も永見が絵画を制作していたかは不明だが、今のところそれを示す資料はない。

写真、絵画に続き、大正時代、すなわち銅座時代の永見が最後に注力したのが、文学（戯曲）の創作であった。一九二三（大正十二）年以降、文芸誌を舞台として立て続けに戯曲を発表し、それらを収録した戯曲集も発表している。彼が手掛けた戯曲の主題は様々だが、多くは長崎や外国における歴史や伝承をもとにした、濃厚な異国趣味を放つものであった。長崎に暮らし多くの資料に囲まれている強みを生かした主題設定と、およそ一年間で三十本を執筆した驚異的な多作さは注目を集めたが、上京後はむしろ創作ではなく研究の分野に邁進してゆく。

永見本家を経営し多忙であったはずの大正時代、永見は写真、絵画、文学という広い分野にわたり精力的に活動を展開した。写真や絵画においては公募型の展覧会に入選を果たし、文学の分野では多数の著作を世に出すなど、その仕事は一般的に言って芸術愛好家の「趣味」「余技」の枠内にはもはや収まらない。そのエネルギッシュな活躍ぶりは驚異的ともいえるが、一方であまりに多くのものに対して矢継ぎ早に向けられる情熱ゆえか、一つひとつの活動は長続きせず、結果的にそれぞれの分野の代表的作家にまで上り詰められなかったことは惜しまれる。本章では、永見が手掛けた絵画、写真、文学作品を通して、創作者としての永見の姿に迫りたい。

——先生!!私の言ふ事を怒らないで聞いて下さい。ね、いいでしょう。私は偽善に捕えられずに思ふ事、したいことをドシドシ片っ端からやっつけて行く性質なのです。［中略］先生はしたい事言ひたい事が出来ませんね、けれ共、私は言ひたい事、したい事を遠慮いたしません。先生から私を御覧になると、お気の毒とお思いでしょうが、私から又先生を露骨に批評する事を許して下さいますなら、先生こそお気の毒ですね。海の中に這入りこんで、人魚が泳いでいても抱く事が出来ないし、月の世界に昇って行っても、白兎を吃驚させてやる事も出来ない、ほんとに先生はお気の毒でなりませんよ。

永見徳太郎「序曲（或夜半の出来事）」（『恋の勇者』表現社、一九二四年五月）より

65

『夏汀画集』

永見徳太郎　一九一三（大正二）年
長崎歴史文化博物館

一九一〇（明治四十三）年から一九一二（大正元）年にかけて永見が撮影した写真十五点が掲載された写真集である。ソフト・フォーカスによる温和な印象の写真で、撮影地は長崎がほとんどだが、一部関西圏が含まれる。

永見は一九〇三（明治三十六）年頃、母の土産で中古のカメラを得たことが契機となり、一九〇七（明治四十）年頃からは様々な展覧会や懸賞写真に入選を重ねてゆく。『夏汀画集』は、こうした入選作品や『写真界』や『グラヒック』といった写真雑誌に掲載された作品をまとめ、改めて世に問おうとしたものであったといえよう。本書後半には、渡辺与平や三宅克己、坂井犀水《さいすい》などの美術、写真関係者からの寄稿とともに、「思ひ出のまま」と題する永見のテキストが掲載されている。ここにおいて永見は、「僕は此振はない九州を関西関東地方の様にはゆくまいが九州の美術写真界を盛大にしたいと希望して」おり、「それで今度出過ぎた事か知らんが！或人は下手なクセにと云うかも知れないが！画集を発行してみた訳である」と熱っぽい意気込みを記しており、並々ならぬ思いで本書を発行したことが想像される。

自画像　一九一二年〈自宅〉

忘れがたき印象　一九一一年〈箱根山中〉

砂濱　一九一二年〈肥前加津佐村〉

雨の跡
一九一一年〈長崎本河内〉

庫入
一九一一年〈長崎入江町〉

停車場
一九一一年〈肥前長与駅〉

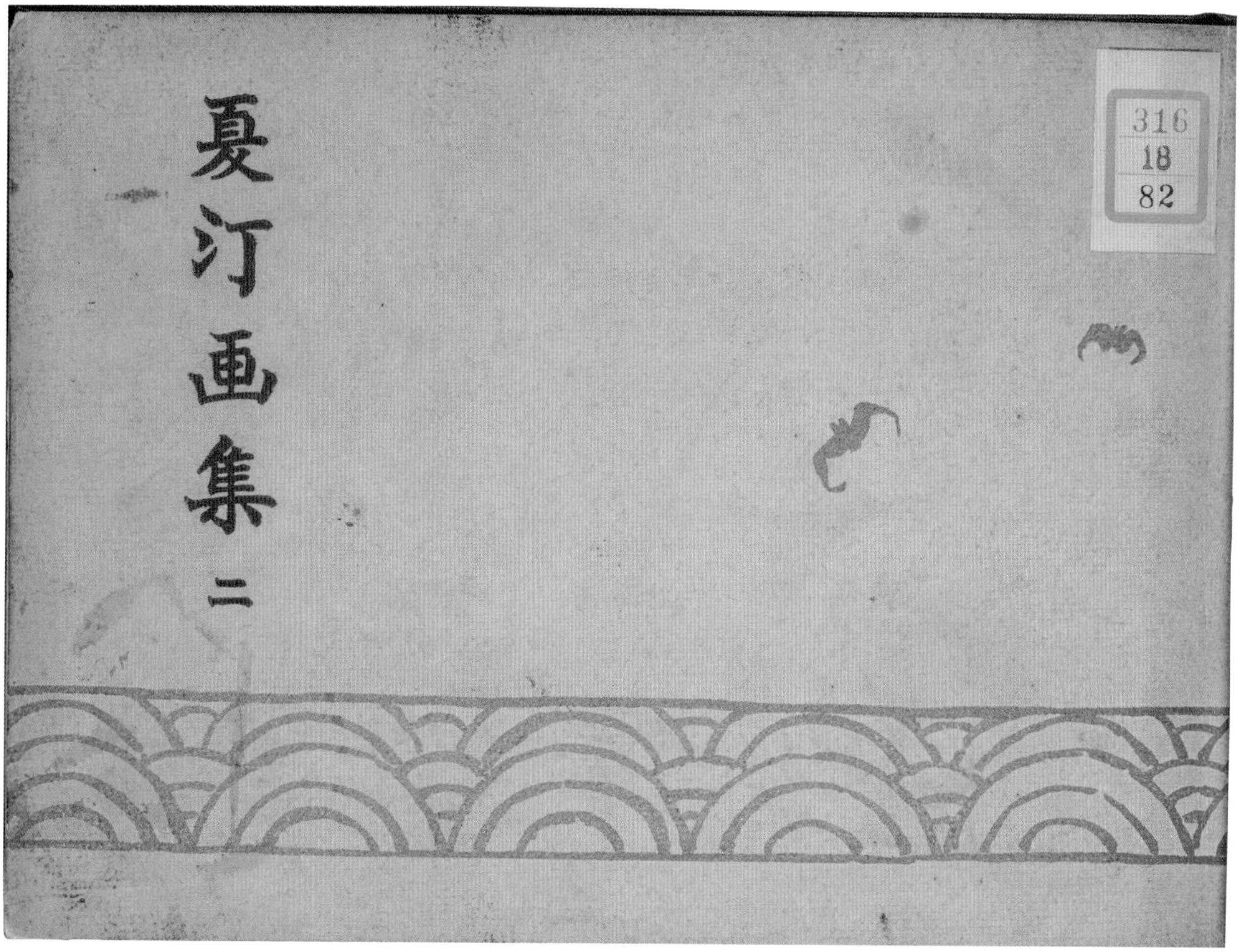

66

『夏汀画集 二』

永見徳太郎　一九一五（大正四）年
長崎歴史文化博物館

『夏汀画集』の続編として発行されたが、収録されている三十点の写真は必ずしも『夏汀画集』発表後に撮影されたものではなく、最も古いもので一九〇九（明治四十二）年の《寒流》も含む。『夏汀画集』同様、収録作品のほぼ全てが風景写真であるが、静物を捉えた《菊》も最後の作品として掲載されている。本書において興味深いのが、「自画自賛」と題する永見のテキストである。これは各作品に対する永見自身の解説文であり、「芸術写真」の作り手としての永見が「写真」をどのように捉えていたのか、その一端を垣間見ることができる。絵画にも関心を持ち、自ら絵筆を執って油彩画を制作していた永見は、時に絵画を念頭に置きながら写真という存在を捉えていたようだ。例えば《高山秋色》の解説では、同作を「殆んど日本画に近いもの」としつつ「私は写真を可成《かなり》南画に近いものにしようかと考えているのです、江戸趣味みたいな作を夢みて居るのです」と述べている。

庫

一九一三年〈伊予〉

淋しき通り

一九一三年〈長崎市〉

菊

一九一一年〈長崎市〉

高山秋色　一九一二年〈肥前温泉嶽〉

寒流　一九〇九年〈肥前長与〉

塔　一九一二年〈備後尾ノ道〉

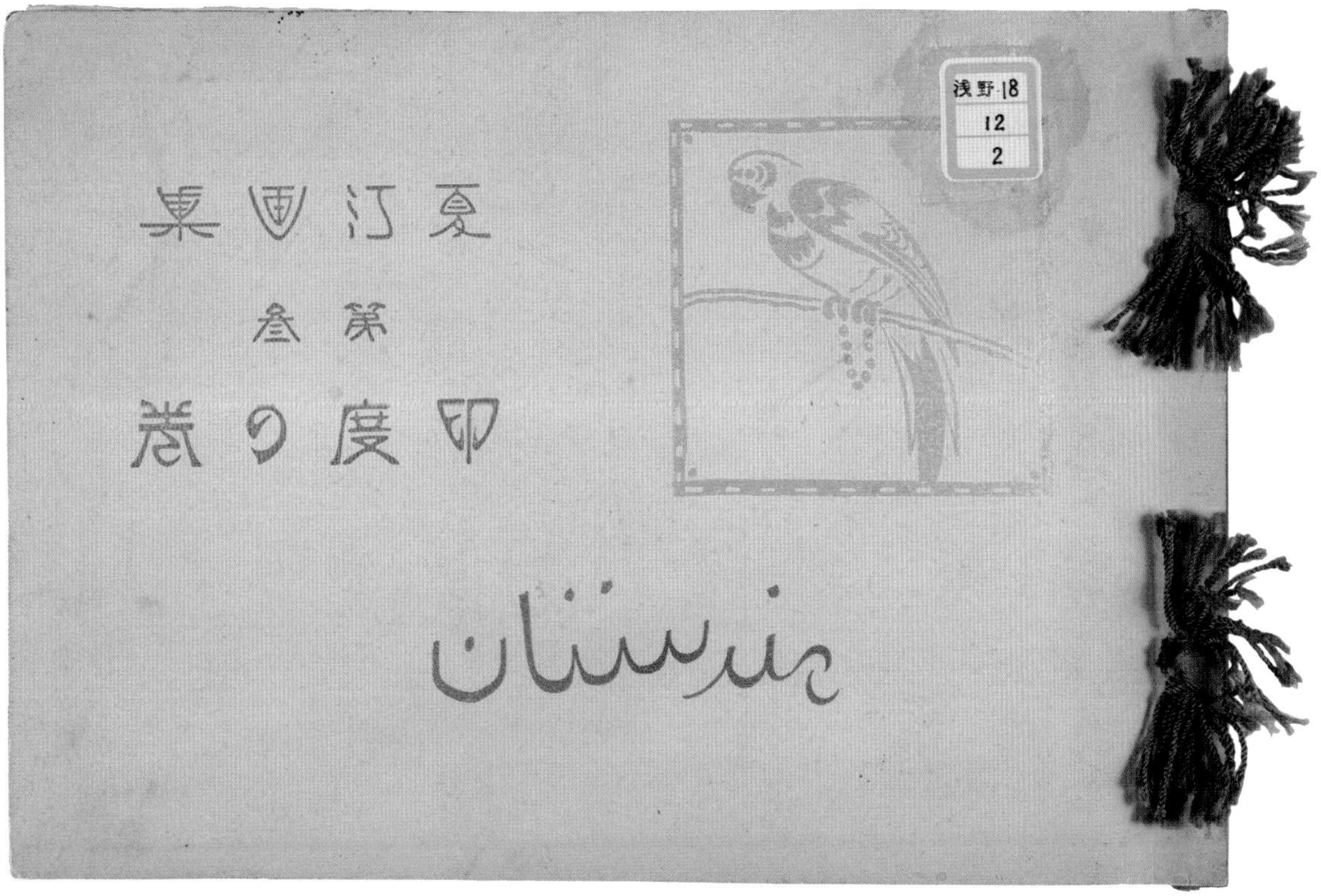

67

『夏汀画集 三 印度之巻』

永見徳太郎　一九一六（大正五）年

長崎歴史文化博物館

三冊目にして、最後の写真集となった本作では、書名の通りインドで撮影された写真が十点収録されている。第三章にて詳述するように、永見は洋画家の南薫造と連れ立ち、一九一六（大正五）年一月下旬からおよそ三ヶ月間に及ぶインド旅行に出かけた。インドの地で目にした様々な風物が、カメラを通して実直に表現されている。永見は四月下旬に帰国するが、本書はそれからわずか二ヶ月後に発行されており、そのためか『夏汀画集』『夏汀画集 二』のように永見のテキストが掲載されず、写真のみの構成となっている。現地で受けた感興を一刻も早く発表したいという思いの表れなのだろうか。

あけがた　一九一六年〈ヒマラヤ山中ダヂリン附近〉

御簾　一九一六年〈アグラにて〉

雲の海　一九一六年〈ヒマラヤ山中〉

駱駝

一九一六年〈アグラ附近〉

炎暑

一九一六年〈ブッダガヤ〉

菩提樹の蔭

一九一六年〈南印度の或駅〉

68

長崎港

永見徳太郎　大正時代　油彩・カンヴァス
長崎県美術館

かつて唐人屋敷があった、現在の長崎市館内町付近から長崎港を望む風景が描かれている。港を挟んだ対岸には三菱造船所、湾内には白黒の煙を吐く軍艦の様な大きな船舶が表され、大正期における軍港としての長崎港の姿が広がる。一八九九（明治三十二）年発布された要塞地帯法により、長崎港を中心とする長崎市街一帯は、国家における重要な軍事拠点に指定された。要塞地帯として定められた区域内では、要塞司令官の許可なくしては測量、撮影、模写等が禁じられていた。このためか、戦前期までの間、特に長崎港周辺を描いた作品は芸術家たちの往来の豊かさに比してかなり少ない。そうした点でも本作は貴重な作例といえる。長崎有数の実業家として、あるいは全国規模で活動する芸術家として多くの人脈を持っていた永見は、要塞司令官の許可を取得して写生ないし撮影を行い、本作を制作したのだろう。物干し竿や猫といった、日常感のあるモティーフも描きこまれ、「長崎っ児」を自称する永見にふさわしい親密なまなざしも看取できる作品である。

69

唐寺

永見徳太郎　大正時代　油彩・カンヴァス
長崎県美術館

70

朝のヒマラヤ（印度）

永見徳太郎　一九一七（大正六）年頃　油彩・カンヴァス
長崎県美術館

一九一六（大正五）年一月からの三ヶ月にわたるインド旅行は、永見の創作に多くのインスピレーションを与えたようだ。『夏汀画集三印度の巻』（作品67）に収められた写真や『印度旅日記』（一九一七年、作品119）の詩情に満ちた文章は同地での経験に導かれたものである。本作もまた、この旅行中に目にしたヒマラヤ山の姿が主題となっている。永見たち一行は一九一六年二月二十七日の明け方、ダージリン近郊のタイガーヒルへと到着する。『印度旅日記』において永見は、その時の印象を「脚下に渺茫《びょうぼう》たる雲の海は悠々と世界最高の連峯を回り折から昇る旭は浪立ちたる雲間より黄金の光を現し空は黄に赤に桃に紫に実に豪壮優美、絢爛、崇高の状で神秘恍惚とは此時の言葉ならんと思はれた」と最大限の感動を込めて記している。

面的な形態把握や独特の色彩感覚には、この時期親しく交流していた洋画家、満谷国四郎の作風からの影響を感じさせる。なお、一九一七年開催の太平洋画会第十四回展覧会には《ヒマラヤノ朝》と題する永見の作品が入選し出品されている。本作とは構図等が異なるため、永見が本主題に複数枚取り組んでいたことがわかる。

71

赤道近くの海

永見徳太郎　一九二〇（大正九）年　油彩・カンヴァス
長崎県美術館

洋上において、波打つ海面と層状に重なって立ち込める雲が描かれている。色味や形状が異なる雲が積み上がるようにして現前する様は、故郷から遠く離れた異国の光景として、永見に強い印象を残したのだろう。東南アジアの木工芸品のような仕上げがなされた額縁も、作品に漂うエキゾチックな気分を強調している。《朝のヒマラヤ（印度）》（作品70）同様、一九一六年のインド旅行に際して着想を得たものとも考えられるが、インド訪問から作品の制作までに三年程度間が空いていることを考慮すれば、その後、永見護謨《ゴム》園経営のためにマレーシアやシンガポールに通っていた時期の経験に基づいて描かれた可能性も十分に考えられる。

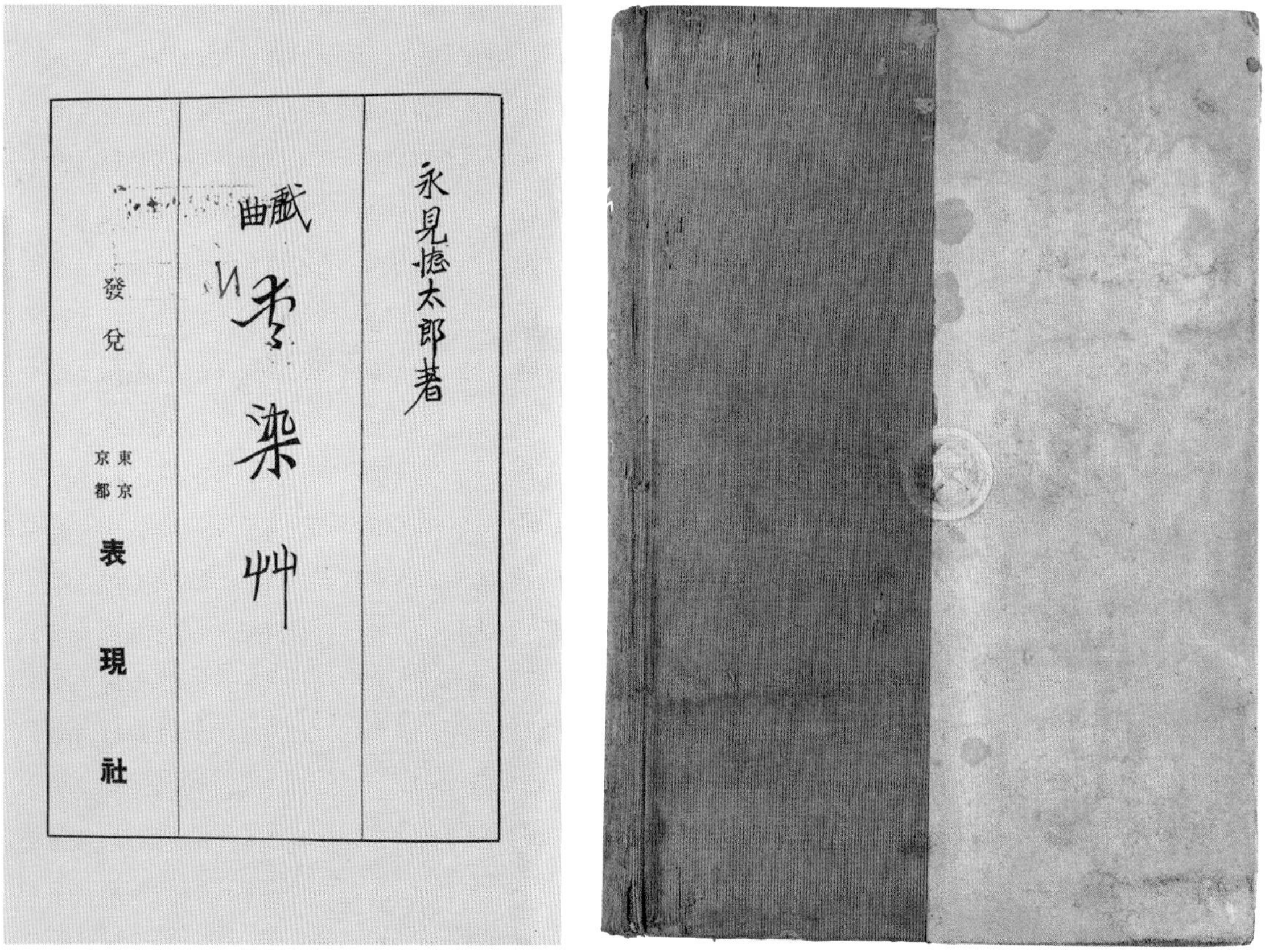

72
『愛染草』
永見徳太郎著　一九二四（大正十三）年
長崎歴史文化博物館

永見にとって初めての戯曲集。永見は一九二〇年代初頭から文芸誌で精力的に戯曲の発表を行っており、本書はこれら既発表の戯曲をまとめたものである。「大時化の後」「島原乱の一挿話」「女優の睨と女優の涙」「陶物師陳八官」「黒坊の歓楽と悲哀」「東京文」「八岐大蛇」の戯曲が収録されるが、各篇の表題からもうかがえる通り、多くは九州を舞台とし、各地に伝わる史実や伝承をもとに創作されている。

注目すべきは「序のような会話」と題する主人（永見）と客の対話形式の序文で、そこで戯曲集刊行に至った背景が語られている。制作において感謝すべき人として、「或る異性」とともに、長崎の郷土史家、古賀十二郎の名前を挙げており、永見が様々な史実や伝承から着想を得るにあたり、古賀の知識が重要な役割を果たしていたことが想像される。序文の末尾では「是からの文学には未だ〳〵開拓して無い路が沢山あると思ふ」とした上で、「思ふままをビクつかないでグングン書いて行くのだ、丁度今の僕には創作欲が盛んに湧きおこって居るからね」という言葉で結ばれる。この言葉通り、大正時代末期の永見は立て続けに創作を発表し、その勢いは多くの評論家を驚かせるものであった。

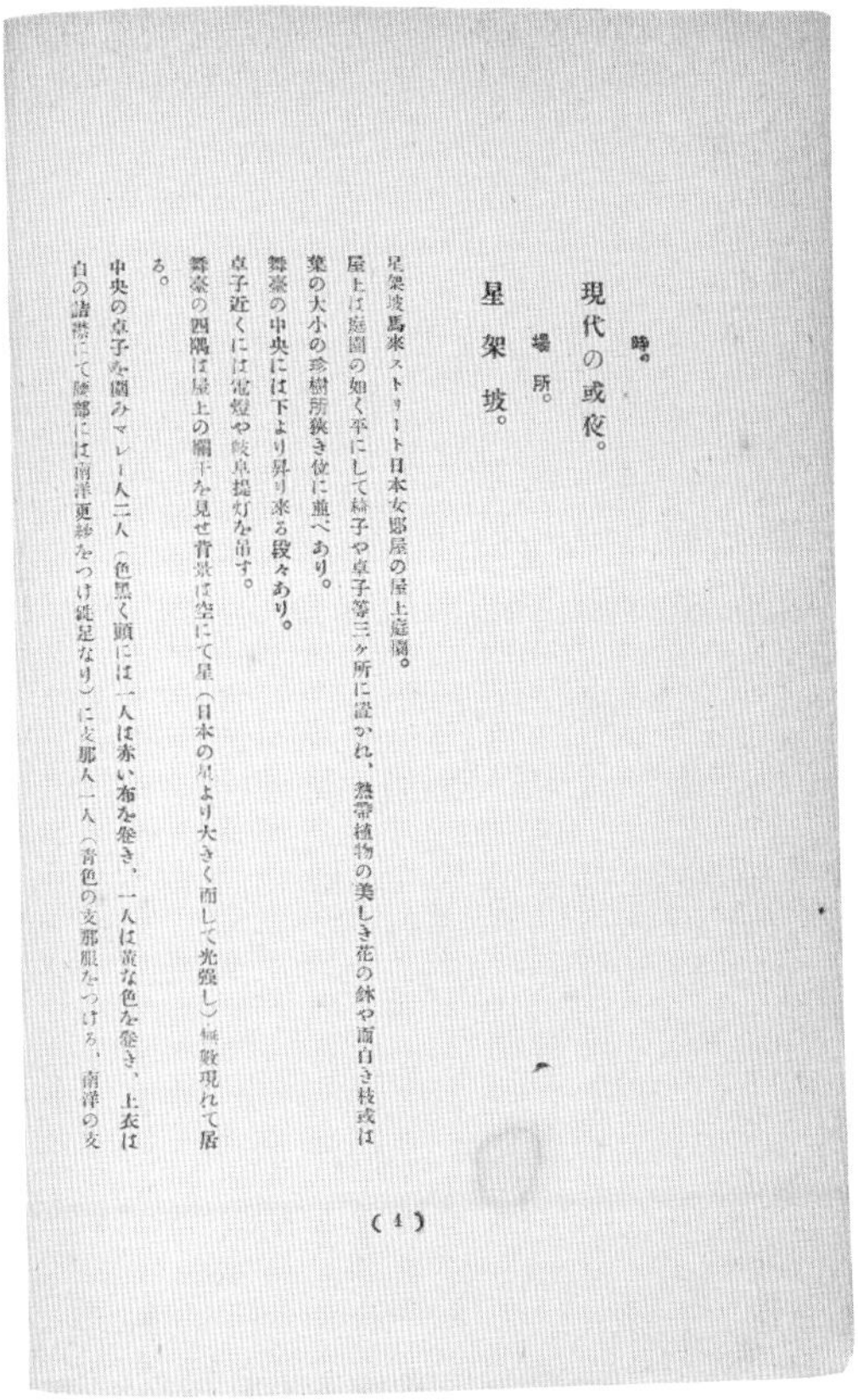
時。

現代の或夜。

場所。

星架坡。

星架坡馬来ストリート日本女郎屋の屋上庭園。

屋上は庭園の如く平にして椅子や卓子等三ヶ所に置かれ、熱帯植物の美しき花の鉢や面白き枝或は葉の大小の珍樹所狭き位に並べあり。

舞台の中央には下より昇り来る段々あり。

卓子近くには電燈や岐阜提灯を吊す。

舞台の四隅は屋上の欄干を見せ背景は空にて星（日本の星より大きく而して光強し）無数現れて居る。

中央の卓子を囲みマレー人二人（色黒く頭には一人は赤い布を巻き、一人は黄な色を巻き、上衣は白の詰襟にて腰部には南洋更紗をつけ跣足なり）に支那人一人（青色の支那服をつけろ、南洋の支
（4）

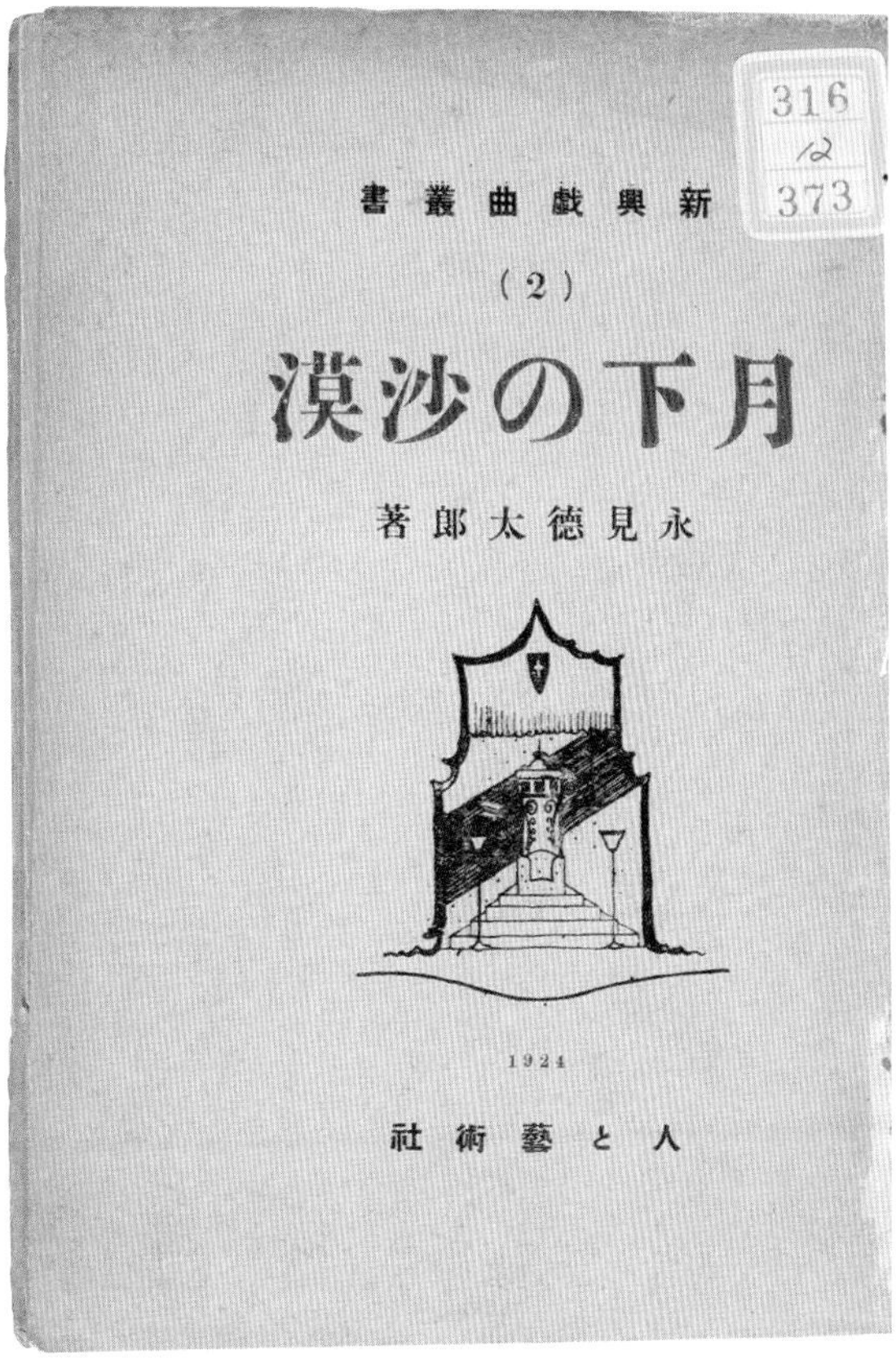

73
『月下の沙漠』
永見徳太郎著　一九二四（大正十三）年
長崎県立長崎図書館

人と芸術社より「新興戯曲叢書」シリーズの二冊目として発行された戯曲集。「星架坡の夜」「夢の高殿」「玄奘三蔵」の三篇が収録されている。星架坡はシンガポールの漢字表記の一つ。「星架坡の夜」では同時代のシンガポール、「夢の高殿」では古代のエチオピア、「玄奘三蔵」では西暦六百年代の天竺（インド）と、時代設定は様々であるが、いずれも外国を舞台としており、全体的に濃厚な異国趣味を押し出している。インドはかつて南薫造と旅行した、永見にとっても思い出深い土地である。またシンガポールは永見護謨《ゴム》園等の経営に際し拠点となった地であり、永見自身が後年「シンガポール時代」があったと回顧していることから、ある程度の長い期間滞在していた、もしくはかなりの頻度で訪問していた時期があったことがうかがえる。永見がエチオピアを訪問したことがあったのかは不明だが、何らかの史実を下敷きにして発想を得たものだろう。なお、本書の出版に合わせ、人と芸術社からは永見の戯曲集『痴者の洪笑』の出版予定が発表されているが計画倒れとなったようだ。

74

『阿蘭陀の花』

永見徳太郎著　一九二五（大正十四）年
長崎県美術館

「阿蘭陀の花」という表題は芥川龍之介がつけたもの。「序に換ふる小品」という永見邸を舞台にした芥川による短編小説も収録されている。同作品は長崎来訪時、永見邸の二階で執筆された。永見邸のガラス戸棚に収められた品々―彫刻のキリスト像やマリア観音、古伊万里に描かれたオランダ人など―が人間たちの不在を機に奔放に語り合う、といった内容で、最後には永見と思しき「主人」も登場して幕を閉じる。なお「序に換ふる小品」は本書掲載に先立って「長崎小品」という題で雑誌『サンデー毎日』に掲載された。

永見による戯曲七篇（「大江山」「人骨」「妖婦蔚山《うるさん》稲」「紅毛恋慕の曲」「彦火々出見尊《ひこほほでみのみこと》」「浦上の盆踊」「和寇」）が収録される。シーボルトを主人公とした「紅毛恋慕の曲」や、迫害を受けるキリスト教徒たちを題材にした「浦上の盆踊」等、長崎に関わりの深いテーマも含まれ、全体に濃厚な異国趣味的傾向が看取できる。装幀は日本画家の山村耕花がつとめ、洋画家の南薫造による永見の肖像画が口絵として掲載されており、大正時代の永見と芸術家たちの交友関係が存分に発揮された、最も充実した時期を象徴する一冊である。

恋の勇者―まぼろしの創作集

文学の分野において、永見が出版した書籍は四冊に及ぶ。このうち三冊は戯曲集であったが（作品72―74）、一九二四（大正十三）年、表現社から発行された『恋の勇者』は、戯曲も一部含むものの、永見唯一の小説集となった。ところが本書は、発刊からわずか二日後、発売禁止処分を受けて全て押収されてしまったため、ほとんどまぼろしの一冊となってしまっている。収録されている作品は六篇。タイトルを列挙すると、「序曲（或夜半の出来事）」「旧友の舞台姿」「臨検」「遊蕩児の良心」「享楽の日は続く」「戯曲或時の女優の家」となるが、表題の通り、多くは永見の恋愛遍歴をテーマとしたものである。いずれの物語においても主人公は長崎出身の資産家「松本丈一」であるが、永見の実母が「松本」姓であり、幼名が「良一」であることに鑑みれば、これは永見本人をモデルとしているといってよいだろう。実際、明らかに斎藤茂吉を模した「後藤繁吉」なる医師のエピソードなども登場する。いわば本創作集は、脚色を交えて華美に仕立てられた永見の自叙伝ともいえる性質を持っている。この中の一作、「旧友の舞台姿」には、創作者、永見の揺れ動く心が垣間見える一節がある。

「旧友の舞台姿」は、大阪商業時代の学友―永見とふたりで連れ立って授業を抜け出し観劇に励んでいた―が父親に勘当されながらも舞台俳優、中村明右衛門となって長崎に興行でやってくるという物語。永見は明右衛門の活躍を見るべく、劇場の栄之喜《えのき》座を訪れる。永見は友人たちに旧友の出演を告げていたが、明右衛門の出番は端役と呼ぶべきものばかりで、はじめ永見はその姿に恥じ入っていた。しかし懸命な姿は次第に永見の心を打ち、その意識は自らの在りようにまで及ぶ。

> 自分自身が虚偽の生活―丈一自身では、友人達と思想問題が論議される時には必ず、自己は虚偽の生活をして居る。然し現在の虚偽の生活より脱する事が出来ない事情があって云々と言って居る。―を続けて居るに反し、明右衛門はたとへ、下廻りであろうと馬であろうと、命名題下であろうとも、自己の趣味性を満足せしめて、生きて行くという事は羨望にたへない幸福の人間だぞと思った。
>
> 永見「旧友の舞台姿」『恋の勇者』表現社、一九二四年、六十七頁

家族からの反対や社会的制約を乗り越え、自己実現のため研鑽をつむ旧友の姿を、永見は明らかに自身と対比させながら、憧れの眼差しでとらえている。本書出版から一年後、永見は実際に故郷を離れて東京へと移るが、本書執筆時点ですでに、創作者として身を立てるという夢が、永見の心を満たしつつあったのかもしれない。

75

寿式三番叟

〈歌舞伎座／七代目松本幸四郎（翁）ほか〉

永見徳太郎　一九四一（昭和十六）年
ゼラチンシルバープリント
早稲田大学坪内博士記念演劇博物館

永見の写真家としての活動において、一九三〇年代以降の仕事の中で特筆すべきものが、歌舞伎座等における舞台写真の撮影である。永見自身が語るところによれば、写真家として歌舞伎座での撮影を唯一許されていたという。永見は青年期から足繁く劇場に通う演劇愛好者であり、大正時代には多くの作品を発表した戯曲作家でもあったため、演劇関係者とも大正時代から親しい交友を結んでいた。歌舞伎座での撮影が唯一許された、というのはこうした背景によるものだろう。

一九四一（昭和十六）年五月、これら永見撮影の舞台写真のうち、およそ六十点あまりが早稲田大学坪内博士記念演劇博物館に寄贈された。作品75～85はこの中の一部である。永見は一九三三（昭和八）年頃から舞台写真に本格的に取り組むようになり、寄贈に至った一九四一年の時点で撮影した舞台写真は数千枚に及んだという。その中から東京での「歌舞伎の古典と新作」に絞ったごく一部のみが寄贈された。舞台の照明場から俯瞰するように撮影したもの（作品82）や、開幕前や支度、撮影中の姿を捉えた舞台裏というべきもの（作品76、79、84）も含まれており、永見独自の視点によって作り上げられた舞台写真といえるだろう。

76
箱書附魚屋茶碗　写真撮影
〈新宿第一劇場／十四代目守田勘彌（蝮丸次郎吉）ほか〉
一九三七（昭和十二）年

77
仮名手本忠臣蔵
〈歌舞伎座／十六代目市村家橘（足利直義）、六代目尾上菊五郎（塩谷判官）ほか〉
一九三八（昭和十三）年

78
大森彦七
〈新橋演舞場／五代目市川染五郎（大森盛長）、初代松本高麗五郎（道後左衛門）ほか〉
一九三八（昭和十三）年

この頁の画像はすべて
永見徳太郎　ゼラチンシルバープリント
早稲田大学坪内博士記念演劇博物館

この見開き頁の画像はすべて
永見徳太郎　ゼラチンシルバープリント
早稲田大学坪内博士記念演劇博物館

79
先代萩の政岡に扮する沢村訥升
〈新宿第一劇場／
四代目沢村訥升（先代萩の政岡）〉

80
受け隈
〈歌舞伎座／
七代目坂東三津五郎（曽我時致）〉
一九四〇（昭和十五）年

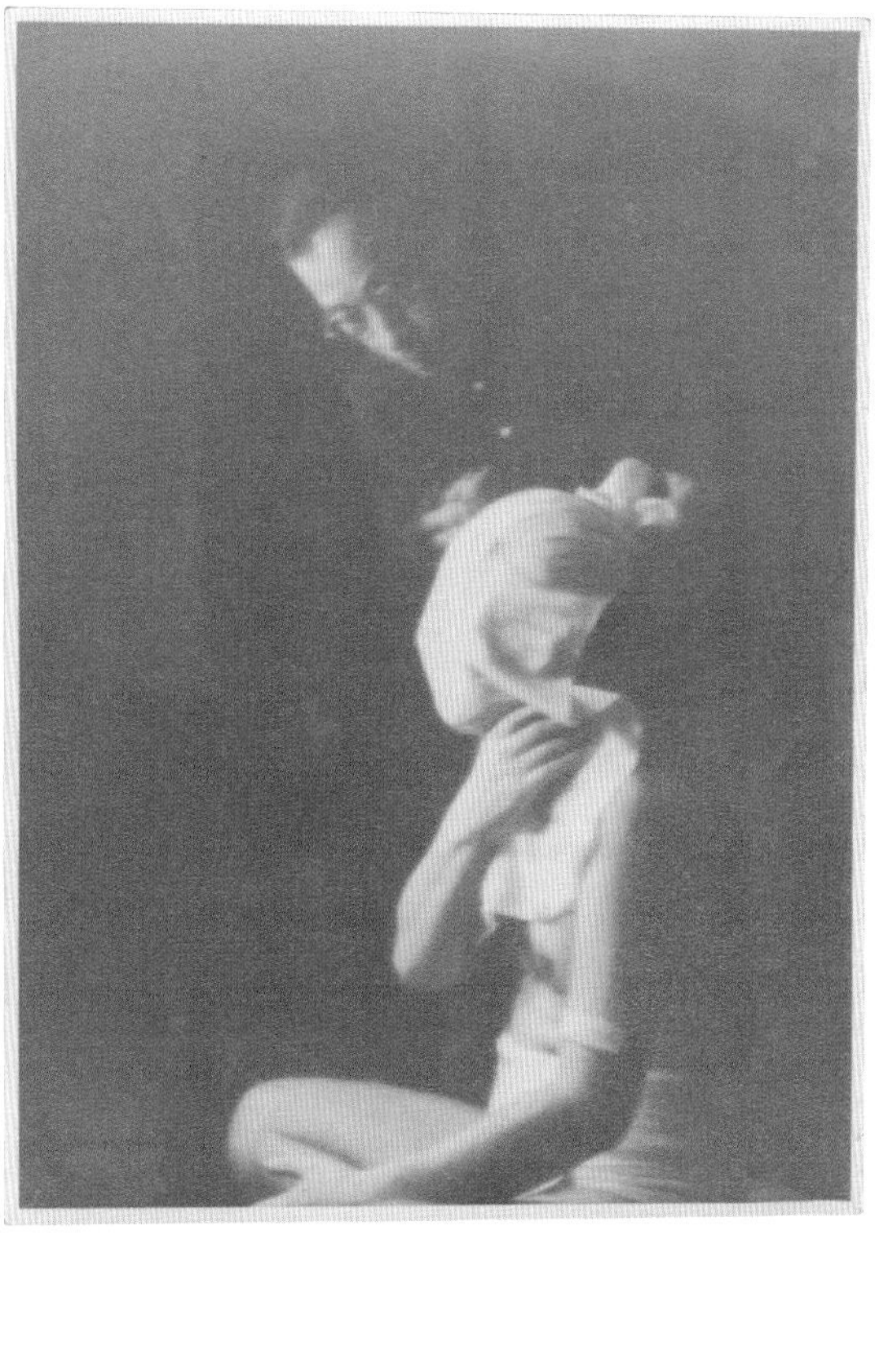

81
南蛮渡見世物譚
〈歌舞伎座／
六代目坂東蓑助（足利義延）〉
一九三四（昭和九）年

82
助六由縁江戸櫻
〈歌舞伎座／十五代目市村羽左衛門（花川戸助六）、六代目大谷友右衛門（髭の意休）、七代目坂東三津五郎（朝顔仙平）ほか〉
一九三九（昭和十四）年

83
白浪五人男
〈東宝有楽座／四代目中村もしほ（辨天小僧）、九代目市川高麗蔵（南郷力丸）〉
一九三七（昭和十二）年

84
吉例曽我礎　開幕前
〈歌舞伎座／初代中村吉右衛門（工藤祐経）ほか〉
一九三九（昭和十四）年

85
春日龍神
〈歌舞伎座／六代目尾上菊五郎（猿澤の龍神）〉
一九三八（昭和十三）年

86
祝祭日
〈東京・靖国神社〉
永見徳太郎
一九三六—四一（昭和十一—十六）年
ゼラチンシルバープリント
早稲田大学坪内博士記念演劇博物館

舞台写真の寄贈からわずか五か月後の一九四一（昭和十六）年十月、永見から早稲田大学坪内博士記念演劇博物館に対する二回目の作品寄贈がなされた。その内容は五十一点に及ぶ、日本各地の祭りを撮影した写真である。永見は祭りを、日本人の民族性や精神性を象徴するものとして捉えていたようだ。どちらかといえば神道にまつわるものの割合が高くなっているのは、時勢との関わりも想像される。永見は一九四〇年に戦禍を避けて東京を離れ、神奈川県の吉浜海岸へと転居しているが、この時期の永見はすでに、撮影する、すなわち「つくる」ことから「残す」ことへと軸足を移しつつあったのかもしれない。

87

鯉のぼり

〈東京・日比谷公園〉

永見徳太郎
一九三六―四一（昭和十一―十六）年
ゼラチンシルバープリント
早稲田大学坪内博士記念演劇博物館

88

三社祭

〈東京・浅草三社祭〉

永見徳太郎
一九三六―四一（昭和十一―十六）年
ゼラチンシルバープリント
早稲田大学坪内博士記念演劇博物館

89

まんとう、花笠、金棒、鈴袴

〈東京・浅草三社祭〉

永見徳太郎
一九三六―四一（昭和十一―十六）年
ゼラチンシルバープリント
早稲田大学坪内博士記念演劇博物館

90
七五三祝
〈東京・明治神宮〉

91
鹿角伐り
〈奈良・春日公園〉

92
祝祭日
〈東京・銀座〉

93
舞楽面
〈福岡・観世音寺〉

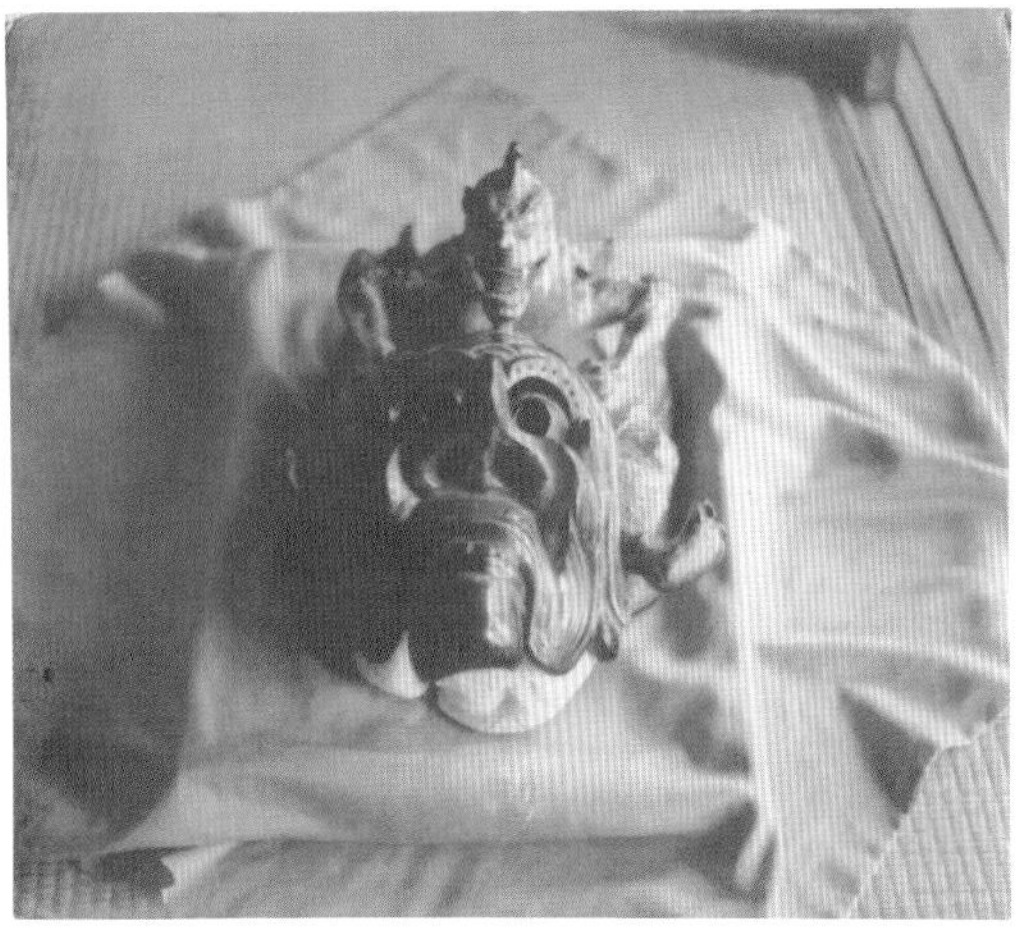

この見開き頁の画像はすべて
永見徳太郎
一九三六―四一（昭和十一―十六）年
ゼラチンシルバープリント
早稲田大学坪内博士記念演劇博物館

94
巫女行列
〈神奈川・大山阿夫利神社〉

95
神輿渡御
〈小田原・早川紀伊神社〉

96
子神社祭
〈神奈川・福浦村〉

97

『珍らしい写真』

永見徳太郎編　一九三二（昭和七）年

長崎歴史文化博物館

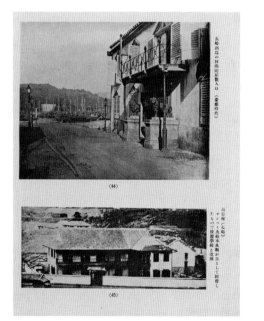

永見が少年時代から蒐集した古写真のうち、百六十八点が掲載された写真集。江戸時代に撮影された希少な写真も含まれている。永見による序文には、本書発行時点で約一万点の古写真を所有していること、それらが時間の経過によって失われていく可能性を憂えてこの度の発行に至ったことが示される。文中には好評であれば第二集、第三集と刊行を続けていくつもりであると記されているが、実際にはこの一冊のみで発行は途絶えてしまった。

このほか序文では、永見が長崎出身で内田九一の縁戚にあたり、上野彦馬（一八三八―一九〇四）に幼少期撮影してもらった、という縁から、「日本写真史」の編纂に対して強い思いを持っていることも語られている。永見の南蛮美術の蒐集が「長崎」の存在に支えられていたように、古写真の蒐集に注ぐ情熱もまた、日本における写真の発祥地としての「長崎」を土台としていたのだろう。なお、これら永見の古写真コレクションの一部は、写真家の山端庸介、岩波映画製作所を経て、現在は「旧岩波コレクション」として日本大学に所蔵されている。

第三章
つなげる
——芸術家たちとの交流

永見は生涯を通し、多くの芸術家たちと交流を持った。長崎歴史文化博物館が所蔵する『尺牘集《せきとくしゅう》』は大正時代の永見に宛てられた書簡類をまとめたものであるが、百人以上に及ぶ差出人たちの名前を見てゆくだけでも、彼の交友の幅広さをうかがい知ることができる。芥川龍之介、菊池寛、谷崎潤一郎、大泉黒石《おおいずみこくせき》、泉鏡花といった文豪、南薫造、満谷国四郎、横山大観、前田青邨ら画家、徳富蘇峰らジャーナリスト、市川亀之助ら演劇関係の人々——。これはあくまでごく一部にすぎない。連なる顔ぶれの豪華さはさておくとしても、彼自身の活動同様に広範な分野にまたがる芸術家たちと交わしたやり取りの数々は、永見の芸術愛好家としての顔を華々しく照らし出すものであるといえよう。

永見は数多くの芸術家たちを長崎へと積極的に誘っていた。アンニュイな女性像で一世を風靡した画家、竹久夢二も永見の誘いに応じて長崎の土を踏んだ一人である。よく知られている通り、明治時代末期から大正時代にかけて、「南蛮ブーム」というべき現象が美術や文学をはじめとする様々な分野で巻き起こり、異国情調を求めて多くの人々が長崎を訪れていた。そのため夢二にしてもほかの芸術家にしても、永見からの誘いだけが来崎の理由となったわけではないだろうが、後押しの一つになったことは確かだろう。永見は芸術家たちが来崎すると銅座の永見邸に招いて第一章で見たような南蛮ゆかりの作品や資料を紹介し、夜は宴席を設けて盛大にもてなした。各地を案内したり制作の上で様々に便宜を図ったりもしたという。こうした手あつい接遇の甲斐あってか、ある芸術家がほかの芸術家に永見を紹介し、というように、交友の輪はさらに拡大していったのである。例えば芥川龍之介は、画家の近藤浩一路の紹介によって永見邸を訪れ、生涯にわたって永見と交流を持った。

《芥川龍之介・菊池寛が長崎を訪れた際の記念写真》（向かって左から菊池、芥川、武藤長蔵、永見）1919年撮影、長崎大学附属図書館所蔵

本章では、当時の洋画壇で重きをなしていた南薫造や満谷国四郎、洒脱な作風で愛された小川千甕《せんよう》や近藤浩一路、あるいは同郷の渡辺与平や山本森之助などの作品を通して、永見との豊かな交流の在りようを想像してみたい。永見は芸術家たちと交友を深めるなかで、彼らの作品を進んで買い求めていた。『尺牘集』に収められた書簡のうち最も古いものでは、南薫造に対し、一九一二（明治四十五）年の時点—つまり永見は未だ二十二歳である—で作品を求め、南もまたそれに応じる旨の書簡をしたためている。実際、本章で紹介する南薫造や満谷国四郎、渡辺与平の作品は、永見邸の一室に飾られていた。

98

永見徳太郎宛横山大観書簡（『尺牘集 二』所収）

横山大観　一九一九（大正八）年　紙本墨書
長崎歴史文化博物館〈永見旧蔵〉

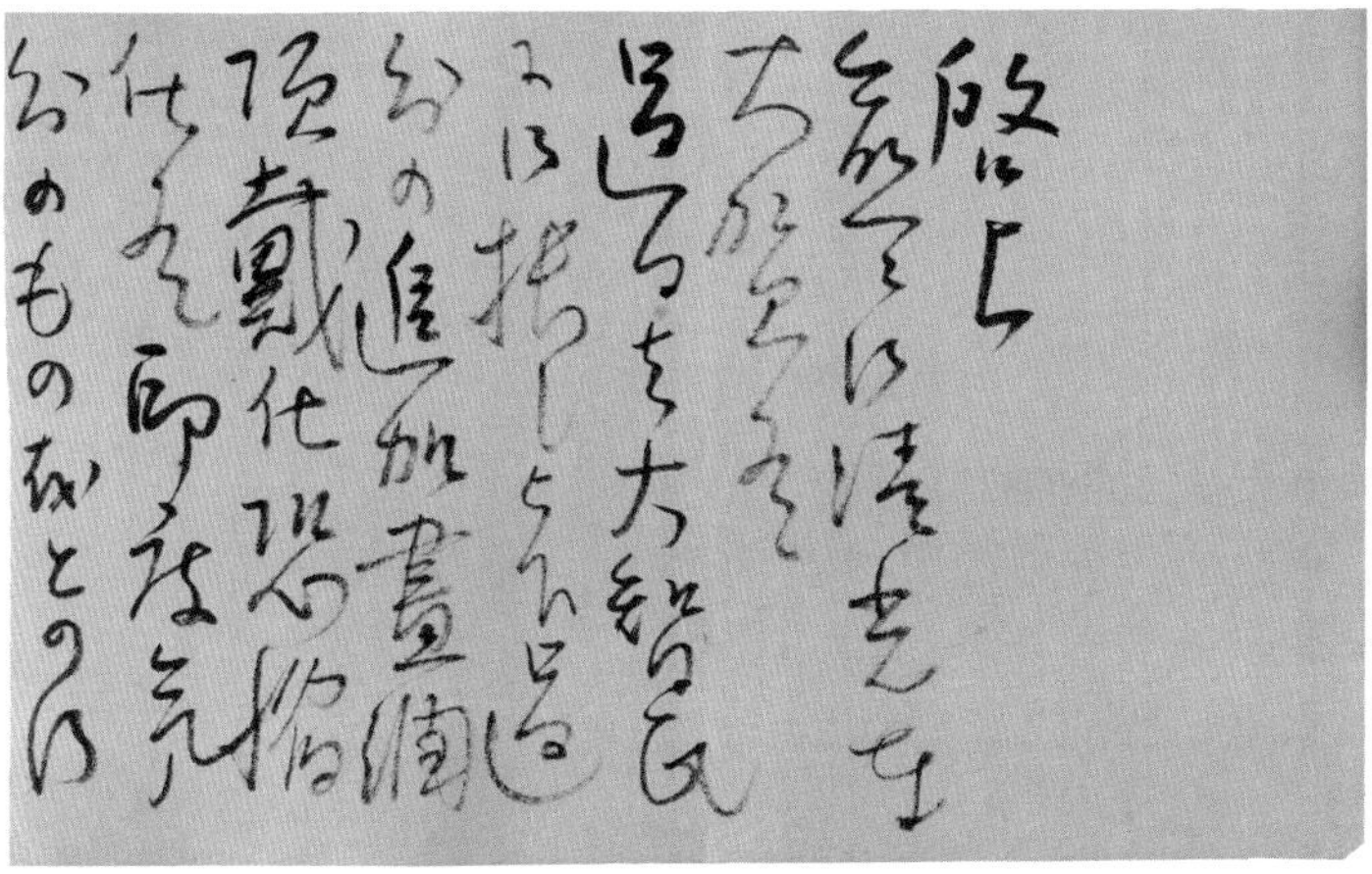

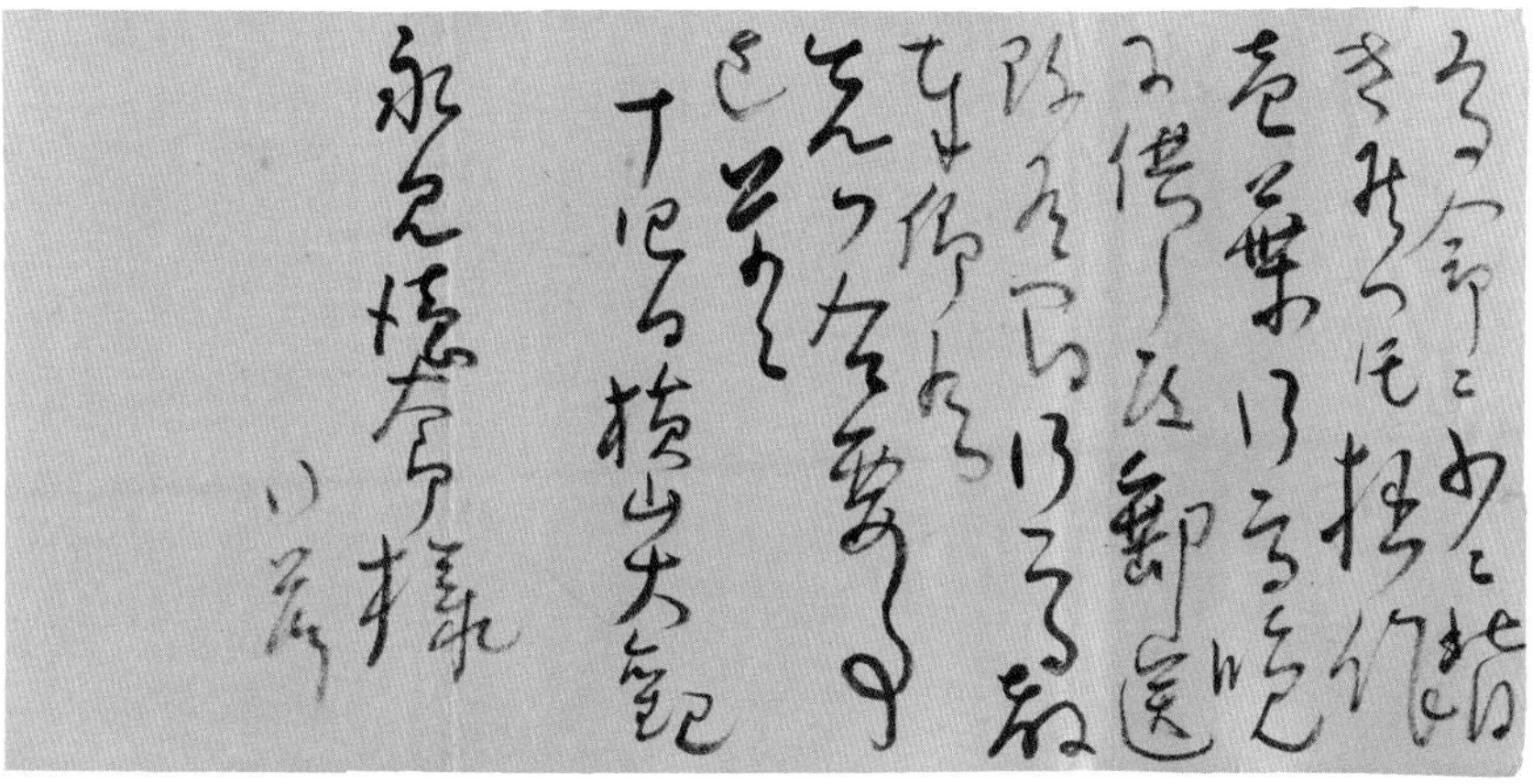

近代日本画壇を代表する画家、横山大観《よこやまたいかん》（一八六八―一九五八）から永見に宛てられた書簡。横山大観は茨城県に生まれ、東京美術学校の第一期生として岡倉天心や橋本雅邦に学ぶ。一八九八（明治三十一）年、師である天心が東京美術学校を去るとこれを追い、日本美術院の設立に加わる。西洋的な技法を取り込み、時に批判を受けながらも新たな日本画を創出して日本画壇を牽引し続けた。

一九一九（大正八）年にしたためられた本書簡は、永見と大観の間の作品売買に関するやり取りを示すもの。制作料、揮毫料を意味する「画潤」は大観の書簡にしばしば登場する文言であるが、本書簡から、永見が大観に追加の揮毫料を贈って「印度気分」の作品の制作を促し、それに対して大観が、必ずしも永見の希望に沿うものではないとしつつ、ひとまず作品を送付したことがわかる。このように、永見は展覧会等に出品された作品を求めるばかりでなく、自身の希望に即した制作の依頼も行っていた。

［書き起こし］
啓上／愈々御清光奉大賀候／過日は大智氏に御指し被下過分の追加画潤頂戴仕恐縮仕候印度気分のものをとの御高命に少々背き居候へも拙作壱葉御高覧に供し度郵送致候間御高教奉仰候／先つ右要事迄に候

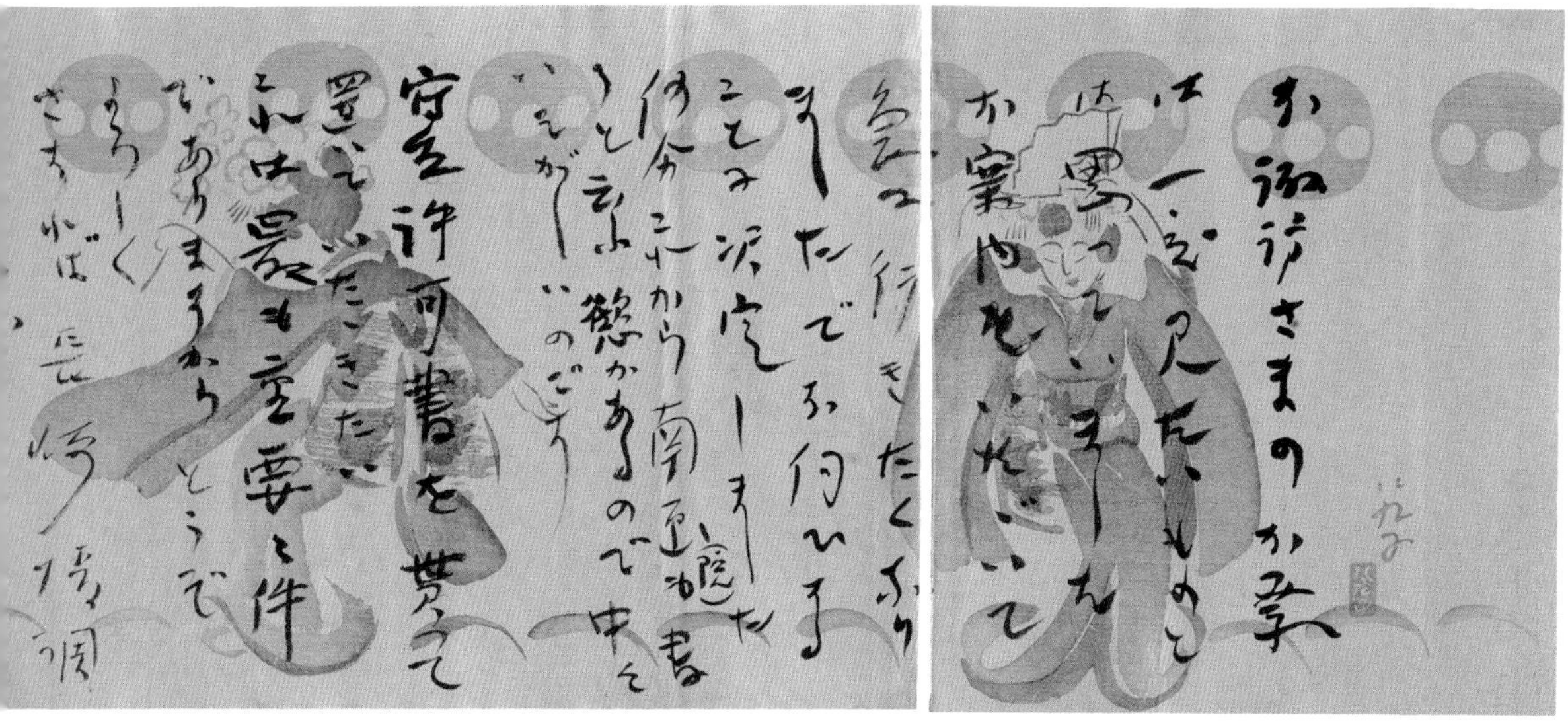

99

永見徳太郎宛山口八九子書簡（『尺牘集 四』所収）

山口八九子　一九二二（大正十一）年　紙本墨書
長崎歴史文化博物館〈永見旧蔵〉

日本画、南画、俳句など様々な分野で活躍した作家、山口八九子《はちくし》（一八九〇―一九三三）から永見に宛てられた書簡。山口八九子は京都に生まれ、以降、長崎や和歌山に長期滞在したこともあるが、京都を主たる拠点として活動した。俳画風の洒脱なものから、濃密な色彩をもつものまで、多彩な作品が伝えられている。

一九二二（大正十一）年十月一日付の本書簡では、およそ一週間後に迫った長崎くんちを見るべく、急遽、長崎を訪問する予定としたことが記されている。文中に「写生許可書を貰っておいていただきたい」とあるのは興味深い。当時の長崎は要塞地帯法により要塞司令官の許可なく写生や撮影ができない状況下にあった。永見が多くの芸術家をもてなしたことは既述の通りだが、永見が要塞司令官から写生の許可を得ることができる立場にあったということ、それによって画家たちの長崎での制作を支えていたことがうかがえよう。

［書き起こし］
お諏訪さまのお祭は一度見たいものとは思つていました／御案内をいただいて急に行きたくなりましたでお伺ひすることに決定しました／何分これから南画院も書くと云ふ慾があるので中々いそがしいのです／写生許可書を貰っておいていただきたい／これは最も重要な件でありますからどうぞよろしく／さすれば長崎情調もうんとかき得ませう／何卒奥様へもよろしく／十月一日　八九子／永見夏汀様／〇京ト四日午後五時発／長崎五日午後五時十五分着とします／但し変更の時ハ電報します

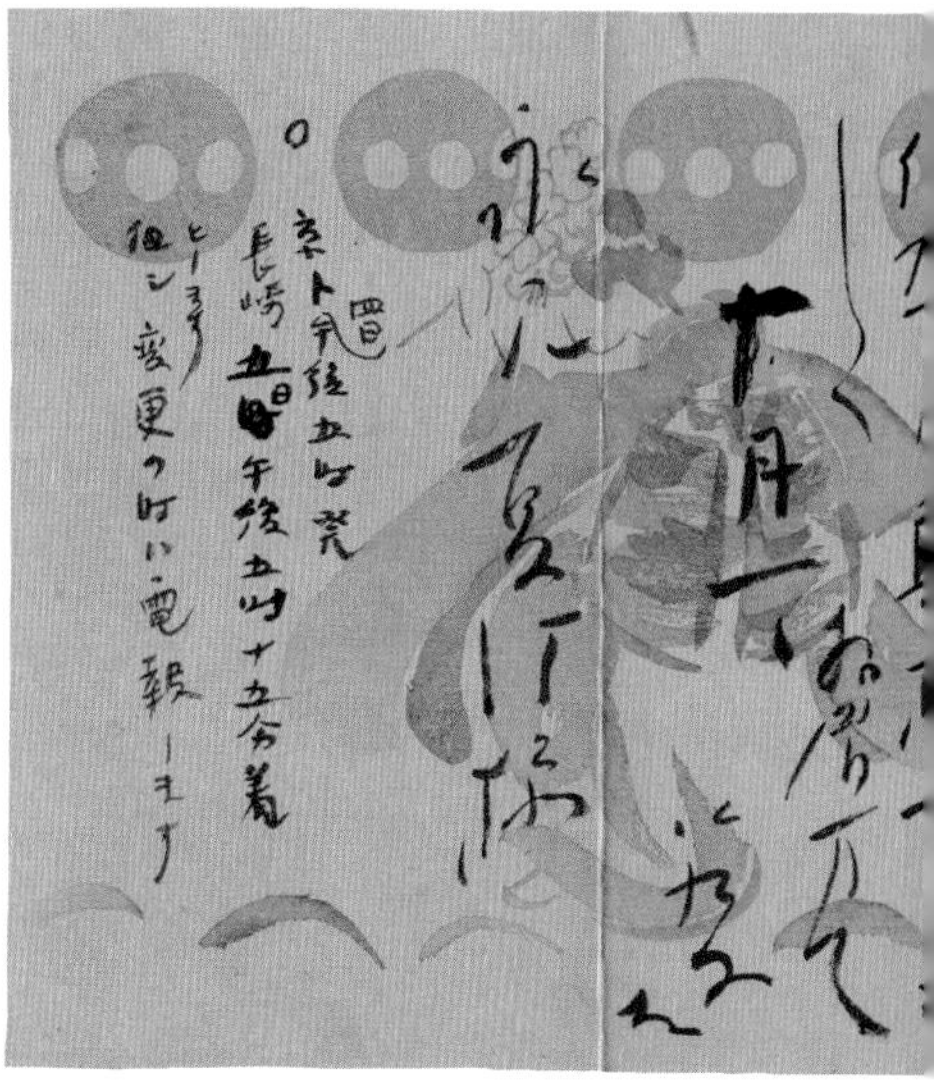

100

永見徳太郎宛芥川龍之介書簡（『尺牘集 一』所収）

芥川龍之介　一九二二（大正十一）年　ペン・紙

長崎歴史文化博物館〈永見旧蔵〉

［書き起こし］

長崎條約書我鬼国提案

一、谷崎潤一郎氏作「二人の稚児」原稿

二、高濱虚子氏作「続風流懺法」原稿

三、菊池寛、室生犀星両氏ノ作品ノ原稿（但シ今年執筆ノモノ）

四、漱石先生の短尺一葉

右仙崖（ママ）作鍾馗之図ト交換スベキモノ也

夏汀国王使臣足下　我鬼国王之印

日本近代を代表する文豪、芥川龍之介（一八九二―一九二七）が初めて長崎を訪れたのは一九一九（大正八）年のこと。画家、近藤浩一路《こういちろ》の紹介で作家、菊池寛を伴ってのことだった。長崎来訪以前より、「煙草と悪魔」や「奉教人の死」といったキリスト教に関する作品を発表していた芥川にとって、長崎訪問は彼の着想をさらに深めるものとなった。この時の滞在は一週間足らずであったが、芥川は一九二二（大正十一）年に再び来崎し、およそ二十日間の滞在を果たす。

美術にも強い関心を持っていた芥川は、永見邸で目にした多くの文物にも心惹かれていたようだ。『長崎日録』には永見家で目にした様々な作品についての言及がみられる。本書簡はそうした背景から生まれたもので、永見所蔵の仙厓《せんがい》の《鍾馗之図》を入手するべく、人気作家たちの「生原稿」との交換を永見に申し出ている。この「交渉」はみごと成立し、《鍾馗之図》は芥川の愛蔵品となった。「我鬼国王」から「夏汀国王」へ、というユーモアに満ちた文面は、永見と芥川の親密な関係性を物語る。

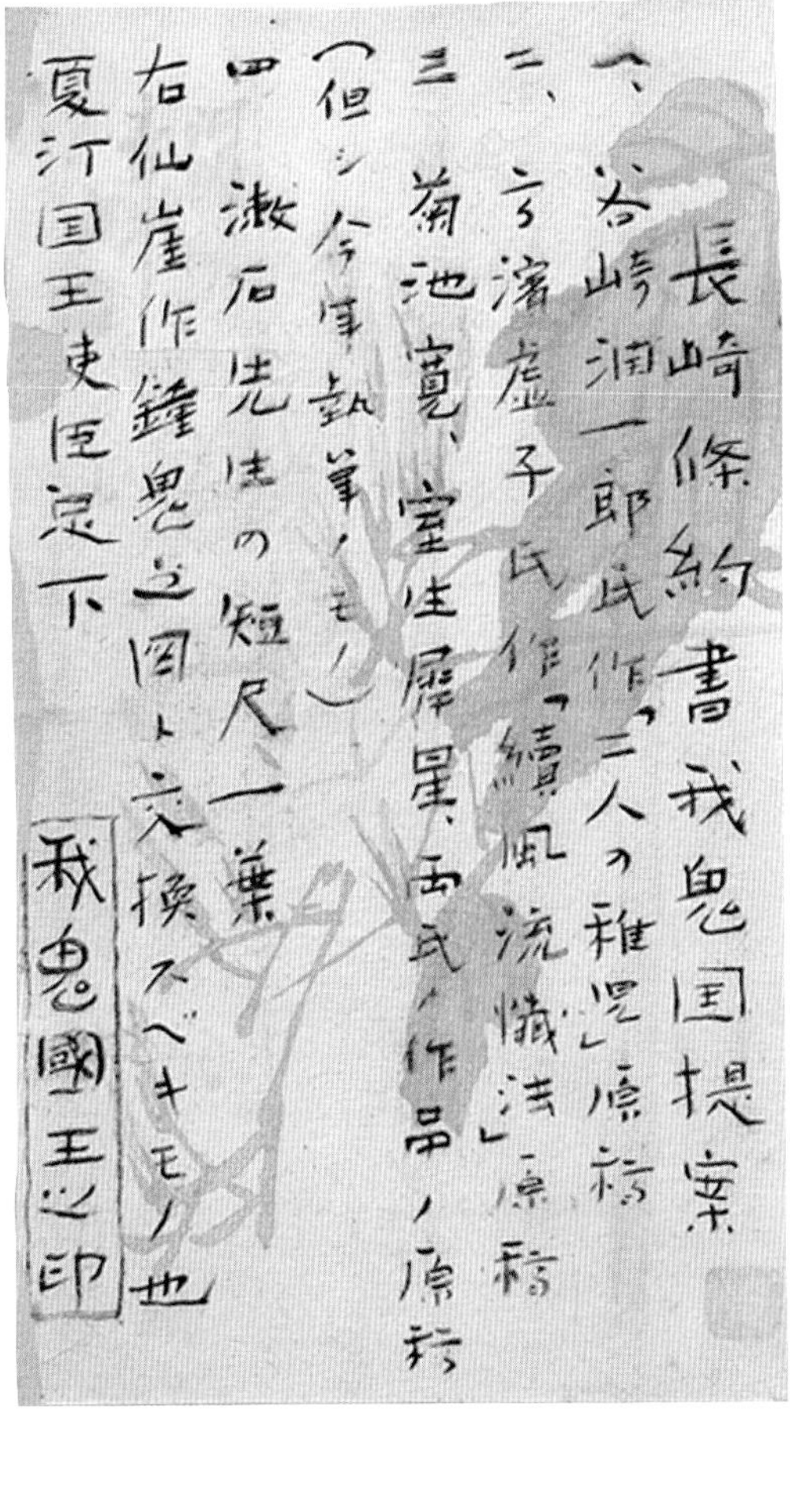

「我鬼」と「夏汀」——二人の国王

永見徳太郎と芥川龍之介の交流は、一九一九（大正八）年からはじまった。芥川は一九二二（大正十一）年にも長崎を訪問し、二十日間ほど逗留した。その折「我鬼国王」こと芥川から「夏汀国王」永見に対して持ちかけられた、仙厓《鍾馗之図》と生原稿類の交換交渉についてはすでにふれた通りである（作品100）。二人の親しい交流は、芥川が一九二七（昭和二）年に自らの手でこの世を去るまで続いた。ここでは、いくつかのエピソードを紹介し、永見と芥川の関係性についてみておきたい。

■モデル

永見が語るところによれば、芥川の小説の中に、永見や家族をモデルにしたものがあるという。一九二〇（大正九）年に発表された『黒衣聖母』は、一体のマリア観音をめぐる短編であるが、ここに登場する、「会社にも関係すれば、銀行にも手を出していると云う」［註1］新潟県の素封家「稲見」は、永見がモデルであるという。確かに、十八銀行にも監査役として携わり、複数の会社の役員を務めた永見のプロフィールとも一致する。また、一九二二年九月に執筆された『おぎん』の主人公の名前は表題通り「おぎん」であり、永見の妻、銀子の名と重なる。永見によれば、この年五月の長崎再遊時、小説に出てくる「おぎん」という女は皆悪党ばかり、という銀子に対して芥川は「きっとあなたを善人のモデルに使いますよ」［註2］と語っていたという。

■永見の上京と鉄翁の硯

一九二六年の春、永見は一家を伴って東京へと転居した。これは以前からの計画だったようだが、最後に永見の背中を押したのは芥川であった。一九二五年の冬、田端の芥川邸を訪ねた永見に、芥川は「君、長崎を引払うのなら、早やく、決行する方がよい、君が来ると賑やかになるだろう」［註3］と助言した。永見は芥川の親愛の情に応えるがごとく、上京後、所蔵品の中から以前より芥川が欲しがっていた画家、鉄翁祖門の遺愛品である硯を贈った。

■河童縁起

芥川がこの世を去るわずか十日ほど前、永見は芥川に呼び出される。芥川は永見に愛蔵の書画一幅と、自作『河童』の生原稿を贈り、加えて二枚の書と一枚の絵—芥川得意の「河童」—をものして永見に託す。これが芥川と過ごす最後の日となった［註4］。芥川の死後も、永見は芥川に対する敬意と親愛を失うことはなく、「河童忌」と呼ばれる芥川の年忌に足繁く通い、愛蔵の河童図を眺めては思いを馳せていたようだ。


［註1］芥川龍之介「黒衣聖母」『夜来の花』新潮社、一九二一年、三十二頁。

［註2］永見徳太郎「印象の深い芥川氏」『随筆』第二巻九号、人文会出版部、一九二七年九月、三十五頁。

［註3］永見徳太郎「芥川龍之介氏と河童」『新潮』第二十四年第九号、新潮社、一九二七年九月、三十五頁。

［註4］同上、三十六—三十七頁。

101
落ち椿
渡辺（宮崎）与平　油彩・板
長崎歴史文化博物館〈永見旧蔵〉

102
夕刊売
渡辺（宮崎）与平　油彩・カンヴァス
長崎歴史文化博物館〈永見旧蔵〉

103

帯

渡辺（宮崎）与平　一九一一（明治四十四）年　油彩・カンヴァス
長崎県美術館〈永見旧蔵〉

長崎市西古川町（現・万屋町）に生まれた渡辺（旧姓宮崎）与平（一八八九―一九一二）は、二十二歳という若さで惜しくも亡くなったが、非常に才能に恵まれた画家であった。当初京都にて日本画を学んだのち、洋画家へと転身し、中村不折に師事しながら太平洋画会を中心に活動した。一方で生計を立てるために始めたコマ絵（挿絵・カット）の分野では、竹久夢二の「夢二式」に対して「ヨヘイ式」という言葉が生まれるほどの人気を博した。

家も近く一歳しか違わない永見にとって、与平は最も懇意にしていた画家の一人であった。妻のふみ子をモデルにした《帯》は、一九一一（明治四十四）年の第五回文展に出品された与平にとっての代表作である。そして永見は発表後まもなくこの作品を購入している。永見は《金さんと赤》については「毒々しい原色をつかつてあるので刺戟がつよすぎる」［夏汀（永見徳太郎）「東錦絵」一九一四］と評したが、一方で《帯》、そして《ネルの着物》（一九一〇年、泉屋博古館分館）については高く評価していた。

《帯》は与平の死後も永見によって所蔵されていたが、一九一九（大正八）年頃長崎県立長崎図書館に寄贈され、一九八三（昭和五十八）年に長崎県立美術博物館（長崎県美術館の前身）に移管された。

104

金さんと赤

渡辺（宮崎）与平　一九〇八（明治四十一）年　油彩・カンヴァス

長崎県美術館

105

食後

亀高文子（渡辺ふみ子）　一九一六（大正五）年　油彩・カンヴァス
長崎県美術館〈永見旧蔵〉

女性洋画家の草分け的な存在である亀高文子（渡辺ふみ子）（一八八六―一九七七）は、画家・渡辺豊次郎の娘として横浜に生まれ、早くから画家を志した。太平洋画会研究所で渡辺与平（旧姓宮崎）と出会い、一九〇九（明治四十二）年に結婚、二人の子どもをもうけた。

永見が文子と初めて会ったのは、与平が亡くなってしばらく後の一九一四（大正三）年頃のことである。渡辺家の自宅を訪れた永見は、主のいない画室に通され、文子と思い出話を語り合った。

《食後》では娘を抱いた若い母親が描かれているが、おそらくは画家自身の姿と思われる。本作が描かれた同じ年の六月、文子は与平の追善供養のため初めて長崎を訪れ、永見邸に立ち寄った。帰京後、林源吉に宛てた手紙に「たへず心の中にのみあこがれておりました長崎」とあり、亡き夫の郷里へ思いを馳せていた様子が伝わってくる。

文子はその後、東洋汽船の船長、亀高五市と再婚し、神戸に移住。亀高との間に二人の子どもをもうけ、母親として四人の子どもたちを育てながら、一九二四（大正十三）年に赤艸社《せきそうしゃ》女子洋画研究所を設立した。一貫して女性の美術教育に携わり、晩年まで制作活動を続けた。

106

葡萄棚

南薫造　一九一五（大正四）年　油彩・カンヴァス
早稲田大学會津八一記念博物館　〈永見旧蔵〉

南薫造（一八八三―一九五〇）は広島県に生まれ、東京美術学校で黒田清輝らに学んだのち、イギリスへの留学を果たす。帰国後は、堅実な画技に支えられた清新な作品で高く評価され、官展審査員を長らく務めるなど、日本近代洋画壇においてたしかな足跡を示した。

本作は一九一五（大正四）年に開催された第九回文展に出品され、最高賞である二等賞を獲得した作品。葡萄棚の下、筵《むしろ》に座る少女とその髪を梳く女性の姿が主たるモティーフとなっている。葡萄棚という遮蔽物の存在によって不規則に差し込む陽光が、巧みな陰影表現を用いて見事に描き出された、大正時代の南の代表作の一つといってよいだろう。

本作は永見邸洋間の壁面中央に掛けられていた。その後、一九二六（大正十五）年三月に東京で行われた売立において、永見は本作を手放したようだ。ちょうど同時期、永見は長崎から東京へと転居しているため、本作のような大画面の作品は整理せざるを得なかったのかもしれない。永見と南の交流は比較的早くはじまり、明治時代末期にはすでに書簡のやり取りが確認できる。永見はしばしば南に対して作品を求め、南もまたそれに応えて作品を送っていた。

107
船上のビルマ僧
南薫造　一九一六（大正五）年　水彩・紙
広島県立美術館

108
沐浴
南薫造　一九一六（大正五）年　水彩・紙
広島県立美術館

永見と南の交流を語る上で見逃すことができないのが、一九一六（大正五）年一月から四月にかけて行われたインド旅行である。二人がインド旅行に至ったいきさつは詳らかでないが、南はイギリス留学時代からインドを含むアジア訪問に関心を抱いていたとされ、永見もまた、この数年後にはマレーシアでゴム園を経営することになるため、アジア視察の必要があったのだろう。前年の春、南は永見邸を訪れており、対面して語らう中でインド行きの話が固まったのかもしれない。一月、長崎から諏訪丸で出発した永見と南は、上海やペナン、コロンボを経由してインドに入り、カルカッタ、ベナレス、ダージリン、アグラなど十以上の都市を巡ったのち、四月十七日に帰国した（到着は門司港）。南が描いた作品はいずれも、南と永見が目にした現地での感興を衒《てら》いなく描きだしている。

なお、南による日記の中に、永見がカーリガートでトルコ帽を購入したことが記されているが、それと思しきトルコ帽を被った永見の姿が南によって描かれ、永見の戯曲集『阿蘭陀の花』の口絵として掲載されている。

109

木影（カルカッタ）

南薫造　一九一六（大正五）年　水彩・紙
広島県立美術館

110

カルカッタ

南薫造
一九一六（大正五）年
水彩・紙
広島県立美術館

111

カルカッタにて

南薫造　一九一六（大正五）年　水彩・紙
広島県立美術館

112
ダージリン
南薫造　一九一六（大正五）年　水彩・紙
広島県立美術館

113
ダージリン
南薫造　一九一六（大正五）年　水彩・紙
広島県立美術館

114
ヒマラヤの女
南薫造
一九一六（大正五）年
パステル・紙
広島県立美術館

115

雲海

南薫造　一九一六（大正五）年　水彩・紙
広島県立美術館

116

ホテルの庭（ベナレス）

南薫造　一九一六（大正五）年　水彩・紙
広島県立美術館

117

タージマハール遠望

南薫造　一九一六（大正五）年　水彩・紙
広島県立美術館

118

アグラ

南薫造　一九一六（大正五）年　水彩・紙
広島県立美術館

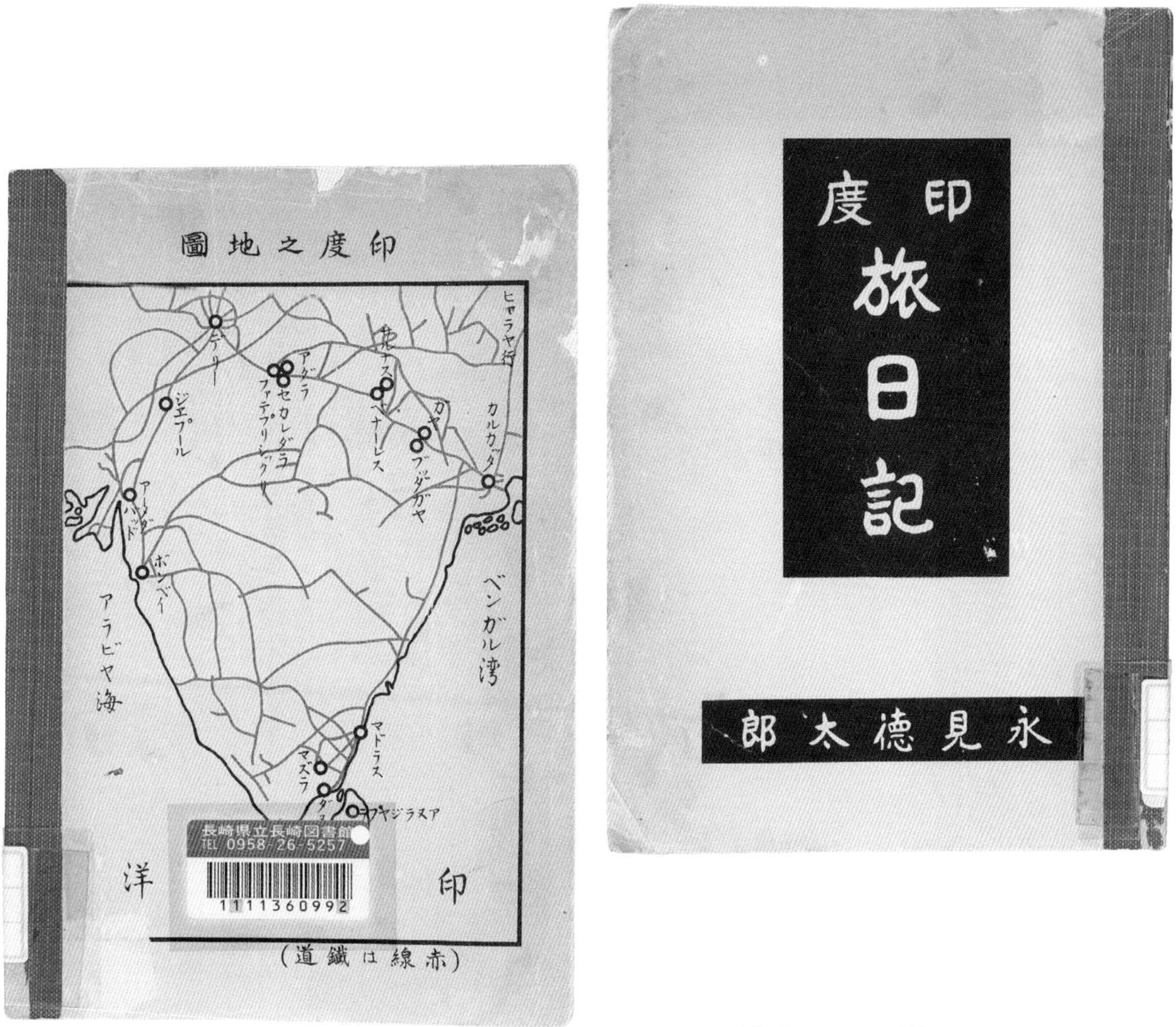

119
『印度旅日記』
永見徳太郎著　一九一七（大正六）年
長崎県立長崎図書館

本書は一九一七（大正六）年に非売品として刊行された、永見にとって文筆家として初めての書籍である。約百五十ページからなり、一月十九日の出発から四月十七日に門司港で下船するまでのおよそ三ヶ月に及ぶ道行が語られたのち、「振返へり見たる印度」と題した、インドの気候、風俗、文化などを永見の視点からまとめた文章が末尾に記されている。遺跡やヒマラヤ山地、高名な詩人であるタゴールのもとを訪れたり、アグラで画家、和田三造に出会うなどしながら過ごしたインドでの濃密な日々が詳らかに綴られているほか、所々に永見流の詩情が醸し出され、現地で受けた印象が生き生きと伝わる内容となっている。カルカッタを目指してマドラス駅を出発した永見は、車窓から見える景色を「夕霞の中には野は一面の取り入れ時で百姓の喜びと過去の労作とが静に満たされて茜射《あかねさす》のであった」と締めくくる。インドにおける充実した日々は、南のみならず永見にも大きな感動と興奮をもたらしたのであった。

120

鏡を見る女

満谷国四郎　一九一五（大正四）年　油彩・カンヴァス
岡山県立美術館〈永見旧蔵〉

満谷国四郎（一八七四―一九三六）は明治末期から昭和初期にかけて活躍した洋画家。太平洋画会で頭角を現し、長らく官展の審査員を務めるなど、当時の洋画壇で重きをなした。初期は留学時の師であるジャン＝ポール・ローランスに学んだ堅固な写実的画風を示したが、晩年は《緋毛氈》にみられるような平面的かつ装飾的な作風へと転換した。

鏡を手にした裸婦を描いた本作は、一九一五年という、まさに満谷の作風が次第に変化してゆく時期の作品。注目すべきは、本作が大正時代の永見邸の一壁面を飾っていた作品の一つである点だ。文献等文字資料において、本作を永見が所蔵していた記録は現在のところ見当たらないものの、一九二一（大正十）年に作家、宇野浩二が永見邸で撮影した写真の中に、壁にかかる本作がたしかに映り込んでいる（本書所収のコラム「西海旅日記と永見邸」参照）。

本作を永見がいつ入手したかは不明だが、現在残された永見と満谷の書簡の日付、あるいはその文面から推察するに、遅くとも大正時代初期には、二人の交流ははじまっていたようだ。

121

永見徳太郎宛満谷国四郎書簡

満谷国四郎　一九一七（大正六）年頃　水彩、ペン・紙
倉敷市立美術館〈永見旧蔵〉

満谷国四郎が永見に宛てたハガキ。消印不鮮明のためいつ送付されたか特定は難しいが、本作の旧蔵者である喜田幾久夫は、一九一七年にしたためられたものであると推定している。それぞれ満谷による簡単なイラストと文が記されている。喜田の書き起こしに従えば文面は次の通りとなる。

（右）「窮策之図　今度は休みだ　便所便所」（中）「凱旋之図　アイヤ！きつさ・・・・」（左）「昨夕、高村眞夫君と行て見ました。／桐一葉にチョマゲの新しい人が出て、助六では花道の大目得の股の下カラ、西洋人が驚いて見上げてました。／御道中はあでやかあでやか。されど立役は皆お山にて女優諸君の奮わぬこと夥しい。女優団の為に天才の発現を望む次第に候。今月は又新しき人の顔を見ます。定めし御満悦の事と存じ候、高砂はヤメ。／奥様に宜しく　廿日」［喜田幾久夫「洋画家の消息集覧 その11　満谷国四郎」一九六二］

さらに、右のハガキの裏には永見に、中央のハガキの裏には永見の妻、銀子に宛てて、それぞれ長崎でのもてなしに対する感謝の言葉が綴られている。ユーモアに満ちた絵と文から、大正時代における永見と満谷の親しい間柄がうかがえる。

「西海旅日記」と永見邸

一九二一（大正十）年七月二十五日、宇野浩二、佐佐木茂索、植村宋一、里見弴、久米正雄、加能作次郎、片岡鉄兵という七人の作家が長崎の地を踏む。のちに「西海旅日記」として雑誌『人間』で紹介されることになる、北部九州、下関、京都をめぐる十四日間の講演旅行のさなかの出来事であった。当初は菊池寛らも参加する予定で、長崎での講演について段取りをつけるよう、菊池が永見に依頼する書簡が残されている（長崎歴史文化博物館蔵）。

一行が長崎に到着したのは七月二十五日の午後六時すぎであり、二十七日には武雄温泉へと向かっているため、長崎への滞在はまる二日にも満たない短いものであったが、二十六日にはまず永見邸を訪れ、出島の東亜館で昼食をとり、崇福寺や大浦天主堂を見て回ったのち、夜には商工会議所文藝講演会を行うという濃密な一日を過ごしている。

ところで、一行の中の一人、宇野浩二は、この旅行を通して二百枚近い写真を撮影しているという。メンバーの親密で生き生きとした様子や、各地の印象深い風景がスナップされた写真群は、いずれも魅力的なものだが、永見に関連する文脈でひときわ目をひくのは、その中に永見邸の様子を捉えた写真が存在するということである。再三見てきた通り、大正時代、銅座で永見が迎えた客はかなりの数に及ぶが、永見邸の写真は意外にもあまり発見されていない。これまで知られてきた写真の多くは記念写真として撮影されたもので、その性質上、庭の縁側前、洋間、和室が舞台で「引き」の構図もほぼ同じであった。一方、宇野が撮影した写真は、里見や佐佐木など、一人ないし二人を対象としているため、結果的に永見邸内部の様子を比較的細かく見ることができるという点できわめて重要な資料である。本書には、宇野が撮影した、庭を含む永見邸内の写真を六点掲載した（本コラム内の四点のほか、2頁、184頁）。

いくつかについて細かく見てみよう。写真Aは、永見邸の一室で、人物像のような彫刻を手にした里見弴が被写体だが、彼の後ろには大きな机があり、さらに後ろには額に入った裸婦像が掛けられている。これは満谷国四郎《鏡を見る女》（作品120）。この写真の存在によって、本作が永見旧蔵品であることが明らかになった。写真左側の机の上には大量の絵筆も見えるが、永見は満谷の作品に目を向けながら、この部屋で絵画制作に励んでいたのだろうか。写真Bは洋間でくつろぐ久米正雄の姿である。背景に映りこんだ絵画は、具体的な特定には至っていない。写真Cにも同じ作品が映り込んでいる。手を組んでどっしりと座っているのは佐佐木茂索。よく見ると、佐佐木の腰掛ける椅子と壁に掛けられた絵画のあいだには、いくつもの額縁が壁に立てかけられている。本書184頁の写真では、当時三十歳の永見が照れくさそうに微笑んでいるが、左側に映りこんでいるのは、渡辺与平の《帯》（作品103）で相違あるまい。写真Dと本書2頁の写真はいずれも永見邸の庭が舞台となっている。団扇を手に悠然と構える久米の傍らにそっと立ち、はにかむ永見の姿からは、芸術家たちに敬意をもってもてなす日々が浮かび上がってくる。

（写真A）《邸内にて、里見弴》

（写真B）《邸内にて、久米正雄》

（写真C）《邸内にて、佐佐木茂索》

（写真D）《庭にて、永見と久米》

【注記】本コラムの執筆にあたっては、福岡市文学館『まなざしと記憶 宇野浩二の文学風景』展覧会図録（福岡市文学館、二〇二三年）を参考にした。また同館学芸員の中山千枝子氏にはこれら写真の存在についてご教示いただいた。ここに記して感謝申し上げます。

写真ははすべて
宇野浩二撮影、1921（大正10）年
福岡市総合図書館「宇野文庫」所蔵

122

古賀街道図屏風

栗原玉葉
一九一九（大正八）年
絹本着色
二曲一双屏風
長崎歴史文化博物館

長崎県南高来郡山田村（現・雲仙市吾妻町）出身の女性画家、栗原玉葉（一八八三―一九二二）による作品。長崎街道沿いの町、古賀（現・長崎市古賀町）の日常風景が描かれている。右隻には長崎の郷土玩具である古賀人形の制作を生業とする女性とその娘と思われる少女が描かれ、左隻にはそれを購入する裕福な家の少女が正面観で描かれている。

本作を描くにあたり、玉葉は永見に手紙を送ったことが分かっている。そこには制作の参考として、「異国人等の風俗画」に関する版画を借用したい旨が記されている。おそらくは永見が所蔵していた長崎版画のことであろう。確かにオランダ人及びオランダ船と思われる画中画が屋内の装飾として描かれている。手紙の中で「長崎気分をあらはす」［五味俊晶『栗原玉葉　長崎がうんだ女性画家』二〇一八］とあるように、玉葉は本作において長崎らしさを醸し出すことを目的に永見を頼ったのであろう。

玉葉がどのようにして永見と面識を得たかについて正確なことは分かっていないが、両者に共通する知人であり長崎の郷土史家であった林源吉を介してのことだったと推測される。なお本作は一九一九年の第一回帝国美術院展に出品された。

123

尼僧（童貞）

栗原玉葉　大正時代　絹本着色
長崎県美術館

124
フランスの田舎
山本森之助　一九二二―二三（大正十一―十二）年　油彩・カンヴァス
長崎県美術館

125

ヨーロッパスケッチ帖

山本森之助　一九二二—二三（大正十一—十二）年　水彩・紙
長崎県美術館〈永見旧蔵〉

半月状に綴じられた珍しい形態のスケッチ帖に十三点のヨーロッパ風景が水彩で描かれている。スケッチ帖の見返しには「永見徳太郎様　山本森之助」と書かれており、本作が永見への贈り物であることが分かる。明治から昭和初期にかけて風景画家として名を成した長崎生まれの山本森之助（一八七七—一九二八）は、一九二二年から翌年にかけて絵画修業のため渡仏した。滞在期間のほとんどをパリから約六十キロ離れたセーヌ河畔の村ヴェトゥイユで過ごしたが、一方で杉浦非水らとイギリス、イタリアを旅行した

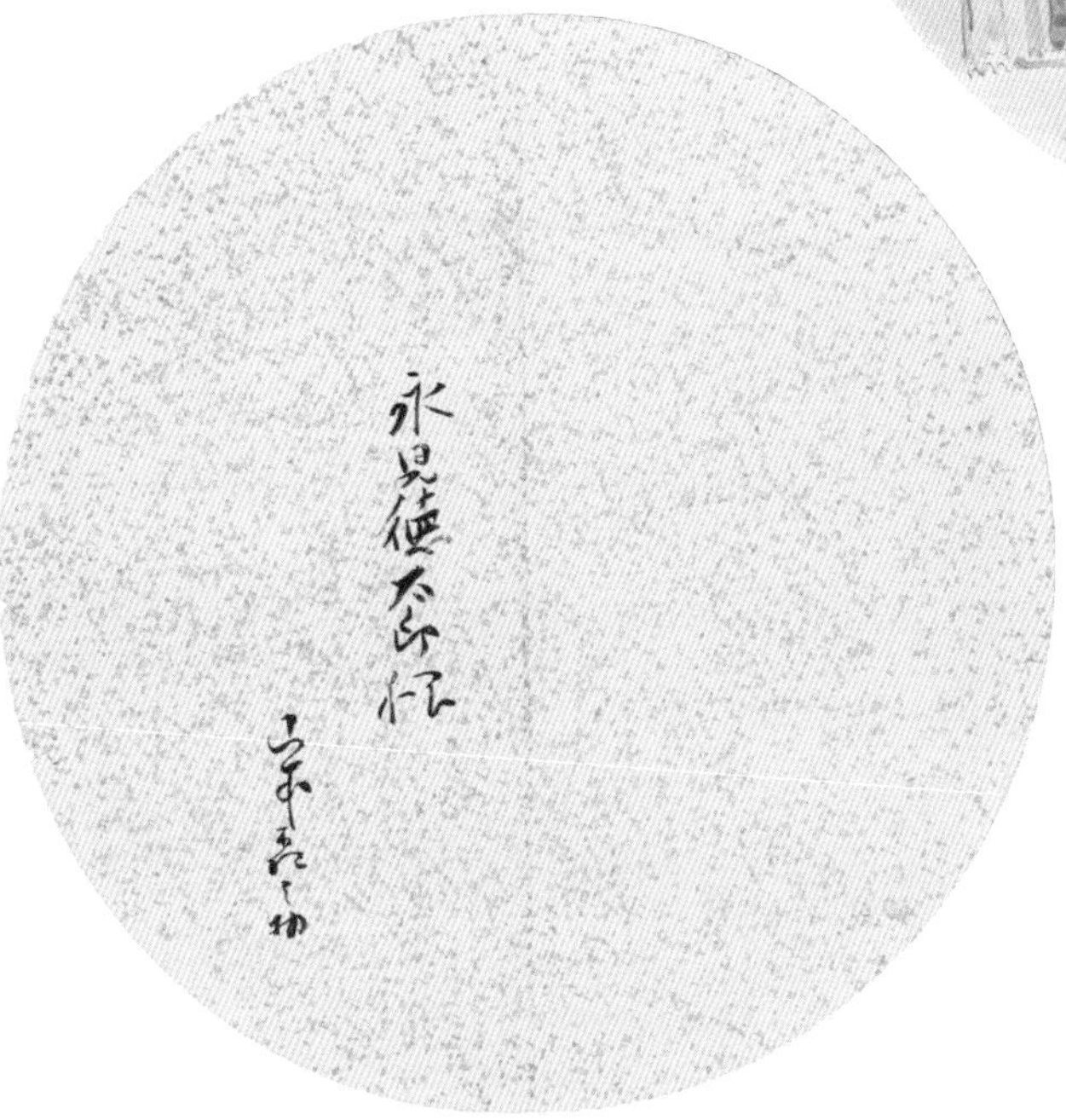

ことが分かっている。これらは旅行先のスケッチとも考えられるが、名所絵のような構図に鑑みて、絵葉書等の模写である可能性も捨てきれない。

山本と永見は一九一四（大正三）年頃に長崎で知り合ったようである。本スケッチ帖が非常に手の込んだものであることから考えると、渡欧に際し永見から経済的な支援を受けたのかもしれない。一回り以上も年齢差はあったが、永見にとっては同郷の一流の画家として親しむべき重要な存在だったのである。

126

長崎唐寺

平福百穂（賛・斎藤茂吉）　一九二〇（大正九）年頃　紙本墨画淡彩
神戸市立博物館〈永見旧蔵〉

平福百穂《ひらふくひゃくすい》（一八七七―一九三三）は秋田県出身の日本画家。文展や帝展といった官設美術展で活躍したほか、古典学習を重んじる日本画家の研究会、金鈴社に加わるなど常に新たな画境を拓くべく模索を続けた。アララギ派の歌人としても活躍したほか、秋田蘭画に関する先駆的な書籍『日本洋画の曙光』を著したことでも知られる。

一九二〇年十一月二十日、百穂は長崎へと到着した。『アララギ』を介して親交の深かった斎藤茂吉が体調を崩しており、その見舞いの目的もあったという。茂吉は百穂の長崎来訪に際し送った書簡の中で、長崎滞在時の宿泊先として永見邸を勧めている。結果的に宿泊したかは定かでないが、永見邸の庭で永見や茂吉、百穂らを収めた記念写真が残されているため、訪問したことは確実である。なお、百穂の来崎に際し、同月二十四日には長崎図書館を会場に「平福百穂歓迎歌会」も開催された。

本作もこの時、あるいはその後まもない時期に制作されたと考えられる。長崎の名勝である崇福寺の山門が洒脱なタッチで描かれ、その傍らには茂吉による「みなとより太笛鳴けるいまさへや我があしもとにこおろぎのこえ」という歌が記されている。

127
南蛮人
長野草風　紙本淡彩
神戸市立博物館〈永見旧蔵〉

東京生まれの日本画家、長野草風（一八八五―一九四九）は川合玉堂に師事した後、今村紫紅らによる日本画団体、紅児会に加わる。一九一三（大正二）年の同会解散後は、翌年に再興した日本美術院に参加し、以降同展で活躍した。

草風は一九二〇（大正九）年五月初旬、山村耕花とともに来崎した。わずか数日の逗留であったようだが、永見邸や浦上地区を見て回り、その成果は浦上地区の風景を題材にした作品《クロス山》として結実している。

本作では、猿と思しき動物を抱えた西洋人の姿が、画面からはみ出すほどの大胆な構図で描かれている。大きなひだ襟のある衣服を着た西洋人と猿は、いずれも南蛮屏風等で盛んに描かれたモティーフである。明治末期から大正時代にかけて、南蛮ブームともいえる熱狂が巻き起こり、異国趣味的主題に取り組む画家たちも多数存在したが、草風もその一人といえよう。さらに草風は南蛮美術作品の蒐集も行い、《南蛮人喫煙図柄鏡》（神戸市立博物館）等を所蔵した。永見が中心的な役割を果たした一九二八（昭和三）年の南蛮史料展覧会（会場：三越）にも参画し所蔵品を出品している。南蛮美術への関心という共通点が、永見と草風を長きにわたって結び付けていたことが想像されよう。

128

長崎風景

山村耕花　紙本着色
神戸市立博物館〈永見旧蔵〉

山村耕花（一八八五―一九四二）は東京出身の日本画家、版画家。東京美術学校卒業後、文展で入選を重ね、その後は院展で活躍した。浮世絵や大津絵、南蛮美術の蒐集にも精力的に取り組み、それらから霊感を得て独自の作風を築いたことで知られる。

永見旧蔵のこれら二作品では、輝く十字架を載く教会、かたやロザリオをつけた女性といったように、異国趣味的関心による主題設定がみられる。耕花はすでに大正期からこうしたテーマに関心を持ち、自ら作品の蒐集にも励んでいた。一九一九（大正八）年十一月にしたためられた永見宛書簡においても「自分もかなり支那や和蘭の物が好きで集めておりますが、却々《なかなか》

129

異教徒

山村耕花　紙本着色

神戸市立博物館〈永見旧蔵〉

手に入りません」と記している。この書簡において「御地も絵などで常にあこがれております」と語っていた耕花は、翌一九二〇年、長野草風とともに長崎の地を踏むこととなった。以降、耕花は永見と同好の士として親しい交友を結んだ。第二章にてすでに記した通り、永見の戯曲集『阿蘭陀の花』（一九二五年）は耕花の装幀によるものであり、その後永見が出版した『長崎の美術史』（一九二七年）でも再び耕花が装幀をつとめている。

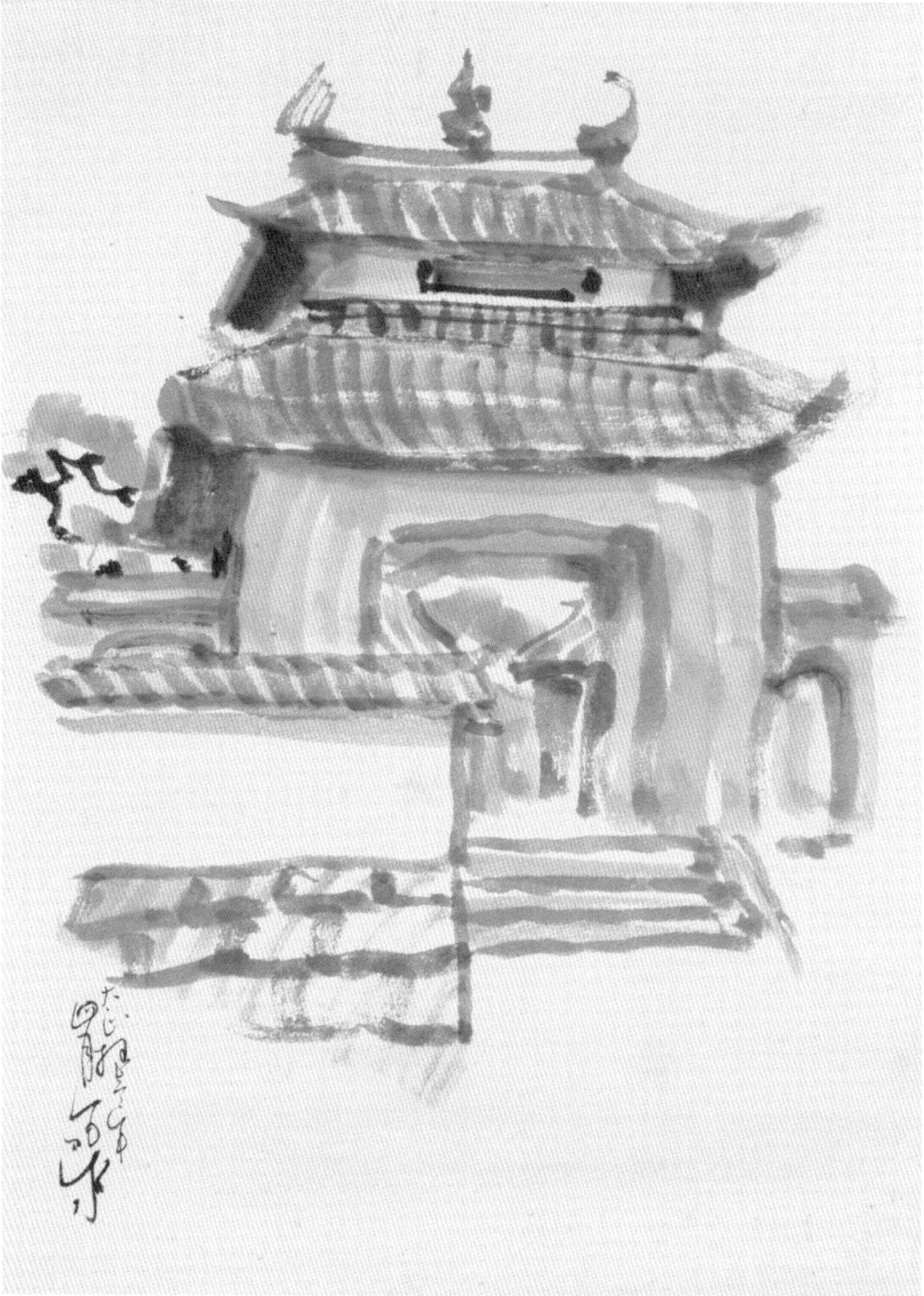

130

崇福寺

川瀬巴水　一九二二（大正十一）年　紙本淡彩
神戸市立博物館〈永見旧蔵〉

川瀬巴水《はすい》（一八八三―一九五七）は東京出身の版画家。鏑木清方らに日本画を、岡田三郎助らに洋画を学ぶ。一九一八（大正七）年より渡辺版画店店主、渡辺庄三郎と組み木版画制作に邁進し、とりわけ時間や天候の変化を巧みに描き出した風景画の数々は当時から人気を博した。

一九二二（大正十一）年の春、巴水は九州地方を中心に中国地方や京都など各地を訪問する。これは同年六月より予約販売を予定していた『日本風景選集』の取材のためであったとされるが、訪問先の中に長崎も含まれていた。この年五月には、永見宛の礼状が巴水から送られているため、永見邸も訪れた可能性が高い。

本作では長崎の名勝として知られる崇福寺の山門が主たるモティーフとして描かれている。巴水の木版画は鮮やかでありながらどこか凛とした静けさが特徴的だが、本作ではむしろ、大らかな線描と淡い色彩によりゆったりとした詩情が画面を満たしているといえよう。画面左下には「大正拾壱年四月　巴水」の年記がみえる。なお、本作とは細部が異なるが、『日本風景選集』においても、本作と同じ角度から崇福寺の山門を捉えた作品が収録された。

諏訪祭ノ町・神輿

近藤浩一路　一九二〇（大正九）年頃　紙本墨画（対幅）
神戸市立博物館〈永見旧蔵〉

山梨県出身の近藤浩一路（一八八四—一九六二）は、和田英作に師事して東京美術学校西洋画科を卒業後、洋画家として出発する一方、『読売新聞』や『時事通信』で漫画や挿絵作家として活動。その後は水墨画に傾倒し、院展や日展を舞台に制作を続けた。

一九一三（大正二）年、永見は浩一路に対し作品の購入を申し出ているが、一九一一（明治四十四）年に東京美術学校を卒業したばかりの浩一路は新進作家といえ、永見が満谷国四郎や南薫造など、当時画壇で重きをなしていた作家のみならず、自らの審美眼を頼りに蒐集を行っていたことがうかがえる。

本作は長崎くんちにおける情景を描写した対幅の作品。それぞれ、祭を迎えて賑わう町中の様子と、神輿の「御下り」を行う勇壮な男たちの様子が躍動感ある筆法によって表される。制作年は不詳だが、一九二〇年の永見宛書簡に「長崎九日祭の揮毫も御送附」しようとしている旨の記載があるため、同年の制作となる可能性が高い。あるいは、浩一路の『漫画巡礼記』（一九一八年）内の長崎くんち訪問記にはすでに「神輿」に類似した挿絵が描かれており、浩一路は永見の求めに応じて、数年前の記憶を反芻しつつ制作に励んでいたのかもしれない。

132
大浦天主教会僧院
小川千甕　一九二一（大正十）年　紙本着色
神戸市立博物館〈永見旧蔵〉

133
諏訪社
小川千甕　一九二一（大正十）年　紙本着色
神戸市立博物館〈永見旧蔵〉

京都で仏教関係の書肆を営む家に生まれた小川千甕《せんよう》（一八八二―一九七二）は、仏画師、洋画家、漫画家、日本画家、南画家と多彩な活躍を見せたことで知られる。また歌人としても『アララギ』等を舞台に俳句、短歌の発表を行った。

本作はいずれも長崎の風物に取材したもの。両作品の年記に「辛酉秋（穐）」とあるため、一九二一（大正十）年に制作されたものとわかる。《大浦天主教会僧院》は、一九一五年、大浦天主堂の隣に建設された旧長崎大司教館を描いたもの。煉瓦の橙や白といった淡い色調の中で、黒い衣服に身を包んだ修道士の姿が印象的である。他方、《諏訪社》では諏訪神社の大門と、そこにつながる石段（長坂）を描く。いずれの作品ものびのびとした大らかな筆致で、秋を迎えた長崎の印象が描写されている。

千甕と永見が初めて対面したのも一九二一年十月のことであった。千甕は九月末から大分や福岡などを巡る九州旅行に出発しており、長崎には十月五日頃到着したようだが、九日には千甕から永見への礼状が投函されており、長崎滞在は一週間にも満たない短いものであったと思われる。

134
獅子踊り
山口八九子　一九二二（大正十一）年頃　紙本墨画
神戸市立博物館〈永見旧蔵〉

135
川舟
山口八九子　一九二二（大正十一）年頃　紙本墨画
神戸市立博物館〈永見旧蔵〉

主題となっている「獅子踊り」「川舟」はいずれも長崎くんちにおける奉納踊り。八九子が長崎に往来していた大正時代、この二つの奉納踊りが同時に行われたのは一九一六年、一九一七年、一九二二年、一九二四年であり、両作品が同じタイミングで制作されたものだと仮定すれば、このいずれかの年の長崎くんちを取材したものであると考えられる。さらに、八九子から永見宛の書簡（作品99）の中で長崎くんちについて「一度見たいものとは思っていた」と記し、同年の長崎くんちに合わせて来崎したことを考えれば、本作は大正十一年の長崎くんちに際して制作されたものである可能性が高い。

八九子は妻となる亀代が長崎の大村に就職したことを契機に、一九一九年五月から七月、及び翌一九二〇年二月から七月まで長崎に滞在した。一九二〇年五月には、県立長崎図書館を会場に「山口八九子氏作画展覧会」も催されている。おそらくこうした長崎滞在時に永見と八九子は交友を結んだのだろう。現在残されている八九子から永見に宛てられた書簡の中で最も古い一九一九年八月末のものでは、永見の求めに応じて八九子が画帖の制作にあたっていることが記されている。

（1）青い酒

136

長崎十二景

竹久夢二　一九二〇（大正九）年　水彩・紙　十二点一組
福田美術館〈永見旧蔵〉

竹久夢二（一八八四—一九三四）は岡山県に生まれ、十八歳の時上京すると新聞や雑誌に投稿した文章やコマ絵が高い評価を受け、またたく間に人気作家となる。とりわけ高い叙情性をたたえた女性像は「夢二式」という言葉を生み出すほどに一世を風靡した。明治時代末期から大正時代において最も広く大衆から愛された作家の一人であろう。

一九一八（大正七）年八月、夢二は次男、不二彦を連れて銅座の永見邸へとやってくる。夢二は早くから異国的な題材への関心を示し、大正時代初期には宣教師と遊女と思しき女性を組み合わせた作品を描いている（《切支丹波天連渡来之図》（大正三年、福田美術館）など）。長崎訪問はこうした関心によって導かれたものであろう。永見と夢二の交流がいつから始まったかは具体的には不明だが、夢二来崎を回想した永見の文章によれば、この数年前から手紙のやりとりはあったという。夢二親子はおよそ二週間程度永見邸に宿泊し、その

（2）サボテンの花

間、永見は夢二を長崎の様々な場所へと案内した。

十二枚からなる《長崎十二景》はこの際の永見のあついもてなしに対し、夢二から永見に贈呈されたもの。いずれも長崎に関わりある場所、主題が描かれている。ただし「出島」などの作品に顕著なように、これらは当時の長崎の情景を反映したものではなく、夢二の想像力によって生み出されたものであり、史実や伝承などが入り混じった濃厚な異国趣味を放つ幻想的な作品へと仕上げられている。各地を案内した永見もまた、夢二の作家としての創造性を高く評価し、「或必要以上、史実的知識を與へぬ方がよいと気づいたから、質問する以上は教へなかった。歴史に精通すれば、反って彼の特色が画面を窮屈にするやうであったから」と彼なりの配慮を行っていたようだ。夢二のロマンティックな世界観が、長崎の風物という格好の題材を得て輝く、大正時代の夢二の代表作の一つである。

（3）ネクタイ

（4）十字架

（5）燈籠流し

（6）化粧台

（7）出島

（8）浦上天主堂

（9）凧揚げ

（10）眼鏡橋

（11）阿片窟

（12）丘の青楼

（1）北方の冬

137

女十題

竹久夢二　一九二一（大正十）年　水彩・紙　十点一組
福田美術館〈永見旧蔵〉

《長崎十二景》と同じく、夢二から永見に贈られたもの。十枚からなるシリーズで、職業や地域の異なる様々なシチュエーションにおける女性の姿が主題となっている。上半身を中心とした構図で、半数以上は背景も省略されている。にもかかわらず、なまめかしい仕草やアンニュイな表情、あるいはタイトルの響きによって、何らかの物語の存在を想像させるような叙情性に満ちている。いわゆる「夢二式美人」の典型的な作風を示すシリーズだといってよいだろう。

なお「北方の冬」は、単に北部の冬の情景ということではなく「きたかた」と読み、福島県喜多方市を舞台としていることが指摘されている。夢二はその決して長いとは言えない生涯の中で、数多くの場所を旅したさすらいの作家でもあった。本シリーズは一九二一年に永見に贈られ、しばらく彼の蔵するところとなっていたが、一九三六年五月に青樹社で開催された夢二遺作展の終了後に、夢二と深い親交のあったコレク

（2）朝の光へ

ターの大野芳郎へと譲られたという。
　永見は《長崎十二景》《女十題》のほかにも、木版画を中心に複数の夢二作品を愛蔵していた。永見は肉筆作品とは異なる「夢二らしい気分」を木版画の作品から感じ取っていたようだ。永見所蔵品として美術雑誌等に掲載された夢二の木版画には、《宝船》《文楽人形》《半七》《お花》などがあり、そのほかにも千代紙等、グラフィック・デザイナーとしての夢二の作品も蒐集していた。

（3）産衣

（4）紅梅

（5）黒猫

（6）逢状

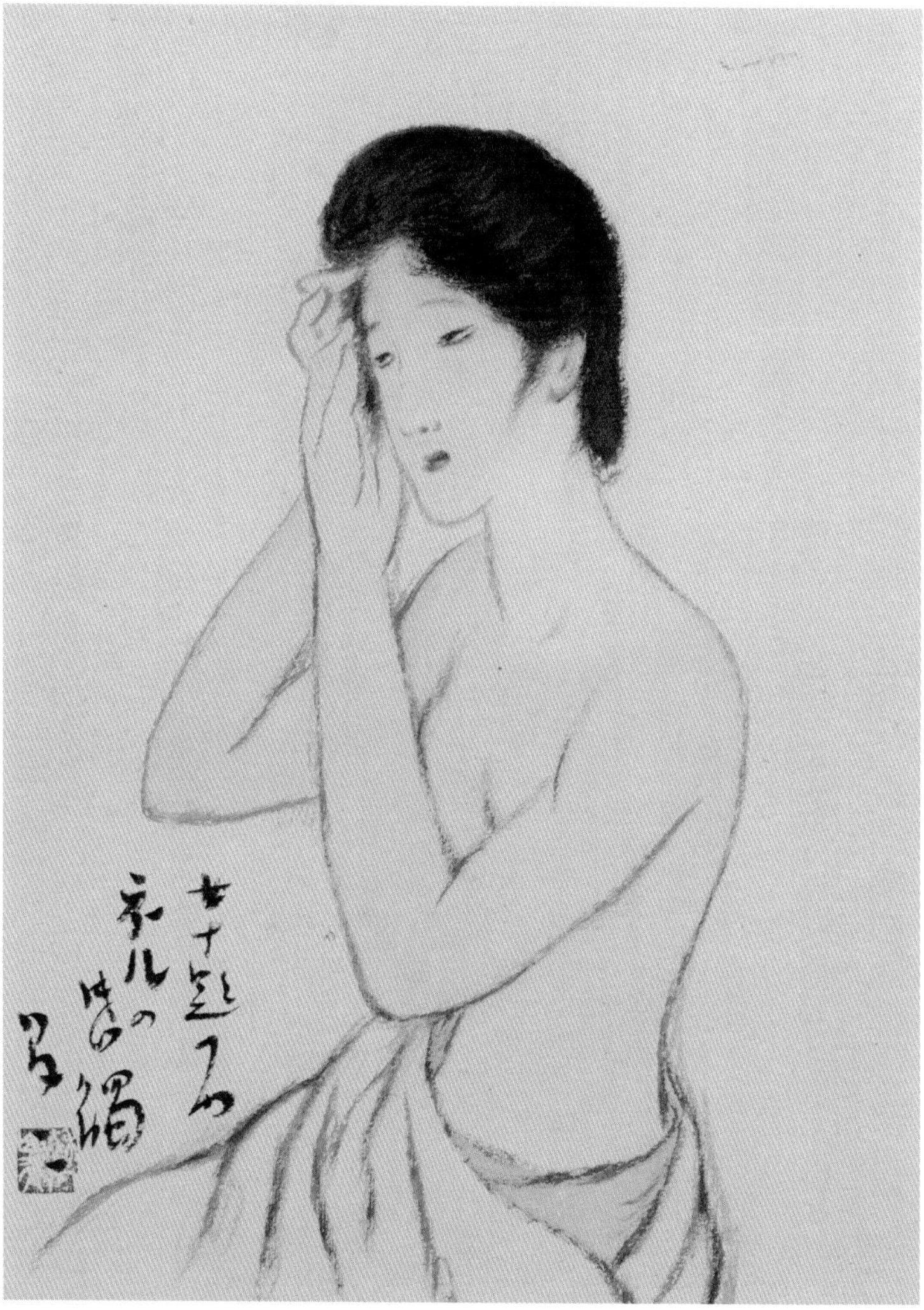

(7) ネルの感触

（8）舞姫

（9）三味線堀

（10）木場の娘

版画集『長崎六景』

原画・竹久夢二、製作・加藤版画研究所　一九四〇―四一（昭和十五―十六）年　木版・紙
静岡市美術館

夢二から永見に贈られた《長崎十二景》十二枚のうち、六点が厳選され、加藤版画研究所から二百部限定で出版された木版画集。原作と比較すると、細かな色調はともかく、全体的な配色や線描について、おおよそ忠実に再現しようとしていることがうかがえる。一方、「浦上天主堂」に描かれた少女が抱える包みや、「眼鏡橋」の女性の髪留めは、原作では白色であった部分だが、版画化にあたって水色にドットというモダンなカラーリングへと修正されている。

加藤版画研究所は一九三四（昭和九）年に加藤潤二が設立した版元であり、ポール・ジャクレーや鶴田五郎の版画を製作し、美麗な仕上がりによって高い評価を得た。夢二の逝去を契機に夢二作品の版画集出版を手掛けるようになり、『夢二小品版画集』（一九三七年）を皮切りに、『女十題』（一九三七―三八年）、『夢二名作集』（一九三八―三九年）、『長崎六景』（一九四〇―四一年）、『夢二詩画集』（一九四一年）と立て続けに出版を行った。

なお原作である《長崎十二景》は、永見が『女十題』を大野芳郎に譲渡した一九三六年の時点では、永見所蔵品として掲載されているが、この頃から一九四〇年の間ごろに、加藤潤二の手に渡ったと考えられる。

（1）青い酒

（2）燈籠流し

（3）出島

（4）浦上天主堂

（5）眼鏡橋

（6）丘の青楼

（1）北方の冬

（2）朝の光へ

139

版画集『女十題』

原画・竹久夢二、製作・加藤版画研究所
一九三七―三八（昭和十二―十三）年　木版・紙
静岡市美術館

『長崎六景』と同じく加藤版画研究所から、百五十部限定で発行された木版画集。原本となっているのは永見旧蔵の《女十題》である。『長崎六景』の場合と同様、基本的には原作に忠実に版画化しているが、原作ではそれぞれの作品に付されていた「女十題のうち」というシリーズ名が削除されている。また重要な変更点として、原作のうち一枚「紅梅」が、本版画集では夢二によるセノオ楽譜第二四七番の「泣き黒子」へと入れ替えられている。シリーズ名の削除はこの入れ替えを際立たせないようにするための配慮だったのだろうか。この入れ替えの意図については、「版元の趣向に合わなかった」ためとする見解もあるが、実際のところは詳らかでない。「泣き黒子」が加わることで結果として、版画集全体を通した色調はより多彩になっているといえよう。

（3）産衣

（4）泣き黒子

（5）黒猫

（6）逢状

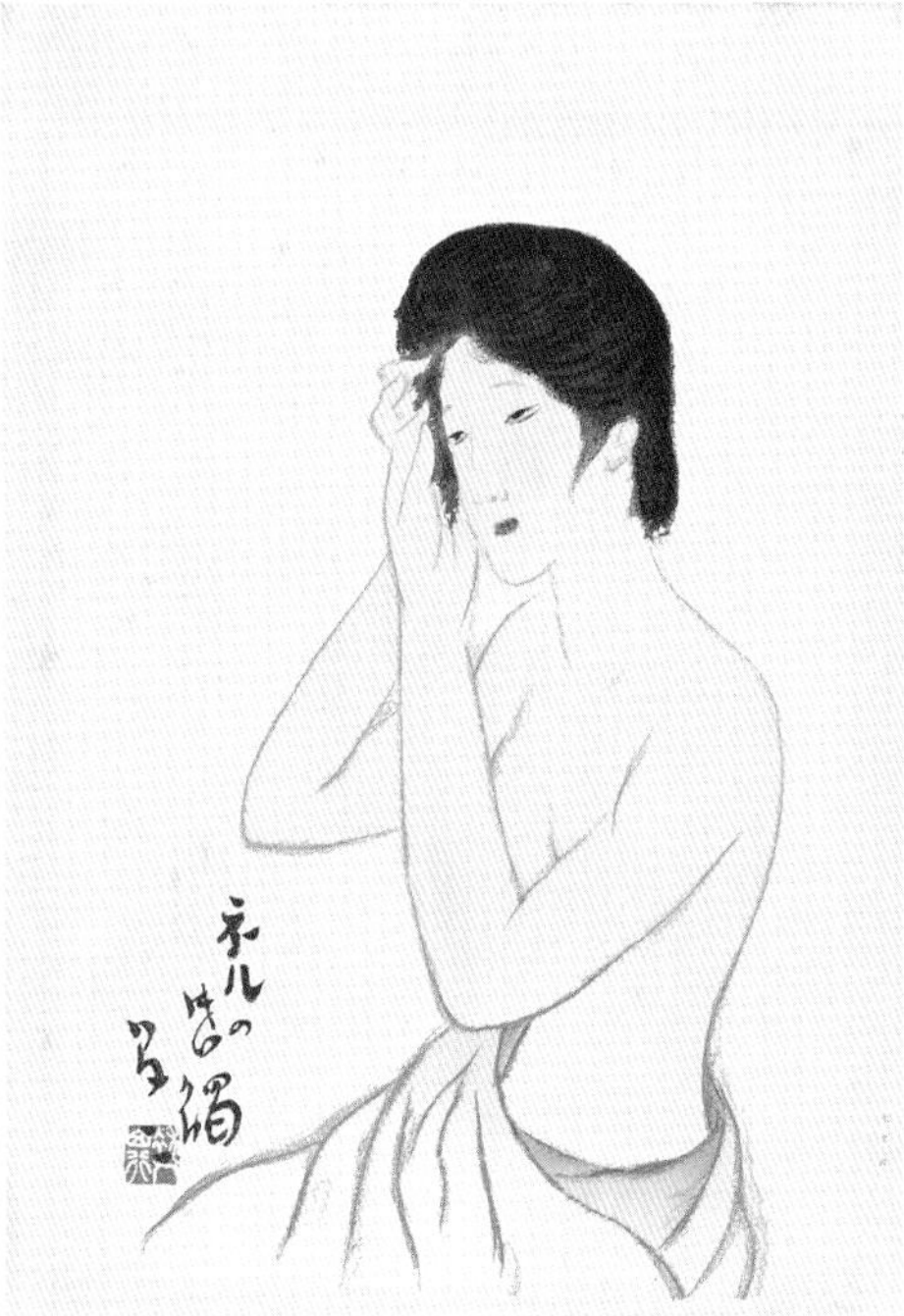

(7) ネルの感触

(8) 舞妓

(9) 三味線堀

(10) 木場の娘

昭和期における交友：「アーティスト達の一瞬間」

本書第三章は、永見と芸術家たちの交流に焦点を当てるものだが、その内容は永見の銅座時代の出来事に大きく偏っている。実際には、上京後も永見は分野を問わず多くの芸術家と交流を結んでいた。ここではわずかながら、昭和期の永見の交友について補足しておきたい。

一九三七（昭和十二）年三月、『アサヒカメラ』（朝日新聞出版）誌上に、永見による「アーティスト達の一瞬間」という記事が掲載された。四月に「続アーティスト達の一瞬間」、七月に「続々アーティスト達の一瞬間」と続編も発表されている。いずれも、永見による作家のスナップ写真とユーモラスな解説で構成されるが、この時期の永見を取り巻く豊かな人脈を示すものとして、タイトルと被写体となった作家名を抜き出してみたい。

■アーティスト達の一瞬間：「文藝会館（作家、菊池寛）」「寝がお（画家、奥村博史）」「枯すすき（柔道家・随筆家、石黒敬七）」「ウドン（女優、水の江瀧子）」「浄瑠璃（作家、平山蘆江）」「裸体美（俳優、山内光・北村小松）」「割烹着（随筆家、本山荻舟）」「鰻香（評論家、大宅壮一・窪川鶴次郎）」「二刀流（小説家・吉川英次）」

■続：「苦悶の表情（画家、吉田謙吉・写真家、木村伊兵衛）」「メモの製造（作家、大佛次郎）」「姉御のカンビン（女優、森律子・村田喜久子）」「帰朝記念展（作家、武者小路実篤）」「退屈さと夢（作家、馬場孤蝶）」「狙ふにもコル（作家、福永恭助）」「チーチーパッパ（作曲家、小松平五郎）」「颯爽とスピード（俳優、坂東蓑助）」「どちらが好男子か（小説家、大下宇陀児）」「女がウットリする（画家、伊藤静爾）」

■続々：「村会議員さま（画家、金山平三）」「楽屋風呂（俳優、坂東鶴之助）」「本職か内職か（政治家・講釈師、伊藤痴遊）」「西瓜の種（劇作家、長谷川伸）」「コールビーフ（作家、宇野浩二）」「コエの病かコイの病か（俳優、市川段四郎）」「夢二模様（有島生馬）」「キス（俳優、坂東光紳・片岡我当）」

対象となっている作家は実に様々で、あらゆる分野にまたがっているほか、公式な場面からオフショット的なものまで多彩である。彼は一九三四年に結成された「文壇フォト・グループ」なる、文学、美術、演劇関係の芸術家たちによる写真愛好会でも中心的な立場にあった。文学、美術、演劇、写真と広範な分野にコネクションを有し、また研究的なものから軽いエッセイまで幅広く文筆もこなす永見は、この時期写真家としても独自の立ち位置を築き上げていたのである。彼自身繰り返し強調している通り、劇場の舞台裏、オフショットというべき場面をとらえた永見撮影の舞台写真（作品75〜85）は、まさにこうした親しい交流から生まれたものである。

140

長崎の丘

鈴木信太郎　一九五〇（昭和二十五）年　油彩・カンヴァス
長崎県美術館

鈴木信太郎（一八九五―一九八九）は白馬会洋画研究所で学び、その後は二科会を主な舞台として活躍した洋画家。独特の鮮やかな色彩感覚と平明な画風によって人気を博した。一九三〇年代末から長崎市の医師・洋画家の今村春吉と二科会を通じて知り合い、絵画制作の指導を行うなど交流を深める。今村からの誘いもあり一九四九（昭和二十四）年にはじめて長崎の地を踏んで以降、一九六〇年代半ばまでの間、たびたび長崎を訪れては長期滞在し、長崎を主題とした作品を数多く制作した。本作も東山手地区を望む景観を主題としている。

一九四〇（昭和十五）年、永見は東京を離れ、神奈川県の吉浜海岸へと移る。その後は熱海市内での転居を繰り返し、そこで晩年を過ごした。厳しい時勢の中でも知己の芸術家との文通は続けていたようだが、この時期最も密度の高いやり取りをしていた一人が鈴木信太郎であった。永見と鈴木の交流がいつからはじまったのか定かではないが、現在確認できる鈴木から永見に宛てられた書簡は一九四〇年代に集中している。永見は鈴木の画業を支援するためにカンヴァスなどを贈り、逆に鈴木は水彩画やセロハン画といった絵画を贈るなどしていたようだ。

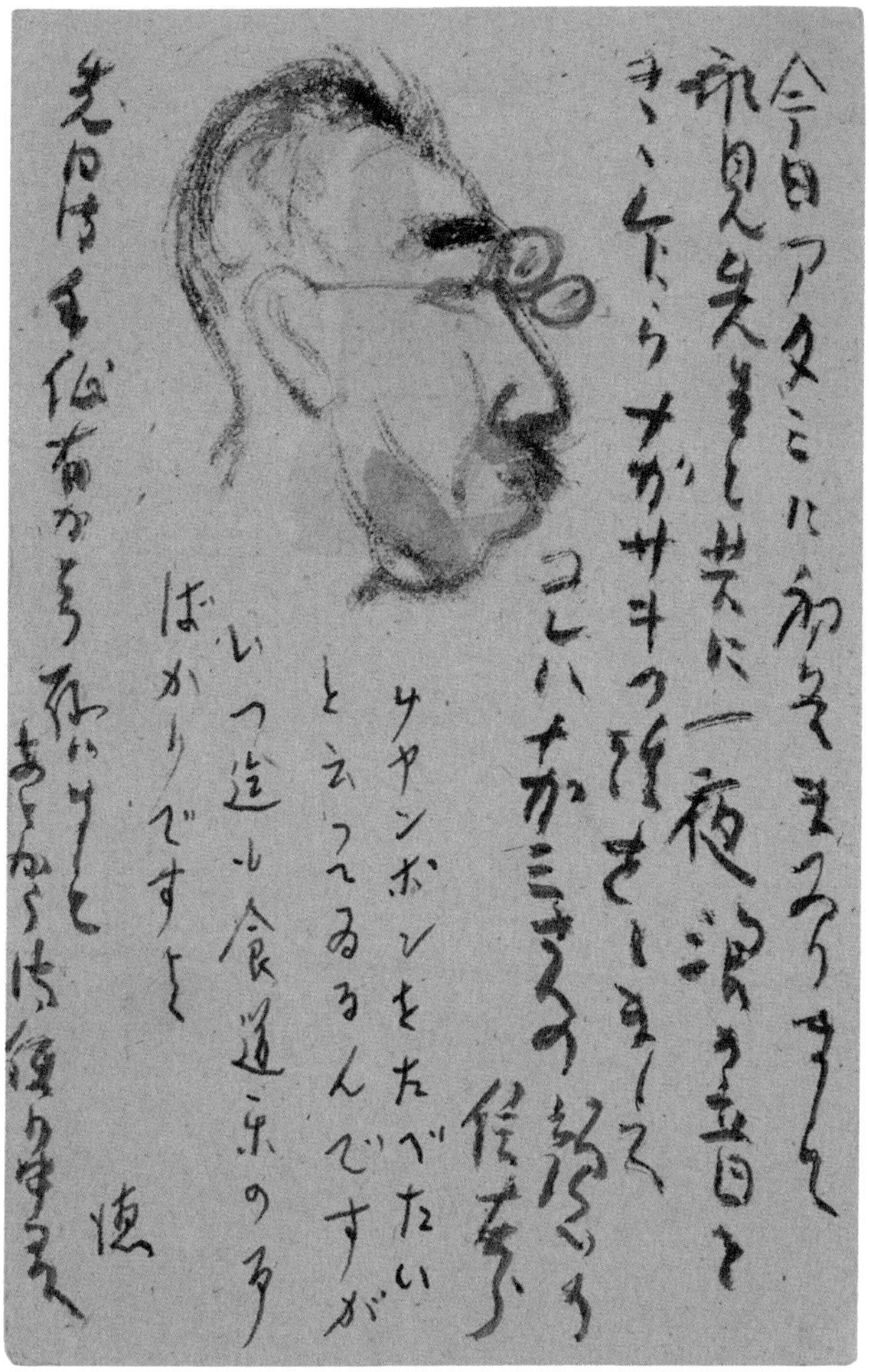

141

渡辺庫輔宛鈴木信太郎書簡

鈴木信太郎、永見徳太郎　一九五〇（昭和二十五）年
墨、ペン、水彩・紙
長崎歴史文化博物館

鈴木信太郎から渡辺庫輔《くらすけ》（一九〇一―一九六三）に宛てられたもの。渡辺庫輔は長崎市出身で、斎藤茂吉から「与茂平」の号を授かり文筆活動に邁進した。その才能は師事した芥川龍之介からも高く評価されており、芥川から永見宛の書簡の中でも、いずれ長崎は与茂平の存在を誇ることになるだろう、と大きな期待を寄せられていた。作家としては芥川ほどの大成を見せなかったが、長崎に関する研究に注力し、長崎学における優れた成果を多数残した。

「今日アタミに初めてまいりました　永見先生と共に一夜浪の音をきき乍《なが》らナガサキの話をしました　コレハナガミさんの顔です　信太郎」の書き出しの後に、ひげを蓄えた永見の横顔が描かれている。むろん、鈴木によるデフォルメが加えられた簡素な描きこみではあるが、頬は痩せ、かつて若き長者として過ごした華やかな日々の面影は薄らいでいる。永見の横顔の下には「チャンポンをたべたいと云っているのですがいつ迄も食道楽の事ばかりですよ　徳」と永見自筆の書き付けがみられる。長崎に思いを馳せる最晩年の永見の姿が浮かび上がってくる書簡といえよう。

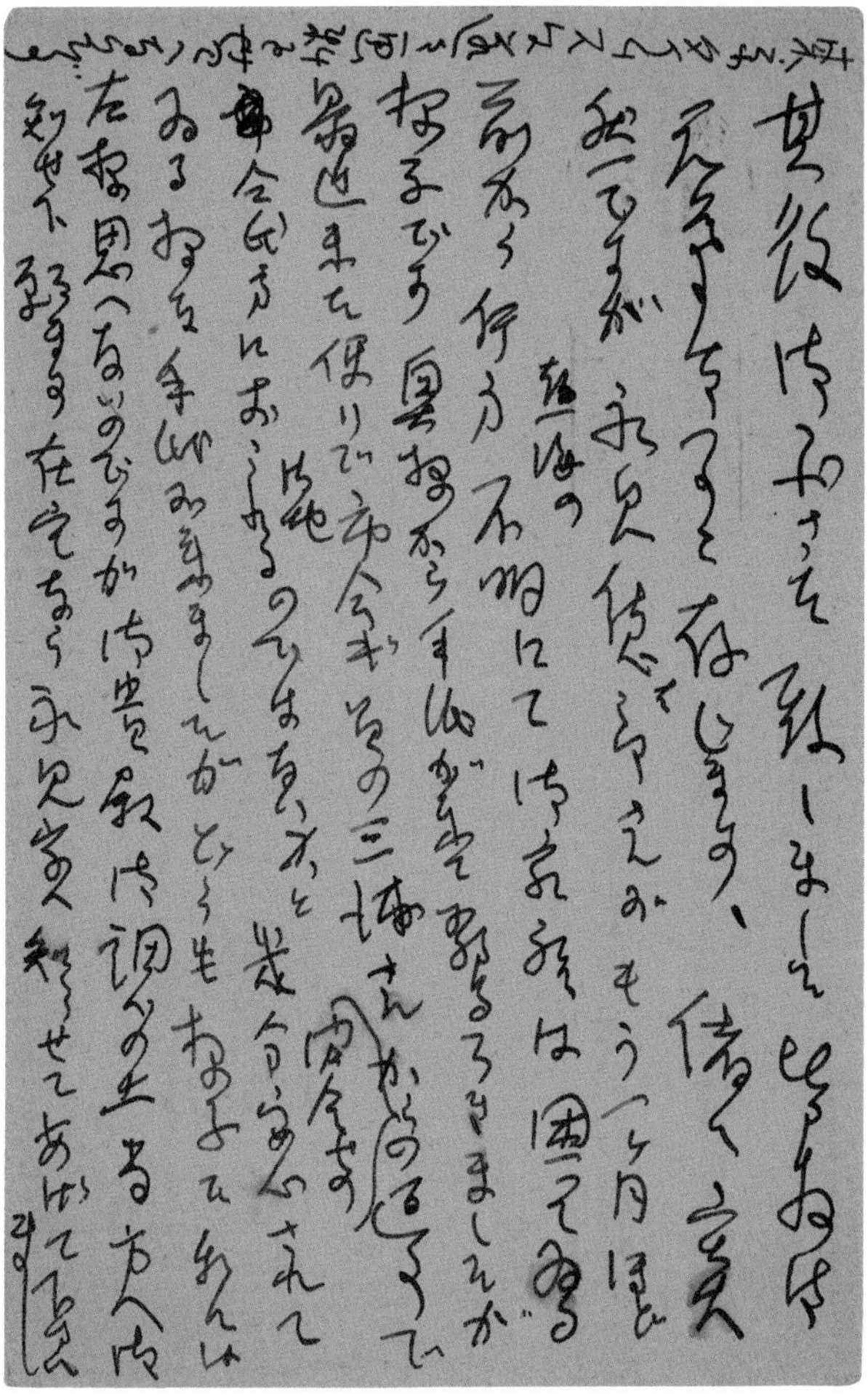

142

渡辺庫輔宛鈴木信太郎書簡

鈴木信太郎　一九五〇（昭和二十五）年　ペン・紙
長崎歴史文化博物館

鈴木信太郎から渡辺庫輔に宛てられたハガキで、消印は不鮮明である。だが十二月二十六日の日付が付され、このハガキが昭和二十一年の年賀はがきであることを勘案すれば、本書簡が投函されたのはその前年、すなわち一九五〇（昭和二十五）の年末であると考えてよいだろう。永見の妻、銀子から永見が姿を消したとの知らせを受けた鈴木は、永見が長崎に戻っていないか確認するよう渡辺庫輔に依頼している。永見の失踪は、直前まで文通していた鈴木でさえ驚くほど突然の出来事であった。

［書き起こし］

其後御ぶさた致しました　皆様御元気の事と存じます、偖て突然ですが熱海の永見徳太郎さんがもう一ヶ月ほど前から行方不明にて御家族は困っている様子です　奥様から手紙が来て驚ろきましたが最近来た便りで御地市会ギ員の三橋さんから問合せの通りで会氏方におられるのではないかと幾分安心されている様な手紙が来ましたがどうも様子に私には左様思へないのですが御貴殿御調べの上当方へ御知らせ願います　在宅なら永見家へ知らせてあげて下さいまし

エピローグ
かたる
―長崎の伝道者

大正時代、旺盛な制作欲によって写真、絵画、文学の創作を手掛けた永見であったが、一九二六（大正十五）年三月に東京へ移ってからは、純粋な意味での創作はほとんど見られなくなってゆく。代わって永見が情熱を注いだのが、自身のコレクションを起点とした南蛮美術、そして長崎の歴史や文化に関する論考の発表だった。一九二〇年代初頭から次第に雑誌等での発表が増えてゆき、一九二〇年代半ばから一九三〇年にかけて『長崎版画集』『続長崎版画集』『南蛮長崎草』『長崎の美術史』『南蛮屏風大成』といった著書を世に送り出している。文筆のほかラジオや講演会にもたびたび出演した永見は、「南蛮研究家」「長崎文化研究家」などの肩書で広く世間にも認知されていたようだ。一九三一（昭和六）年には南蛮コレクションの大部分を池長孟に売却したものの、その後も執筆活動は継続してゆく。

一九四〇（昭和十五）年、永見は戦禍を避けて東京から神奈川県の吉浜海岸へと移った。さらに一九四三年に熱海へ渡ると、熱海市内で転居を繰り返した。最後の住処となった熱海市上多賀の家は、農家の一画を間借りした簡素なものだったという。戦後の永見は、歌人の佐佐木《ささき》信《のぶ》綱《つな》が隣家に住んでいたこともあり、句作や歌作に励んでいたようだが、一九五〇（昭和二十五）年十一月、妻への手紙を投函してそのまま二度と家へと戻らなかった。

エネルギッシュに多彩な活動を展開した永見だが、その後半生は故郷・長崎の歴史や文化を様々な媒体を介して発信し、次の世代へとつなげてゆく仕事に捧げられたといってよいだろう。友人であった長崎の郷土史家、林源吉が永見の遺詠として伝える次の一首（二首のうち）が象徴するように、永見が長崎の近代において放ったまばゆい光芒は、目を凝らせば今もここにある。

――いささかの長崎の文化植え置けりふるさとの弥栄祈りつつわれは

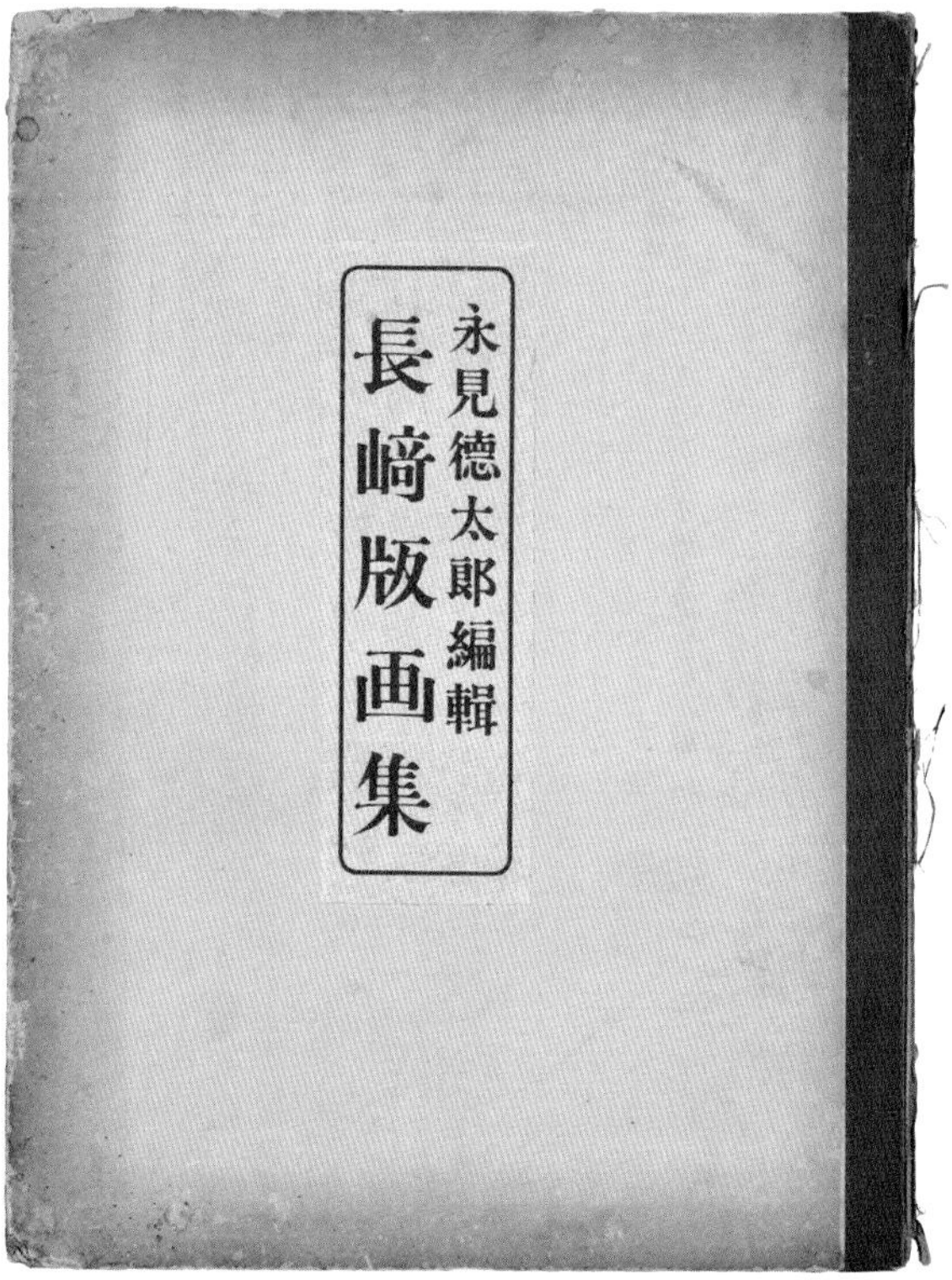

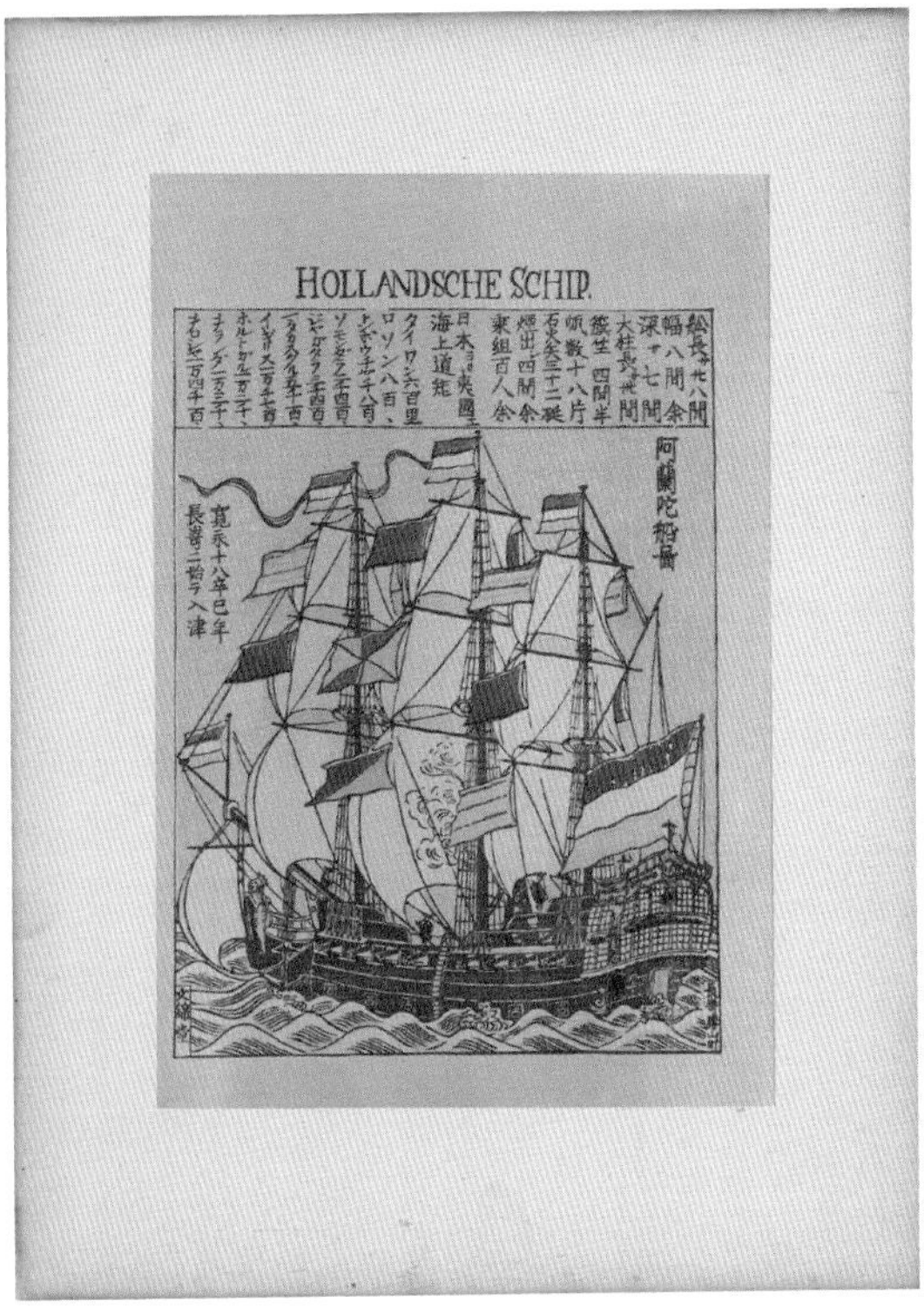

143
『長崎版画集』
永見徳太郎編著　一九二六（大正十五）年
長崎県美術館

広義の「南蛮」に関わる美術作品や資料を蒐集し、研究も深めていった永見だが、中でも長崎版画は最も注力したテーマの一つであった。『長崎版画集』『続長崎版画集』は一九二六年に出版されたが、掲載されている版画作品は全て出版時点で永見が所蔵していたものであり、オランダ船や唐船、あるいは外国人や珍しい動物の姿といった、長崎版画を代表する主題の作品が選ばれている。一方、一九二九年に出版された『続々 長崎版画集 長崎八景』は表題のとおり、「長崎八景」の八作品が収録されているが、これらは永見の旧蔵品ではない。永見は一九二七（昭和二）年に「長崎八景」が市場に出た際、ぜひとも入手すべく入札にも参加したが、人気が高く予想外の高値がついたため、あきらめざるを得なかったという。その後何とか所蔵者を見つけ出し、許しを得て撮影、複製を行ったのが本書である。

144
『続長崎版画集』
永見徳太郎編著　一九二六（大正十五）年
長崎県美術館

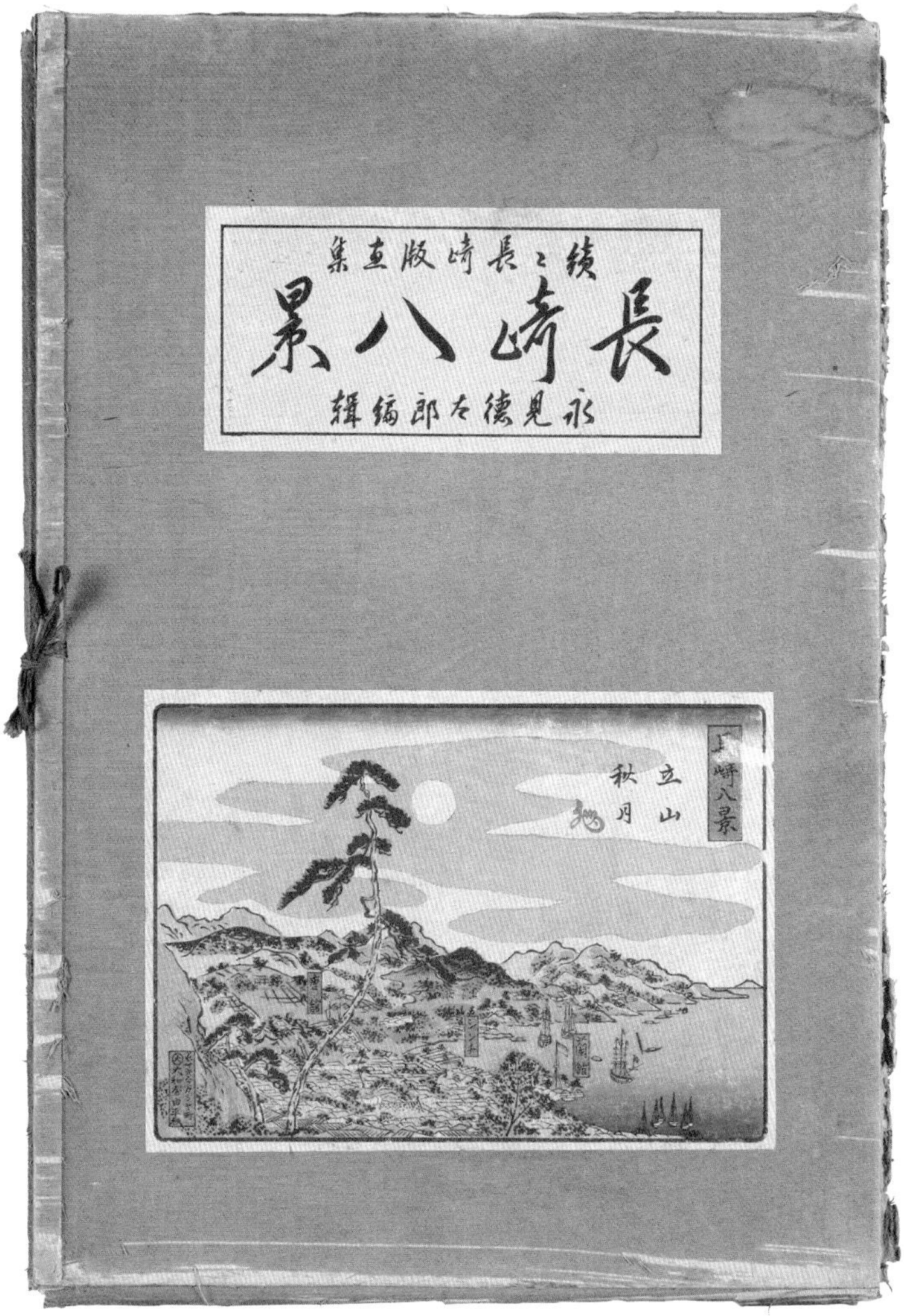

145
『続々 長崎版画集 長崎八景』
永見徳太郎編著　一九二九（昭和四）年
長崎県美術館

長崎八景
笠頭夜雨

長崎八景
大浦落雁

長崎八景
愛宕暮雪

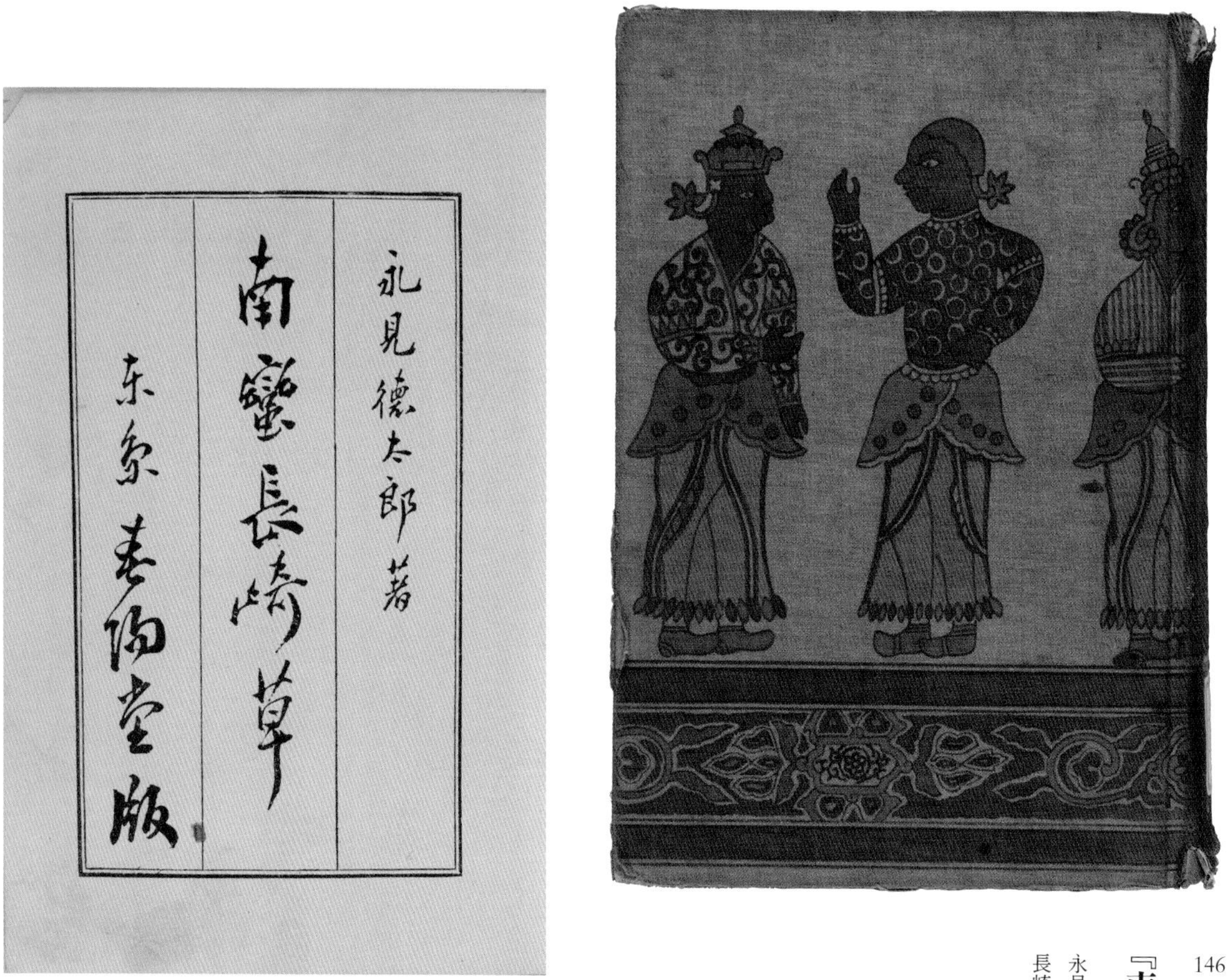

146
『南蛮長崎草』
永見徳太郎著　一九二六（大正十五）年
長崎歴史文化博物館

大正時代後半以降、永見は蒐集品を起点として長崎や「南蛮」に関する研究を深めるとともに、その成果を広く発表することに力を注ぎ始める。雑誌等のメディアで発表された内容を中心に、加筆修正を加えて出版されたのが『南蛮長崎草』や『長崎の美術史』、『びいどろ絵』『南蛮屏風大成』といった書籍で、一九二六（大正十五）年以降、およそ五年の間に次々と発行に至った。彼の執筆活動を通して見えてくるのは、永見にとって「南蛮」と「長崎」は不可分であり、「南蛮」を見つめるまなざしの先には、常に「長崎」が映り込んでいるということである。『南蛮長崎草』というタイトルはそれを象徴するものであるといっても過言ではないだろう。「ヒタヒタと押し寄せる浪は 今も昔も変わりなく 南蛮人に依って開発された港に 静かに静かに往来して絶えない 長崎の草を手にする時 南蛮らしい香りが放たれる 私の見詰める眼には涙さへ浮かぶ 長崎に起った尊い血を流した事や 文化の犠牲になつた人々の上を回顧して 長崎礼讃の声を祝福する者は 私ばかりではないだろう」という一節で結ばれる永見の序文は些か詩情を強調しすぎているきらいもあるが、「南蛮」と「長崎」を連続性の中でとらえようとする思考が文の端々に垣間見える。

147
『びいどろ絵』
永見徳太郎著　一九二八（昭和三）年
長崎歴史文化博物館

148
『南蛮屏風大成』
永見徳太郎著　一九三〇（昭和五）年
長崎県美術館

149

『長崎の美術史』

永見徳太郎著　一九二七（昭和二）年

長崎歴史文化博物館〈永見旧蔵〉

序論のほか、「南蛮画」「北宗画」「南宗文人画」「沈南蘋派」「お絵像さま」「長崎版画」「長崎版画の興味」「浮世絵師」「工藝」「工匠伝」の分類ごとに解説が付されたのち、「長崎及び関係画家表」「落款印譜集」と続く。現在の視点から細部を見てゆくと、大胆すぎるほどの推論による論理の飛躍がみられたり、明らかな誤りもある。しかし、永見自身が序文で「長崎美術史の完成されたる研究が世に公にされないのを遺憾として（中略）此書を刊行することとした」と記す通り、本書出版以前、長崎の美術史に関するまとまった書物はほとんど皆無に等しかった。長崎の美術史研究における先駆者として永見が果たした一定の役割は今一度顧みられてしかるべきだろう。

　本書掲載の『長崎の美術史』は、一九二七年に出版された同書を、永見が晩年まで手元に置き、評論家の大宅壮一に託したもの。いずれのページにもびっしりと永見の書き込みが加えられている。序文部分は、元々「昭和二年菊花芳香の日　西荻窪　夏汀居にて」と印刷されていた箇所に取り消し線が引かれ、「皇紀二千六百三年　相模国吉浜海岸　夏汀

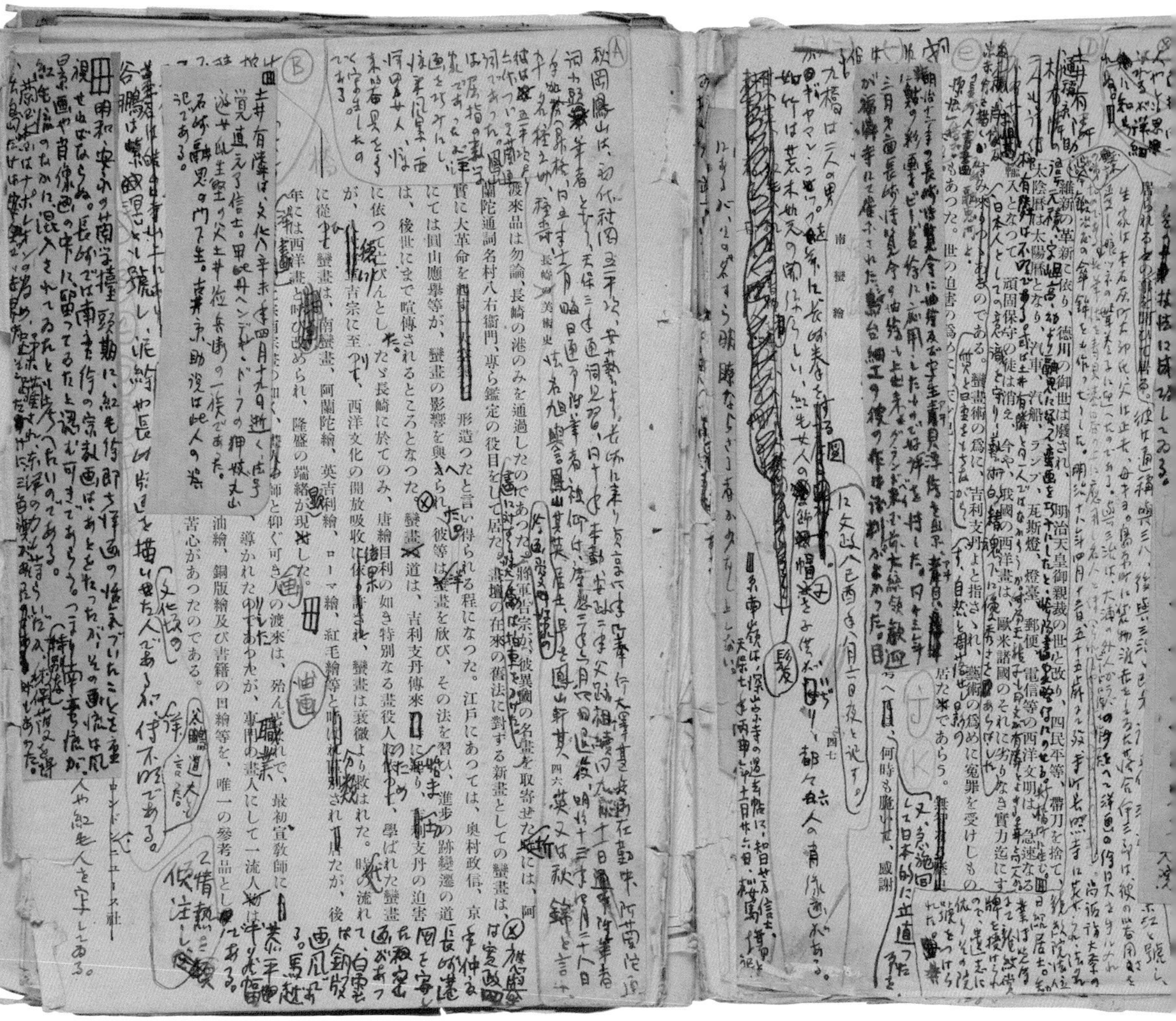

居にて」と書き込まれている。「皇紀二千六百三年」は一九四三（昭和十八）年のこと。一九四〇年に東京を離れ、厳しい経済状況の中で日々を送っていた永見にとって、かつて自らが世に示した『長崎の美術史』に増補改訂を加え、いつの日か再び世に送り出すことが最大の夢であったのかもしれない。離れておよそ二十年の年月を経てもなお、故郷長崎が永見にとって色褪せることはなかった。

150

長崎の人

満谷国四郎　一九一六（大正五）年　油彩・カンヴァス
倉敷市立美術館〈永見旧蔵〉

洋画家、満谷国四郎が永見をモデルに描いた肖像画。第十一回文展に出品された作品で、大正時代における満谷の代表作の一つに数えられる。和服に身を包んだ永見はギヤマンと思しきグラスを手に、その恰幅の良い体をソファに預けてくつろいでいる。背景として、二艘の外国船を含む、長崎の古地図のような図柄が描かれているが、ここまで巨大な古地図を所有していたのか、あるいはそうした図柄の絵画ないしタペストリーのようなものなのかは判然としない。画面向かって右手前の小机には、ワインのような紅い液体が注がれた脚付きグラスと暗い藍色のガラス瓶が表され、永見の向かい側で語らう人物、すなわち画家自身の存在がほのめかされている。本作は永見に愛蔵され、南薫造の《葡萄棚》（作品106）と同様、永見邸の洋間を彩っていたことが、作家、宇野浩二らの回想によっても伝えられている。

探し集めた長崎や海外ゆかりの美術、工芸品、あるいは豪奢な調度品に囲まれ、堂々たる姿でくつろぐ永見を描いた本作は、大正時代という永見にとって最も輝かしい時代を象徴する作品である。

食道楽・永見徳太郎

関心をもったあらゆるものに突き進まずにはいられない気質と、恰幅のよい体つきからも想像がつくが、永見は自他ともに認める大食漢であり美食家であった。その大食ぶりは多くの人の知るところであり、一人前では足りないので同行者がいると装って二人前頼み、後から来られなくなったとしてその分まで食べる、というテクニックまで実践していた［註1］とか「浅草萬盛庵でそばを八杯、もりかけ平らげて、駒形の鰌汁を七杯、なまづ鍋を二つ空けて銀座の退出刻迄呑み痴れた」［註2］などという驚くようなエピソードも伝えられている。

こうした永見の食道楽ぶりは、彼の文筆活動とも結びついた。上京後の永見は、数多くのメディアを通じて長崎の歴史や文化に関する発表を重ねたが、長崎の食文化についても雑誌『食道楽』のほか様々な媒体に原稿を寄せている。長崎料理の起源を南蛮文化の到来と結びつけ、歴史史料をひもといてゆく研究的色彩の強いものから、永見が銅座で過ごした頃の実際の長崎での食文化、果ては東京で食べられる長崎料理店のおすすめなど、カバーしている範囲も幅広い。ちなみに、一九三〇年代半ば、永見の妻、銀子も『主婦の友』誌上に何度か登場し、長崎ゆかりの料理について具体的なレシピを紹介している。肩書は「永見徳太郎氏夫人」となっているが、食の分野においても、永見の知名度が十分にあったことをうかがわせる。長崎の食文化を広く紹介し定着させてゆく点において、永見が果たした功績は思いのほか大きいように思えてならない。

永見と食をめぐるエピソードは多く、紹介したいテキストも数多くあるが、ここでは、永見にとっても思い入れの強かったと思われる、長崎の（永見家の）お雑煮について、彼の文章を紹介しておきたい。長崎への深い愛情に溢れた一節である。

長崎位雑煮を食べるところはあるまい。正月ばかりでなく何時でも、お客があると先づ最初に雑煮椀だ。はんぺん（粟まき、黄まき、昆布まき）、鶏肉、人参、牛蒡、それに丸もち、もちの下には京菜が敷いてある。菜を食ったものは、名を取るとか喰はないものは名を残すとかいふ。つまり菜は、もちが熱い汁で、椀にくつつかぬためだ。お汁は鰹節と昆布、上等のお雑煮になるなら、鶏肉を使へば、至極結構「こんげん（此の様に）まんか（旨い）雑煮は、他にあるものか！」これはお国自慢。

永見ほか「名流の語るお雑煮百話」『茶業界』第二十七巻第一号、茶業界発行所、一九三二年、五十五頁

［註1］子母澤寛「旦那文士」『あまカラ』第四十九号、甘辛社、一九五五年、四十七頁。
［註2］無記「銀座行路病者列伝」『旅』第八巻第七号、一九三一年、二十頁。

《邸内にて、永見》 宇野浩二撮影、1921（大正10）年、福岡市総合図書館「宇野文庫」所蔵

資料編

本書の内容を補足するものとして、以下の内容を収録した。

・永見コレクションのためのノート
・永見徳太郎年譜
・永見徳太郎自筆・談話　書誌
・主要参考文献一覧
・作品リスト

永見コレクションのためのノート
（永見コレクション出品・掲載記録抜書）

松久保修平編

・永見徳太郎旧蔵品＝永見コレクションが量や種別の多様さにおいて、特筆すべきユニークさを持つ一方、散逸した永見コレクションの多くが所在不明であり、全容の把握が困難を極めることは本書所収の論考で記したとおりである。ここでは、いくつかの永見コレクション出品・掲載記録について、作品名等を転記することで、内容を想定するための一助としたい。なお、池長孟に売却された南蛮関係の作品は最も重要なもののひとつだが、池長孟『南蛮美術総目録 旧池長コレクション 神戸市立博物館収蔵』ですでに記載されているため割愛する。
・紙幅の都合上、記載は作家名・作品名に関する情報のみを記した。
・目録部分は、「作家名　作品名／」とし、補足すべき事柄は（　）で記した。

■『仙厓禅師遺墨集　上』

［日時］発行：一九二〇年五月一日
［編著者］富田渓仙 編　新時代社
［目録］仙厓　臥人
［注記］日本画家、富田渓仙の編集によって発行されたもので、禅僧の仙厓義梵による作品が収められている。同書に掲載されているのは一点のみであるが、芥川龍之介から永見に宛てられた書簡（作品１００）が示すとおり、永見は仙厓の《鍾馗之図》も所蔵しており、芥川龍之介へと物々交換によって贈られた。

■当市本家永見氏所蔵品（売立目録）

［日時］会期：一九二五年六月十六日
［会場］松亭（長崎）
［主催］札元 小島静意堂、池島村泉堂、池田萬寿堂
［目録］藍田叔　秋景山水大幅／餘子静　旭老松大幅／孫桐西湖図大幅　／呉彬　羅漢大幅／呉煥　着色栢鶴大幅／鄭培二羽鶴幅／呉斌　達摩大幅／姜漁　松二羽鶴大幅／王若水花鳥幅／伊孚仇　山水小幅／陳逸舟　水墨山水幅図／南蘋豆蟲來花蝶對幅／張秋穀　梅幅／馬逵　猿猴大幅／稼圃　水墨山水大横幅／同　梅月幅／同　蘭幅／雨亭　水墨山水幅／同 米法山水幅／南蘋花鳥幅／俵屋宗達猫 幅／探幽　中 布袋左右 竹雀蓮燕鳥 三幅対／同　中 門松 左右 萬歳宝船 三幅対／同　普賢菩薩幅　即非讃／常信　福禄寿　三幅対 極付／同恵比寿幅／安信 中 武干禅師 左右 竹虎 三幅対／伊川院中富士三幅対／土佐光孝　秋草鶉横幅／同京雛幅／仇英　松下人物幅／北齊靜舞幅／應挙　中 南極星 左右 竹梅鶴 三幅対 天覧済／同　鎌足公幅／同　花下唐美人幅／容齊　水墨蓮鷺大幅／文晁　櫻溥二幅対／清能舞二幅対／梅厓　水墨山水小幅／秋圃　中 寿老人 左右 椿柳 三幅対／原在中　流林山水幅／鐵翁雪中山水大幅／同　米法山水大幅／同青緑山水幅／同淡彩山水幅／同　九秋図幅／同　水墨山水小幅／同　四季山水四段張幅／同　釋迦尊像幅／同　米点山水扇面梧門山水二段張幅／逸雲　嵐山大横幅／櫻宴図幅／同　水墨山水幅／

同　米法山水幅／同　水墨松山水幅／同　唐人遊興図横幅／同　着色舟遊山水幅／同　石壁図幅／同　松山水幅／同　開雞幅／同　松竹梅三幅／同　柘榴小幅／同　青緑松鶴横幅／同　雁画小横幅／同　亀画幅／同　紅葉菊幅／同　雪景菘翁書二段張幅／梧門　女萬歳幅　淡彩山水幅／同　淡彩山水幅／同　水墨山水大幅／同　水墨山水大幅／同　鍾馗幅／春谷水墨山水大幅／半雨　老松幅／同　雪中山水幅／同　蓮根画横幅／鶴州　清正公幅／春堤　春景山水幅／桂園　楠公幅／松方公　三行書幅／五岳　松竹梅幅／同　梅竹幅／同　松富士幅／同　水墨山水幅／豊國　江戸絵掛物／黄欒書巻／和蘭陀絵巻／文伯仁　青緑山水巻／趙令穰　青緑山水／慶山　着色人物巻／世界各國人種巻／逸雲　魚寄図巻／同　四君子帖／梧門　花卉淡彩山水帖／唐名所山水帖／麻瞼子書額／山陽書額／広重　猿橋江戸絵掛額／鐵翁　竹画扇面額／陸舟　山水額／五岳　芭蕉書額／玄泰書六曲屏風／光琳　花卉六曲屏風／逸雲　秋草月雁二曲屏風／同　水鯉二曲屏風／鐵翁逸雲画王克三書六曲屏風／慶山　画盡道榮書六曲屏風／雪山　書六曲屏風長崎文人張交二曲屏風／稼圃　書六曲屏風／広重江戸絵六曲屏風／無地金六曲屏風／同　二曲屏風／逸雲　山水裏櫻襖／（此外古本類數種）／白砡菱尊式花生／海鼠玉緑種壺花生／薩摩御幸図大花生／黄蕎麦相子口花生／伊萬里赤絵花生／九谷人物絵花生／金紫銅六角耳附花生／南蛮德利式花生／犀角蟹刻掛花生／古銅象大香炉／同　耳附共蓋香炉／薩摩獅子摘三足香炉／龜女作宣德蟹香炉／白砡三揃耳付／點金銅耳附三足香炉／香木彫透横長香炉卓／紫檀丸高卓／黒地青具中央卓／紫檀猫足卓／同　長角大香香炉卓／亀山祥瑞寫胴紐抹茶碗　秋帆書／樂大茶入　覺々作如心箱／瀬戸茶入／梨地水鳥蒔繪硯箱　見返富士三保／扇蒔繪硯箱／東坡馬乗蒔絵硯箱／黒地梅蒔絵硯箱　見返鶴女／黒地青貝蘭桐料紙文庫／朱塗蘭花沈金刻長角莨盆／溜若松蒔給長角莨盆／黒長角莨盆／黄蕎麦鉄鉢瓶懸／蒔繪大膳火鉢　赤落／宜德花丸地　紋丸火鉢／黒塗丸手焙／銅耳附大火鉢／溜塗大膽火鉢／紅白珊瑚樹蠟石鉢植置物／マリヤ観音置物／白砡蓬莱刻置物／同　唐山水彫大置物／銅獅子大置物／時代古賀人形猫／同　狗／龜女作龜熨押／銀銅器形湯湧　／和蘭陀山水絵手炉／銅手炉／黒川堆黒人物刻印籠／梨地松猿蒔絵印籠／萩玉川蒔絵印籠／阿蘭陀鹿書沈／正美作素銅鍔緑頭／黒地熨宝珠蒔絵正月重／梨地櫻蒔繪野弁当／黒地牡丹蒔絵五段重／同笹蒔絵内朱五段重／梨地鶴蒔絵五段重／朱塗松竹梅蒔絵三段肴重／同　芽柳三段菓子重／黒角切縁高重／青磁中丼／古伊萬里五艘船赤絵丼／同　和蘭陀人舟絵赤絵丼／和蘭陀藍絵丼／同　赤絵丼／錫蝙蝠彫刻中皿／青磁浮牡丹大鉢／青磁無地中鉢／和蘭陀色絵小皿／同　平丸大蓋物／同　色絵中皿／萬古雲鶴絵角小皿／唐焼唐草染付中皿／黒若松面箱絵足付膳／黒金縁本膳／黒給交蒔納小御膳／黒水桐唐草蒔足付膳／紅溜波海老蒔絵足付膳／黒金縁角膳／同　本膳十人四碗付／同　二ノ膳付四椀揃／能代猫足膳／溜内黒芦雁蒔絵梅椀／紅溜海老蒔絵内銀吸物椀／朱菊蒔絵吸物椀／黒地若松折鶴蒔絵吸物椀／同　鶴蒔絵内朱吸物椀／旭椀／錫皿引猪口付／古染付雲鳳凰丸向附／薩摩舞鶴向附／（此外数種）／銀富士形銚子鍋／和蘭陀龍染付瓢形徳利／古伊萬里和蘭陀象使図徳利／鵬崎燗瓶／切子金絵酒瓶／（此外数種）／切子赤筋入コップ三入子／ギヤマン赤色絵入蓋茶碗／同　紫色　同／同　青色　同／同　切子　同／同　茶色　同／同　コップ、皿水次、鉢取合／同　赤薄色筒大形花入／同　赤立筋入手付台皿付コップ／同　金箔置大バタ入／燭台／（此外家具類数百点略之）

［注記］永見は一九二六年の春に長崎を離れ東京へと移る。一九二五年に行われたこの売立は、転居に伴った所蔵品の整理の一環と考えてよいだろう。絵画では長崎に関係の深い作品が多いが、探幽など狩野派の作品や俵屋宗達の作品も含まれている。一方、いわゆる「南蛮もの」の作品がほぼ含まれていない点には注意を払っておきたい。上京の少し前から、永見は長崎や南蛮美術に関する研究に着手していたため、研究対象としての意味合いも含め、整理の対象とはしなかったのだろう。

■永見徳太郎氏蔵品長崎版画展（展覧会出品目録）

［日時］会期：一九二六年十月十六—十八日

［会場］東京美術学校倶楽部（東京）

［主催］孚水画房

［目録］ヲランダ礼祝の図／唐人屋舗景／阿蘭陀人咬噌吧坊図／大清朝人図敲月館画／阿蘭陀女人之図／蘭人酒宴之図／北亜墨利加蒸汽火輪船正図／魯西亜火船之図　本名ストンボート／蛮艦泊碕港之図／蘭船停泊之図／唐船之図／蘭船停泊之図／魯西亜船之図／バッテイラヨリ見送りの図（宝永六巳丑年四艘渡来の図）／阿蘭陀船之図／同／蘭船長崎入港之図／行列之図／四艘人津之図／蘭船長崎入港之図／蒸汽船造之戯画／無題　フウチャーチンの行列之図／唐舘書房之圖／阿蘭陀婦人の図／唐土婦人納涼の図　／阿蘭陀入黒坊戯弄犬図／唐舘部屋之図／唐船入津の図／長崎唐寺唐人參詣之図／唐舘交加遊女之図／阿蘭陀軍人之圖図／アメリカ人／ヲロシヤ人之図／無題唐美人ノ図／無題阿蘭陀人／大清美人之図／無題オランダ軍人之図／同　大清美人と子供／同　大清人　第一摺／同　後摺／同／同／阿蘭陀人貨物試量図／ヲロシヤ人の使節／長崎唐船入津之図／無題　オランダ人と小供／阿蘭陀女人図／大清美人之図／道中ハヤシヤシ方行列之図オランダ人メガネ／清朝人之図／無題　オランダ美人細繪／同　大清人／フコク本船。ゼウキ舟／漢英湖風景／ヲロシヤ人使節ニコラアレサノツト／ヲロシヤ人。同。獣レーウート／唐船／同／同阿蘭陀船（宝永十八辛巳年長崎ニ始テ入津）／同／同／同／清人書房図／無題　オランダ人三人立／アメリカ人船中之／阿蘭陀女人　文化十四年渡來／同　男女／大清人男女之図／大清朝人之図／清人之図　舟中／無題　大清人／阿蘭陀人之図／同　男女之図／同／駄鳥　蘭語カズワルス／朝鮮人狩山之図／大清人　舞楽之図／大清人　男女／大清船之図／阿蘭陀人順見之図／蛇踊囃方之図／阿蘭陀人巡見図／同　行列之図／唐人蛇躍／同／同／同／蒸汽船　ストンボート／蒸汽船ストンボート／同／大清人舟行之図／同　寺入之図／駱駝二疋　交政四年七月上旬／オランダ船持渡象之図／清人桃梅戦之図／オランダ船発砲之図／同／紅毛人康楽之図／五ヶ国人

物／同／阿蘭陀人巡見之図／唐人船揚同天后聖母入寺入図／紅毛人。清朝人／蘭船發砲ノ図　無題／ヲロシヤ人使節　ニコラアレサノツト／唐船　二／韃靼人之図／唐人之図／蛮舶図絵　張込屏風　一双／長崎図（享和元年）／同（享和二年）／同（享和二年六月）／長崎図（享和二年六月再版）／同（文化十年正月）／同　耕寿堂　上梓／同／萬国人物之図　全／阿蘭陀船版　下／同／萬国図（寛政十二年）賣澤山人／シイボルト及婦人之像／オランダ人屋敷の図／海上を眺む図／阿蘭陀船カッパ摺

［注記］本目録によれば出品点数は百三十点を超える。これらのうち一部は、同年に発行された『長崎版画集』『続長崎版画集』に図版が掲載されている。一九三一年の池長孟へのコレクション売却時、これらの長崎版画はほとんど含まれなかった。池長は優れた長崎版画のコレクターであったため、重複するものは対象としなかったということなのか、池長への売却以前にすでに手放していたのかは不明。

■**『浮世絵歌舞伎画集』**（単行書・画集）

［日時］発行：一九二七年十一月二十日

［編著者］日本浮世絵協会 編

［目録］鳥居清長　澤村宗十郎と其他（出語り）／円山応挙　京四条芝居之図／一筆斎文調　大谷広次の男達／勝川春章　澤村宗十郎の大名役／同　尾上松助の僧侶役／同　市川八百蔵の丁使役／勝川春好　岩井半四郎の遊女役／歌舞妓堂艶鏡　市川男女蔵の男達／歌川豊国　市川高麗蔵の助六／同　松本幸四郎の阿波の十郎兵衛

■**西洋文化移入に関する図書展覧会**（展覧会出品目録）

［日時］会期：一九二八年五月五―七日

［会場］石川県立図書館

［主催］石川県立図書館、金沢市書香会

［目録］芳国　京阪名所図／時計煙草入の図／永寿堂　浮絵紅毛フランカイ湊萬里鐘響図／紅毛油書風安芸宮島、永代橋／浮絵義仲粟津合戦図　／浮絵橋の図／浮絵江都増上寺の図／芳員　亜墨利加国蒸気車往來／国芳　唐土廿四孝／同　鬼瞼児杜興／隅田川／清親　硝子工場／同　夜汽車図／春亭　忠臣蔵／国周　東京三十六舎／同　劇の図／御即位バンコク人物入貢図／豊国　青楼美人図／孟斎　新吉原三浦屋の図／同　廓の公粧ひ競／芳員　団扇絵異人屋鋪／国久　阿蘭陀人／光斎　洋妾／芳斎　露西亜・英吉利人物／同　外国人物図絵／同　仏蘭西・和蘭人物／広重　亜米利加人物絵／国明　亜米利加人物絵／芳員　しん板外国人／ペルリ像／アハタムス像／吟光　西洋劇／当時見立絵づくし／浮世たとへ／鵜／芳盛　天笠馬爾加國產女像の国／国員　紅毛渡り名鳥／国芳　二十四孝童子鑑（象ノ図）／芳勝　阿蘭陀新渡大虎／芳豊　新渡船來之大象／同　盲人と木琴の図／アメリカ人遊里屋図／同　アメリカ人子供愛図／同　新渡駱駝寫生図／同　フランス人遊興／同　千里海路洞娓／同　オロシヤ人愛婦人／貞秀　横濱渡來商人／同　横濱英商遊行／同　横濱商家異人之図／同　玉板油縮等の図／同　横濱異人商家酒宴之図／同　横濱渡來商官魯西亞人図／同　同商舘佛蘭西人馬乗之図／同　生写異国人物／日本国へ献上貢物数々／異国人拝領物写／清朝南京人之像／英吉利人之図／亜墨利加州婦人／肥前長崎太田法生院能書／万国山海通覧分図／寛政十二年一枚刷万国図／宝船の図／異国人曲馬／泰平民記／和蘭婦人孫児写真／シイボルト像／蒸気火輪船之図／黒船の図／異国人渡来の図／北亜米利加蒸気火輪船正図／露西亜火船之図／円山応挙　天明目鏡絵（原図）／国貞　越中嶋大調練之図／長崎八景／長崎大絵図／肥州長崎図／大日本九州九ヶ国之図／長崎之図／唐船之図／長崎居留場全図／国貞　紅毛油画名所盡／国虎　近江八景　三井寺／春亭　近江八景　堅田落雁／阿蘭陀船之図／紅毛海岸風景画／競馬寿語録／歌麿　紅毛人図／清親　二重橋の図／紅毛人酒宴之図／横浜商家荷物之内／春紅　木琴唄／北寿　新板東都浮絵日本橋之図／永代橋／重政　浮絵大祭礼唐人行列之図／唐美人／豊春　江戸名所品川の図／小人国人横浜へ来る／小児の図／北渓　大阪疋田唐物／時計及瓦斯燈の図／キリシタン絵浮絵／春燈斎　長崎丸山の図／芳虎　外国人遊行之図／芳虎　万国盡／芳虎　外国人物盡／芳虎　五か国の内／芳虎　蛮語和解／芳虎　異人遊興の図／芳虎　武州横浜名所図／芳虎　軽気球の図／芳虎　小人国／芳虎　中天竺船来之軽業／芳虎　横浜八景美代崎秋之月／芳虎　亜米利加人之図／芳員　阿蘭陀国／芳藤　アメリカ人遊興／芳藤ヲロシヤ人遊興／芳盛　東都名所浅草／芳盛　馬上紅毛人之図／芳盛　日本名山之不二／芳盛　鳥戦図会／芳房　露西亜人／芳富　異人獅子舞見物之図／同　ばつていら／同　外国人之図／国輝　築地新島原／品川（五十三駅ノ内）／加奈川（同）／広重　五島鯨漁／同　対州海岸／同　唐船入津／同　長崎丸山／同　永代橋之真景／ツキジ・ホテル／年景　布袋屋之図／芳虎　亜米利加国／貞秀　横浜大門橋／同　長崎丸山廓中之風景／同　肥前崎陽／国輝　築地保互留館之図／貞秀　西洋人荷物運送之図／芳虎　亜米利加国／同　仏蘭西巴里須府／広重　亜米利加賑之図／貞秀　朝比奈島遊／芳員　蒸気船中之写／芳員　汽車之図／国鶴　横浜商館並弁天館／芳幾　末広五十三次／真乳山／芳虎　波止場の帰帆／貞秀　横浜鈍宅之図／広重　蒸気船／国芳　呉猛／広重　芝あたご山／広重　長崎稲佐山／広重　対馬海岸／広重　六十八景の内／芳虎　万国遊行之図／芳年　ガセンチの智／芳年　コロンブスの勇／芳年　ピエールの信／芳員異国人／同　異人酒宴遊興図／同　五カ国異人酒宴之図／同　五カ国異人酒宴之図／同　異国人酒宴遊楽／同　横浜異人屋敷／国員　アメリカ国人物之図／芳員　亜米利加人／同　清国南京／同　英吉利人／同　アメリカ人遊行／同　英吉利人遊行／同　外国子供遊戯／同　おろしや／同　ふらんす人／同　英吉利／同　仏蘭西国／同　露西亜人之生写／同　外国人男女子供遊／同　外国人酒宴／同　外国人衣服仕立／同　異人屋敷料理／同　外国人横浜上陸行列／同　外国人夜学／同　外国人子供寵愛／アムステルダム版等　舶来古銅版画

［注記］「図書展覧会」と銘打ってあるものの、実際には絵画もかなりの数含まれている。作品名からみると、長崎版画も多数含まれていると思われる。永見は浮世絵作品もかなり所蔵していたようだ。《ペルリ像》《アハタムス像》等は現在神戸市立博物館が所蔵している作品であろうか。

■びいどろ絵（単行書・画集）

［日時］発行：一九二八年十月十五日

［編著者］永見徳太郎 編　芸艸堂

［目録］三人の紅毛人／支那美人図（青服をまとへる）／洋傘を持つ美人／風景／遊女尾張桜花菱／桐野利秋 尾上菊五郎／紅毛人二人立／時計を持つ紅毛娘／海濱西洋風景／人物と象／支那美人半身／紅毛人羊飼／横臥せる支那美人／西洋風景／母と二人の子供／湖畔支那風景／網打支那人と風景／支那美人（黄服をまとへる）／花鳥と紅毛美人／時計を手にせる女三人／紅毛団欒／紅毛団欒／風景／花摘む紅毛美人／阿蘭陀美人

［注記］参考品も含め、永見所蔵のガラス絵が二十五点掲載されている。永見は本書発行後まもなくこれらを手放し、浜松の医師であるコレクターの内田六郎の元へ渡った。現在は内田コレクションとして浜松市美術館に所蔵されている。

■ダゲール翁銀板写真発明百年祭記念
写真文化展覧会

［日時］会期：一九三七年七月十一—十九ロ

［会場］日本橋三越

［主催］朝日新聞社アサヒカメラ

［目録］下岡蓮杖　寒山拾得図／上野彦馬関係資料（上野彦馬撮影写真の原板／写真術忘備録／衡銀表／撮影局の額／スタイン、ハイル、シャッター／中板加敦紙箱／上野彦馬印譜／湿板保存箱／種板掛／上野俊之丞常足画像／御用控／上野彦馬関係写真十一枚）／人物写真三十六枚／名所写真三十一枚、京名所写真箱入三十三枚／名所写真五十八枚／濃尾地方震災写真九枚／新当座芝居表／俳優写真歌留多一組／美人写真七十九枚／西南役と熊本の写真十四枚／日露戦争アルバム／東京名所アルバム百枚／愛岐震災写真帖二十五枚／外国人物写真帖四十三枚／アルバム十二枚／明治美人風俗アルバム／東京市史一笑一嘆／小説写真鏡／東京写真鏡／続世界商売往来／酔興漫戯声くらべ／東京自慢ど逸／盗難品触帖／東京百事流行案内／新未来記二冊／明奇談写真廻仇討二冊／開明奇談写真廼讐討／写真鏡図説／日本写真間毎の月／写真新聞／増補皇国地名一覧／歌妓の品評／東京商工博覧絵／東京繁華紙取写真／博物新編／蘭国通覧／商業取組評／開化新題歌集／新編伊香保土産／見分書／東京流行細見記／開化絵入京都見聞独案内／東京名家図録／真画集覧会／同楽相談／自惚鏡／写真条例／内田九一とその妻子（写真）／外国写真鏡／東京繁栄流行の往来／写真台紙に代用せる外国商館名刺／虎写真／東京某材料店広告ビラ、版木／写真月花の姿絵／幻燈写真競／東京開化名勝／俳優写真競／写真楽屋錦／写真紙幣／俳優寿語録／写真売捌店の写真袋／長崎風景写真

［注記］長崎の写真家、上野彦馬に関する資料や古写真、あるいは近代も含む写真史関係の資料、書籍などかなりの数を出品している。本展が行われた一九三〇年代半ば、永見は『アサヒカメラ』等の写真雑誌においてかなりの頻度で記事を寄稿し、少なくともアマチュア写真界では知名度の高い存在であった。一九三二年に永見が編著者として携わり、所蔵の古写真を収録した『珍らしい写真』の序文では、日本での写真発祥地、長崎出身者として、また大正時代以降、断続的とはいえ写真に携わってきた者として、日本における写真史を編みたいという展望が記されている。これら出品資料を見ると、その意欲を裏付けるような蒐集活動も展開していたことが見えてくる。

■和蘭文化展覧会

［日時］会期：一九四〇年二月一—十一日

［会場］日本橋白木屋

［主催］文明協会

［目録］阿蘭陀屋敷之図／石崎融思　長崎港図／江戸長崎屋二階の図／咬嵧吧船図／長崎湊絵図／五拾斤掛薬種斤量／長崎諸役所図絵／戊寅雑誌／火鉢／異国の菓子と酒（書籍）／長崎料理献立／鉄製焼印／薬種荒物落札寄帳六十五冊／出島売込勘定帳／掛札／地球天体之図

［注記］タイトルから判断する限り、いくつかは永見から池長孟に売却されていてもおかしくないような内容である。池長への売却後も、永見がこうした海外交流にまつわる品々の蒐集を続けていたことが想像されよう。

永見徳太郎年譜

松久保修平編

［凡例］

本年譜は永見徳太郎の生涯に関する重要な項目について列挙したものである。文筆の発表については単行書ないしとりわけ重要なものを除いて割愛した（本書所収「永見徳太郎自筆・談話書誌」参照）。また書簡のやり取りについても紙幅の都合上、省略した。年齢は満年齢を記した。

本年譜の作成にあたり、新名規明『長崎偉人伝 永見徳太郎』（長崎文献社、二〇一九年）巻末の年表及び、大谷利彦『長崎南蛮余情 永見徳太郎の生涯』（長崎文献社、一九八八年）、『続長崎南蛮余情 永見徳太郎の生涯』（長崎文献社、一九九〇年）での記載を参考にした。

一八九〇（明治二十三）**年**

八月五日、永見良一、四代目永見徳太郎（至誠）の四男として出生。実母は松本ムラ。永見ミネに育てられる。

一八九一（明治二十四）**年　一歳**

四月一日、四代目永見徳太郎、長崎県より呉服太物商許可証を得る。

一八九七（明治三十）**年　七歳**

四月、勝山町の長崎尋常小学校に入学。

一八九九（明治三十二）**年　九歳**

四月十一日、四代目永見徳太郎、死去。次男、竹二郎が後を継ぎ五代目永見徳太郎となる。

一九〇一（明治三十四）**年　十一歳**

四月、勝山高等小学校に進学。

一九〇三（明治三十六）**年　十三歳**

十二月九日、永見呉服店の閉店広告が出る。

一九〇四（明治三十七）**年　十四歳**

三月十日、永見本店（倉庫業、保険代弁業　銅座町二十番地）、永見豊次郎を支配人として登記。

四月二十日、永見本店（銅座町二十番地）開業広告。

一九〇五（明治三十八）**年　十五歳**

三月末、勝山高等小学校卒業。

四月七日、私立海星商業学校本科に編入。

一九〇六（明治三十九）**年　十六歳**

一月十一日、五代目永見徳太郎（竹二郎）、二十二歳で死去。

同十七日、永見良一、永見家を継承。良一の名を改め六代目永見徳太郎となる。成年に至っていないため、永見寛二が法定後見人となった。

四月六日、海星商業学校を家事の都合上、中途退学する。

このころ、長崎市立商業学校ないし、大阪商業学校へ通学した可能性がある。

一九〇九（明治四十二）**年　十九歳**

九月、写真雑誌『写真界』第四巻第九号に「夏汀」の名前で、同誌掲載写真に対する批評を寄せる。『写真界』は大阪を中心とする写真研究会、浪華写真倶楽部の機関紙として、同会の後援者でもあった桑田商会から発行された。これ以降、大正期半ばまで、定期的に同誌に批評を寄稿する。

一九一〇（明治四十三）**年　二十歳**

三月、『グラヒック』誌第一回懸賞美術的写真審査において《秋の朝》が第三等賞を獲得し、『グラヒック』第二巻第五号に掲載される。

三月四日―三十日、第一回東京写真研究会展覧会（会場：上野公園竹之台陳列館）に《誉》《小蒸気》《雪》《秋》《しづけさ》《山路》《枯林》《今朝の雪》が入選。

四月二十日、阿蘇登山を果たす。その紀行文を写真入りで『写真界』第五巻第六号（五月）に「阿蘇噴火山登り」と題して寄稿。

六月、『グラヒック』誌第三回懸賞美術写真において《涼風》が選外優等となる。

十二月、桑田商会を紹介者とし、浪華写真倶楽部に入会。

一九一一（明治四十四）**年　二十一歳**

一月二十一日、浪華写真倶楽部一月例会が開催。当日行われた会員内投票によるコンクールでは、「雑題」部門で《初雪》が十等に選ばれ、賞品も得る。

四月七日―十一日、京都府立図書館にて開催の京都カメラ倶楽部春季展覧会に出品。《梅》が一等金牌を受ける。

四月二十二日―五月十九日、第二回東京写真研究会展覧会に《桜》《憩ひ》《四月》《村》《かすみ》《村の奥》《教会堂》《春の日》《びわ》《いなか》《土蔵》《ランチ》が入選。《教会堂》《春の日》が四等賞を受ける。

四月三十日、小西本店主催の懸賞写真「瞬間撮影」において、《汽車の声》が六等三席に選ばれる。

五月、『写真新報』誌の懸賞写真に応募し、《弓術》が十等の次点、「秀逸」に選ばれる。

五月十五日―十八日、「長崎県庁舎落成式記念長崎県史料展覧会」（会場：長崎県庁）に《古帳面（嘉永二年差出帳）》など数点を出品。

七月二十六日、浪華写真倶楽部七月例会が開催。当日行われた会員内投票による品評会では、「雑題」部門で《びわ》が八等に選ばれる。

九月、『写真月報』誌の懸賞写真（題：海景）に応募し、《夏の海》が二等二席に選ばれる。

九月十九日、藤井銀子（十八歳）と結婚。

十月、『写真月報』誌の懸賞写真（題：室内人物）に応募し、《台所》が二等二席に選ばれる。

十一月十一日―十三日、眞美会第一回品評会に出品。《つどへる舟》《白き壁》《犬鳴の波》が四等賞となる。

十一月二十一日、浪華写真倶楽部十二月例会が開催。当日行われた会員内投票による品評会では、「雑題」部門で《森の道》が九等に選ばれる。

一九一二（明治四十五／大正元）**年　二十二歳**

二月、洋画家、南薫造から《黄薔薇》を購入。［二月二十五日南薫造書簡］

三月三日―三十一日、第三回東京写真研究会展覧会開催。会員の部に《地獄》《妙見山》《目黒附近》《温泉嶽》《松と山》《賀茂川》《我が神》《庫入》が入選。《妙見山》が四等褒状を受ける。

三月十日、長女　トキ出生。

六月、南薫造から《塩たく家》《伊太利古城の羊飼ひ》を購入。［六月十日南薫造書簡］

六月二十日―二十二日、ヨヘイ遺作展覧会開催（会場：長崎県立図書館）。日本画十五点、洋画十五点が出品される。画家、渡辺与平とは古くからの知己。

八月十五日、九州火山灰合資会社に有限責任社員として入社。

一九一三（大正二）**年　二十三歳**

三月、写真集『夏汀画集』出版（版元：桑田商会）。

三月、三越の第十回懸賞写真（課題：オートクローム）に応募し五等賞を受ける。

四月一日、迎陽亭にて小波魚青先生古稀祝賀展観会が開催。

五月三日―三十一日、第四回東京写真研究会展覧会開催。会員の部に《三津が濱》《破れ壁》《ポプラ》《まひる》《或る日の幕》《寝顔》《蜜柑の木》《曇りたる日》が入選。《曇りたる日》《蜜柑の木》《寝顔》《三津が濱》が四等賞を受ける。

一九一四（大正三）**年　二十四歳**

三月二十五日―四月三十日、開港記念全国特産品展覧会（会場：出島埋築地・史料館）が開催。

四月、「東錦絵 一枚目 文子さん」が雑誌『長崎文芸』（宮本書店）第一号に掲載。渡辺与平《帯》に所蔵品として言及しており、同作をこれ以前に入手していたことになる。

十月、画家、小絲源太郎、母と来崎。同月二十二日、永見が主催し、福建会館で歓迎会。

一九一五（大正四）**年　二十五歳**

一月、二冊目の写真集となる『夏汀画集　二』（版元：桑田商会）出版。

三月十九日―四月九日、太平洋画会第十二回展覧会に《京の冬》が入選。

四月、画家、南薫造、長崎に来訪。永見宅に滞在。

四月十三日―五月五日、東京写真研究会第五回展覧会（会場：上野公園竹之台陳列館北部）に《深山の雪》《いこひ》《うつつ》《高原の雪》《いちご》《小春日（自画像）》《あけがた》《夏になる頃》《造船場》《おちち》を出品。《深山の雪》《いこひ》《高原の雪》は四等賞獲得。

六月五日―十五日、長崎商品陳列所にて永見夏汀作品展覧会を開催。油彩画十点《京の冬》《たそがれ》《赤き祠》《春日野》《柳と小川》《崇福寺より》《秋の日》《雪解の山》《夏になる頃》《春》、写真二十九点（《自画像》《朝霧》《高原の雪》《沼のほとり》《深山の雪》《高山秋色》《まきば》《あけがた》《春のほこり》《眠れる街》《遺跡》《仁和寺の裏》《芭蕉の家》《まひる》《枇杷》《切たる石》《蟲すだく頃》《ぽぷら》《霧の光り》《雨の跡》《ふもと》《菊》《ふみきり》《曇れる月》《雲の峰》《とけやらぬ雪》《うし》《寒流》《庫入》）を展示。

六月十三日、日本赤十字社長崎支部特別社員総会開催。功労者に対して有功章が授与され、永見もこれを受ける。

十月三十一日、長崎観世会による「観世流謡曲会」が西山瓊林会館にて開催。永見も仕舞『紅葉狩』を披露する。

十一月十八日、長崎の有力実業家たちのグループ、長崎人会に入会する。

一九一六（大正五）**年　二十六歳**
一月十九日―四月中旬、南薫造と二人でインド旅行を果たす。長崎から出航し、カルカッタ、アグラ、マドラス、ヒマラヤ山等を周遊。カルカッタではタゴール一族とも面会した。

五月十八日、勝山小学校にて、同校学友会主催講演会が開催され印度視察談を話す。

六月、『夏汀画集　第三　印度の巻』出版。

画家、渡辺文子（渡辺与平妻）が来崎。永見邸も訪問。

十月、文部省美術展覧会に挑戦するも、落選。

一九一七（大正六）**年　二十七歳**
二月、小西本店主催の懸賞写真「名所名勝」において、《錦帯橋（周防錦帯橋）》が五等賞に選ばれる。
三月四日―三十日、東京写真研究会第七回展覧会に《遅日》《殿堂》《印度人》《印度人の市場》を出品。《遅日》は四等賞を受ける。
五月五日―三十日、太平洋画会第十四回展覧会に《魚市場》《砂漠の国》《ヒマラヤノ朝》が入選。
七月一日―十日、新画展覧会（藤瀬呉服店）が開催。
八月、長男、良が生まれる。
十二月十八日、斉藤茂吉が長崎医学専門学校教授として着任。以降生涯にわたり永見と交流する。
この年、『印度旅日記』出版。

一九一八（大正七）**年　二十八歳**
一月二十三日―三十日、浪華寫眞倶樂部第八回展が大阪三越で開催。《砂漠にて》が特選を受ける。

一月二十八日、長崎貯蓄銀行監査役に就任。

四月、俳人、河東碧梧桐が来崎。永見邸で歓迎歌会が開かれる。

高比良濤華、松尾一化子、松尾弔春子らによる俳句グループ「覇社」、機関誌『覇』を創刊。

永見も同人として参加。

四月三日―二十九日、東京写真研究会第八回展覧会に《水汲の帰り》《らくだ》が入選。《水汲の帰り》が三等賞を受ける。

四月十三日―二十日、第二回新画展覧会（会場：藤瀬呉服店）開催。

八月十七日頃、画家、竹久夢二が息子、不二彦を伴って永見邸を訪問。九月上旬まで滞在。

九月、ジョホール州ラヤン河畔付近（現在のマレーシア、ジョホールバル西部）の五百エーカーに及ぶ広大なゴム園を五万四千ドルで購入。

十月、永見護謨園を開業。

十月、長崎くんちにて銅座町が踊町をつとめる。永見脚色の「瓊浦波五人女」を奉納。

十月十四日、勝山小学校に南洋製白檀手箱を寄贈。

十一月下旬―十二月上旬頃、洋画家、満谷国四郎が来崎。永見邸でもてなす。

一九一九（大正八）**年　二十九歳**
四月十日、口之津鉄道株式会社設立。取締役として参画する。

五月上旬、作家、芥川龍之介と菊池寛、長崎を訪問。永見が世話。帰途、関西旅行（十八日帰宅）。八日、芥川は長崎県立図書館で民俗学者の柳田國男と会う。

五月二十七日、九州火山灰合資会社を退社。

六月、このころ、戯曲「踏絵物語」草稿を菊池寛に送付。一年後の菊池寛からの書簡には、題材は面白いため、自分に書き直させてほしいとの旨あり。

六月、「南洋品直輸入」を掲げた貿易会社「永見洋行」をシンガポールに開業。

七月四日、長崎を代表する二つの歴史研究グループ、長崎史談会と長崎古跡保存会が合併し長崎史会発足。永見も関与。

七月二十五日、大和帆船海上設立（帆船の海上保険）。永見も重役として参画。

八月四日、長崎酒精株式会社の取締役に就任。

十月、和蘭関係史料展覧会開催（主催：長崎史会、会場：長崎県立長崎図書館）。永見も本展に関わったと後年回想が残されている（「美術国和蘭を偲ぶ」）。

十月十七日―三十日、長崎関係者作古画展覧会が開催（会場：長崎県立長崎図書館）。

十月二十日、九州火山灰製造株式会社設立。永見は監査役に就任。

一九二〇（大正九）**年　三十歳**
一月二十八日、大和帆船海上保険株式会社監査役に就任。

十八銀行監査役に就任。

二月、作家、吉井勇が来崎。十日ほど永見家にも滞在。

二月二十八日―三月二十五日、東京写具研究会第十回展覧会開催。《ボロドボール廃址にて》《バタビヤの或る町》《裏通》が入選。《バタビヤの或る町》が四等賞を受ける。

三月六日―八日、栗原玉葉女史近作画展覧会（会場：長崎県立長崎図書館）に玉葉《朝妻桜》を出品。

四月、作家、津田青楓、永見家訪問。

四月二日、皇太子殿下台覧史料展覧会（会場：長崎県立長崎図書館）開催。

四月二十七日、大正興業信託株式会社設立。監査役に就任。

五月初旬、画家である山村耕花、長野草風、永見家訪問。ともに南蛮関係資料に対する関心を持っており、以降も永見と親しく交流した。

五月二十七日、長崎酒精株式会社の取締役を辞任。

五月二十九日―三十一日、山口八九子作画展覧会（会場：長崎県立長崎図書館）開催。

七月六日、温泉軽便鉄道株式会社設立。永見は取締役となる。

十一月一日―十日、長崎美術展覧会（会場：長崎県立図書館）開催。

十一月二十日、画家の平福百穂、来崎。翌日には永見邸で記念写真を撮影。

この年、画家、前田青邨、永見家来訪。

この年、春から年末にかけて、銅座町に所有する土地のうち六百坪近い土地を売却した。

この年、渡辺与平《帯》を長崎県立長崎図書館に寄贈か。

一九二一（大正十）**三十一歳**

二月一日、長崎商業会議所議員（二級議員）に当選。

三月末、長崎市会議員（三級議員）に政友会から出馬し、当選。

五月十五日―十八日、ジャーナリストとして名高い徳富蘇峰夫妻が来崎。十七日午後、永見邸に来訪し、作品鑑賞の後、永見邸で夕食。

七月十六日―二十日、長崎絵画自由研究会展覧会（会場：長崎県立図書館）開催。

八月二十五日―二十六日、作家の宇野浩二、佐佐木茂索、植村宋一、里見弴、久米正雄、加能作次郎、片岡鉄兵、長崎を訪れる。永見は二―五日の夕刻到着した一行を出迎えた。一行は福島屋旅館に宿泊。翌日は永見宅へ招き、出島の東亜会館で昼食をともにした。

十月、画家、小川千甕、永見家訪問
十一月二十七日、湊汲古作画展覧会が開催（会場：長崎・瓊林会館）。

この年、東京の横山大観邸を訪問。

この年あるいは翌年、長崎美術協会発足。会長：永山時英、幹事：石河光哉、荻原魚仙、大久保玉珉、林源吉、小林長太。永見は評議員として参画する。

一九二二（大正十一）**年　三十二歳**

一月十六日―二十二日、長崎美術協会展覧会（会場：図書館、商品陳列所、長崎美術協会主催）に参加。少なくとも《靄》《秋の日》を出品。

三月八日、作家の大泉黒石、来崎。永見家を訪問。

三月二十日、高浜虚子、永見家の客となる。

三月三十日、長崎興業株式会社が設立され、永見が監査役の一人となる。

四月末頃―五月下旬、芥川龍之介、二度目の長崎訪問。永見、渡辺庫輔、蒲原春夫が世話。

九月十九日―二十日、白樺派の作家、長与善郎、永見邸に二泊。永見から「南蛮鋳物師荻原祐佐」の話を聞く。

七月二十五日、株式会社長崎県農工銀行の取締役に就任。

七月二十九日、島原鉄道株式会社の取締役に就任。

八月二十日頃、永見、長崎から芥川のもとを訪ねる。

十月二十七日、長崎電気軌道株式会社監査役に就任。

十月二十七日、作家、坪内逍遥夫妻、永見家を訪問。昼食をともにする。夜は講演会が開かれた。

十一月三十日、大和海上保険株式会社監査役を辞任。

十一月、三島章道に同行し、武者小路実篤らが提唱した宮崎県児湯郡の「新しき村」を訪ねる。

十一月、巣林子近松門左衛門二百年祭記念近松遺品及参考品展覧会開催（大阪・東京）。「国姓爺並に毛剃に関する錦絵（清長、ト豊国、国貞其他）」八十四枚を出品。

一九二三（大正十二）**年　三十三歳**

四月、『人と藝術』四月号に「妖婦蔚山稲」（戯曲）発表。現在確認できる限り、全国紙において永見の戯曲が発表された最初の機会であった。

四月、大泉黒石が来崎。永見家を訪問。追って、同じく作家の辻潤も到着。カイダ・ホテルで宴会。

四月、吉田小五郎、永見家来訪。吉田は開国期資料のコレクターとして名高い。

四月頃、美術史研究者、黒田源次が永見家に来訪。

四月頃、作家、吉屋信子が永見家に来訪。

十月二十日、口之津鉄道株式会社取締役を辞任。

十一月十二日、言語学者であり南蛮研究家の新村出が永見邸を訪問。

十二月、在長崎ブラジル国名誉領事となる。

十二月、工芸家、富本憲吉・一枝夫妻来崎。永見家にも立ち寄る。

一九二四（大正十三）**年　三十四歳**

二月五日、初の戯曲集『愛染草』を表現社より出版する。

二月二十二日—三月二日、山本森之助滞欧作品展覧会が開催（会場：長崎図書館・商品陳列所）。

三月八日、二冊目の戯曲集『月下の沙漠』を人と藝術社より出版する。

三月十五日、黒田源次『西洋の影響を受たる日本画』出版。永見所蔵品も掲載。

四月二十一日、長崎興業株式会社監査役に就任。

四月二十六日—二十八日、シーボルト先生渡来百年記念展覧会（長崎県立図書館）に書籍『日本風俗図誌』（ティチング著）を出品。

五月十二日、創作集『恋の勇者』を表現社より出版。発売直後に発禁処分を受ける。

六月四日、午後七時より西浜町精洋亭において劇談会を開催。永見のほか、沢村宗十郎、女優たち（初瀬浪子、村田嘉久子ら）が参加。

六月五日、長崎栄之喜座にて帝劇女優劇公演初日。永見制作の戯曲「星架披の夜」が上演される。

七月中旬、長崎の道具屋で、芥川の河童図を入手。

一九二五（大正十四）**年　三十五歳**

一月、長崎商業会議所議員（一級議員）に当選。

二月十九日、長崎商業会議所常議員に選出。

三月十七日、戯曲集『阿蘭陀の花』を四紅社より発行。

三月二十日、大正興業信託株式会社監査役を辞任。

五月二十六日、諫早貯蓄銀行取締役を辞任。

六月十六日、本石灰町の松亭にて、「当市本家永見氏所蔵品」売立開催。二百点を超える所蔵品が掲載。

七月二十八日、長崎貯蓄銀行監査役を任期満了につき退任。

九月二十一日、詩人の金子光晴、永見家を訪問。

九月末、傘鉾商人として管理していた銅座町の傘鉾を、銅座町に寄贈。同年十月、銅座町は踊町を担当した。

十二月二十八日、同日発行の『愛書趣味』内、「探し求む」のコーナーに投稿。探しているものとして「切支丹に関係ある写本類」を挙げる。

冬、上京して芥川に会う。東京移住について話す。

一九二六（大正十五／昭和元）**年　三十六歳**

一月八日、作家の谷崎潤一郎、永見家訪問。

一月十八日、温泉鉄道株式会社取締役を辞任。

一月二十八日、任期満了につき十八銀行監査役を退任。

三月上旬、永見一家、長崎を去り東京市外滝野川町西ヶ原四十八—八へ移住。

三月八日、京橋で行われた洋画入札に南薫造《葡萄棚》を出品して手放す。

三月二十三日、長崎興業株式会社監査役を辞任。

五月二十一日、ブラジル国名誉領事を辞任。

六月一日、長崎県農工銀行取締役を辞任。

七月二十九日、島原鉄道株式会社取締役を辞任。

八月二十五日、長崎人会から退会する。

九月十一日、帝大基督教青年会館にて明治文化研究会九月例会開催。永見講演。

九月十六日、長崎商業会議所議員を辞す。

九月二十八日、夏汀堂（代表者：永見徳太郎）より『長崎版画集』出版。長崎版画二十点を掲載。

夏～初秋、東京府豊多摩郡高井戸町大字中高井戸三十八番地へ転居。

十月十六日—十八日、孚水画廊主催、永見徳太郎蒐集長崎絵展覧会（東京美術学校倶楽部）開催。

十月二十一日—二十二日、大阪朝日新聞社を会場とし柳屋画廊主催で永見所蔵の長崎版画展開催。

十月二十六日、銅座町三十一番の土地、六十五坪余りを譲渡。

十一月二十五日、夏汀堂より『続長崎版画集』を出版。

十二月一日、春陽堂より『南蛮長崎草』を出版。

一九二七（昭和二）**年　三十七歳**

一月十一日、帝大基督教青年会館にて開催の明治文化研究会一月例会に参加。

五月、銅座町三十一番の土地、八十八坪余りを譲渡。

六月十八日—二十三日、夏汀堂主催で山村耕花の木版画展を開催（会場：銀座松屋）。その後の報道では、夏汀堂内に山村耕花木版画会を設置し、一年間を通して毎月二枚ずつ耕花の木版画を頒布する計画が報じられているが、これが実現したかどうかは定かでない。

七月、夏汀堂より『画集南蛮屏風』を出版。

七月十五日頃、永見、芥川龍之介宅を訪問。「河童」原稿を入手。

七月二十四日、芥川龍之介、この世を去る。

九月一日、永見と斎藤茂吉、震災記念写真展覧会会場にて遭遇する。

十一月一日、夏汀堂より『長崎の美術史』を出版。

一九二八（昭和三）**年　三十八歳**

一月、関西方面に旅行。この間、大阪三越で開催中であった第一回銀鈴社展の茶話会に顔を出す。

一月頃、浮世絵同好会を小島鳥水、山村耕花らと結成し、雑誌『浮世絵』を創刊。

二月十六日、銅座町十九番二十五坪弱を処分。

六月二日―六日、邦楽座横村の会場にて開催の北斎展覧会の関連で、三日夜、読売講堂にて講演会開催。講演者：永見徳太郎、岸田劉生、野口米次郎、藤懸静也、武者小路実篤、河野通勢。

四月、京都に旅行。

五月、金沢で海外文化展開催に携わる。同地に赴き北国地方を廻って帰京。

五月二十六日、報知新聞社主催浮世絵展に所蔵品を出品。

六月二十四―二十六日、「文明協会創立二十周年記念 明治戊辰記念展覧会」が早稲田大学大隈会館で開催。永見は外交文書を所蔵する二百点のうち十点、ほか長崎地図等合わせて十四点を出品。

七月十日―十六日、南蛮会の主宰で日本橋三越において「南蛮史料展覧会」を開催。永見は所蔵品の多くを展示。さらにその後九月十五日に出版された本展出品を収録した『南蛮美術集』では、全体的な解説を執筆し、編集も行った。

七月二十日、銅座町二十番百十五坪弱を処分。

八月五日―十五日、新しき村の会場（有楽町二丁目邦楽座前横町）にて「びいどろ絵」展覧会を開催。

八月二十五日、房州小湊方面で日蓮史蹟に関する調査を行う。

十月十五日、芸艸堂より『びいどろ絵』を出版。

十月二十日、春山育次郎著『月照物語』を夏汀堂より出版。

十二月二十五日、雑誌『芸天』が主催する「芸天映画を見る会」に参加。ユニバーサル映画会社で、『笑ふ男』を鑑賞。

一九二九（昭和四）**年　三十九歳**

一月十一日―三十一日、洋風美術回顧展覧会（会場：東京府美術館）に高橋由一《初代玄々堂之像》を出品。

四月五日、『長崎版画集続々　長崎八景』を夏汀堂から出版。

六月十六日、「島原の話」をラジオで講演。

十月十日、合資会社夏汀堂を登記。代表社員永見のほか、銀子、時子、濱田三平が社員として記載された。

十二月一日―二十五日、歌舞伎座にて「博多小女郎浪枕」が上演。これに合わせて、歌舞伎座本館二階で永見所蔵の錦絵を陳列。

十二月頃、日本写真出版社出版書籍のいくつかの巻末には、同社の出版予定が掲載。その中に永見編の『維新前後の写真文献集』が挙げられている。ただし出版した形跡は今のところ確認できない。

この頃、日本文芸家協会に参加か。

一九三〇（昭和五）**年　四十歳**

一月二十日―二十八日、日本橋三越で開催の「琉球展覧会」に《琉球女日本男遊楽の図》《琉球船競漕の図》《琉球人行列》を出品。

三月二十日―五月三十一日、日本海々戦二十五周年記念 海と空の博覧会に海路図や長崎版画など二十点を出品。

七月三十日、『南蛮屏風大成』を工芸社から出版。

八月、歌舞伎座にて「九州道中膝栗毛」が上演される。同演目における長崎の龍踊の演出にあたって、永見が指導など大きく関与したという。これに合わせ、歌舞伎座本館二階正面に永見所蔵品を用いて「長崎情調展覧会」を開催。

八月八日、『日本地理体系第九巻　九州篇』が刊行。長崎関係の多くの項目を執筆。

十二月二十六日―二十七日、「長崎物語」をラジオで講演。

一九三一（昭和六）**年　四十一歳**

一月五日―十七日、日本橋三越で開催の「正月風俗展覧会」に《唐人と丸山遊》《うんすんかるた》《歓遊桑話》《踏絵板》《寄合町宗旨改絵踏帳》を出品。

七月三日、京橋のジャガタラ軒にて開かれた南洋料理試食会に、南洋通として参加。

十二月、神戸の蒐集家、池長孟に《都の南蛮寺図》など南蛮関係の所蔵品の大部分を二万七千円で売却。

一九三二（昭和七）**年　四十二歳**

二月二十八日、所蔵する約一万点の古写真から特に希少なものを抜粋した書籍『珍らしい写真』（永見徳太郎編、粋古堂）を発行。

三月十四日、「趣味講座 日支衝突軍艦 鎮遠騒動」をラジオで講演。

六月六日、「長崎料理」をラジオで講演。

十月十二日、宮武外骨の明治文庫を訪問。

十月二十九日、日蓮宗大本山正中山法華経寺の聖教殿のお風入れに際し、拝観する。

十一月十九日、「開国時代の流行歌」をラジオで講演。

この年、文芸家協会評議員二十五名の一人に新任。

一九三三（昭和八）**四十三歳**

六月六日、「写真の渡来して来た頃の話」をラジオで講演。
十月五日、「和寇の話」をラジオで講演。
十月二十一日―二十九日、日本橋三越で開催の「タバコ展覧会」に《長崎多葉古包紙》や煙管など約二十点を出品。
十一月一日―二十日、日本美術協会第九十三回美術展覧会（会場：上野公園同会列品館）に、《南蛮人図蒔絵徳利》《蒔絵藤之花図机》など六点を出品した。

一九三四（昭和九）**年　四十四歳**

三月十日―二十二日、東京朝日新聞社で「日本外交展覧会」開催。長崎外交団からポルトガル領事宛の外交文書十四種二十八通（江戸～明治初期）を出品。

五月二十六日、航空機で日本アルプス越えを行い、航空撮影する。

六月十八日、航空機で伊豆から下田まで移動。航空撮影を行う。

七月、歌舞伎座で「南蛮渡見世物譚」上演。衣装考証として携わる。

八月八日、二回目となる航空機での日本アルプス越え。航空写真を撮影。

九月一日、竹久夢二が死去。追悼記事をいくつか寄稿する。

九月三日、航空機で松山から大阪まで移動。撮影を行う。

九月二十五日―二十七日、上高地周辺で赤外線写真の撮影。

十月十一日、宮武外骨を囲む外骨筆禍雪冤祝賀会に参加。

十月十九日、上高地の大正湖畔で撮影を行う。

十一月二十日―二十四日、東京・日本橋の小西六本店展観室で開催された「全日本ライカ協会会員作品第一回展覧会」に《絵馬》を出品。

十一月二十二日―二十六日、第一回文壇写真展（会場：銀座松屋地下道）が開催される。主催は文壇、画壇、楽壇のアーティストからなる文壇フォト・グループで、永見も中心人物として活躍した。永見は自由作品の部で《K子チャンと向日葵》で二等賞を獲得。

一九三五（昭和一〇）**年　四十五歳**

六月九日、『アマチュア・カメラ』誌主催のカメラ・ハイキングに参加し、山中湖畔へ。

七月十七日、「コンタックスの会」が結成される。永見と宮田義武の二人が世話人となり、永見邸に事務局が置かれた。

この年、長女トキが三宅五十彦と結婚。

一九三六（昭和十一）**年　四十六歳**

三月十六日、コンタックスの会例会開催。顧問に選任され、事務局から外れる。

五月十九日、「長崎の民謡に及ぼせる南蛮文化の影響」をラジオで講演。

六月八日、夢二遺作集出版記念会（山王ホテル）に参加。

十一月十二日、福田清人、大泉黒石らとともに長崎茶話会結成に携わる。

一九三七（昭和十二）**年　四十七歳**

四月十八日、永見家所蔵品展観入札（第二回）開催。二百七十点以上が掲載。
五月二十日、全日本カメラ倶楽部主催「春の写真講習」（会場：神田ＹＭＣＡ）に講師として参加。タイトルは「夜・舞台・強力現像」。
七月十日―十九日、アサヒカメラ主催、「ダゲール翁銀板写真発明百年祭記念 写真文化展覧会」（会場：日本橋三越）に、上野彦馬関係資料、古写真、写真史関係資料など、およそ二百点を出品。
十月二十一日―二十三日、上高地にて撮影。

一九三八（昭和十三）**年　四十八歳**

二月十日、「日露秘話 ステッセル長崎上陸」をラジオで講演。

この頃、『長崎茶話』創刊にあたって尽力。

二月二十八日、青年歌舞伎『荒城の月』舞台稽古に立会う。

三月中旬、新潟県及名古屋周辺を旅行。

四月下旬―五月上旬、十二年ぶりに長崎に帰郷。長崎滞在中、浦川和三郎神父の協力のもと、大浦天主堂の宗教版画を墨摺りで複製。翌年に長崎市史料博物館に寄贈。

四月三十日、長崎放送局より「開国時代の流行歌」をラジオで講演。

五月三日―七日、長崎光画協会の主催で長崎商工奨励館別館にて永見徳太郎舞台写真展覧会が開催。

九月二十一日、河口湖から富士山を撮影。

十月、奈良の神鹿角伐を撮影。

一九三九（昭和十四）**年　四十九歳**

四月十四日、文明協会が主宰する第百五十七回時局研究茶話会（会場：虎ノ門華族会館）に参加。

五月九日、文明協会主催、第百五十八回時局研究茶話会（会場：虎ノ門華族会館）に参加。

五月十六日―三十一日、恩賜京都博物館で開催の「長崎派写生・南宗画展」に熊斐《梅花群魚図》を出品。

十一月、静岡県下田を主な舞台とし、海外交流や開国前後の歴史、文化を探求するグループ「黒船社」の同人に加わる。以降、同社機関誌『黒船』にしばしば寄稿するようになる。

一九四〇（昭和十五）年　**五十歳**

一月九日—二十八日、「紀元二千六百年奉祝展覧会 我等の新天地」（会場：新宿伊勢丹）に《長崎港図小屏風》《長崎屋二階図》等およそ二十点を出品。皇族来訪時の対応を、和田千吉、秋山謙蔵とともにつとめた。

二月一日—十一日、和蘭文化展覧会（文明協会主催、日本橋白木屋）に《長崎港図小屏風》《長崎屋二階図》等十七点を出品。二月五日には記念講演会にも参加。

八月—九月頃、杉並区西高井戸の家を売却し神奈川県足柄下郡吉浜海岸の借家に転居（現在の湯河原町吉浜）。

十月、日蘭協会より同会会報第二号への寄稿の御礼と第三号への寄稿依頼を受ける。

十月十九日—二十七日、日本優良物産協会主催の貿易祭（会場：日本橋白木屋）に《出島絵巻物》等を出品。

一九四一（昭和十六）年　**五十一歳**

五月二十日—六月十日、早稲田大学坪内博士記念演劇博物館で「永見徳太郎氏制作・寄贈　歌舞伎写真展」開催。六十五点を展示。

八月、ドイツ大使館より原稿執筆依頼を受け、「長崎絵」に関する寄稿を行う。十一月にも、同様の依頼を示す書簡が残されている。

十月八日—三十日、早稲田大学坪内博士記念演劇博物館で「第二回永見徳太郎氏制作・寄贈祭り写真展」開催。舞台写真に次ぐ二度目の寄贈であった。五十一点が展示される。

一九四二（昭和十七）年　**五十二歳**

三月、谷崎潤一郎、熱海市西山五八九番地に別荘を購入。これに先立ち、住居選定に関して永見と書簡でやり取りしていた。

十月二十四日—二十五日、小田原市図書館で開催の「印刷文化史展覧会」に『蘭英字書』など書籍類十六冊を出品。

十一月、長崎市立博物館に祭礼踊絵巻の部分図（五枚）を寄贈。

一九四三（昭和十八）年　**五十三歳**

五月、愛媛県立図書館に「長崎系句会」資料を寄贈。

七月、三宅トキ夫妻のもとに令息、三宅捷彦誕生。

十月、大雅堂から『南蛮美術集』の新摺本が出版される。

一九四四（昭和十九）年　**五十四歳**

三月十七日、夫妻で谷崎潤一郎を訪ねる。

四月、熱海市西山磯八荘に転居。近くには谷崎潤一郎の別荘があり、親しく交流する。

七月二十五日、磯八荘に谷崎潤一郎が来訪。以降も頻繁に行きかう。

一九四五（昭和二十）年　**五十五歳**

五月、谷崎潤一郎、熱海市を去る。

この年、空襲で焼け出された三宅トキ夫妻、磯八荘へ移ってくる。一時期は銀子の母てうも加わっていた。

一九四六（昭和二十一）年　**五十六歳**

この年、年末までに熱海市西山六一四番地へ転居。歌人、佐佐木信綱（号：竹柏園）が住まう凌寒荘が隣接していた。永見は佐佐木と親しく交流し、佐佐木が主宰する歌誌『心の花』において盛んに俳句を投稿するようになる。

一九四八（昭和二十三）年　**五十八歳**

六月六日、佐佐木信綱喜寿祝賀会に参加。佐佐木信綱の生地にちなみ、二代歌川広重による《石薬師》を探し求めて贈る。

七月二日、六十五冊の文書などを長崎市立博物館に寄贈。

一九四九（昭和二十四）年　**五十九歳**

二月二十日、三宅トキのもとに息女まみが生まれる。

二月二十三日、長崎市立博物館に大量の史料を寄贈。

三月二十二日、早稲田大学坪内博士記念演劇博物館に新劇俳優寄書帖、戯曲集三冊を寄贈。

七月十八日—八月十七日、長崎県立長崎図書館で永見氏寄贈郷土史料展が開催される。出品は文書関係約六十冊、古証文類三十数冊、斎藤茂吉、佐佐木信綱、新村出、小林一三らの長崎に関する短歌、俳句の扇並色紙十枚。

一九五〇（昭和二十五）年　**六十歳**

一月二十四日、銀子の母である松本てう他界。永見も葬儀に参列したが、銀子は心臓病のため欠席した。

四月十六日、佐佐木弘綱翁六十年祭に参加。

五月二十日、伊豆のさがみ屋に、鈴木信太郎と宿泊。

十一月二十日、上多賀の家を出て戻らず。郵便で遺書が届く。投函日である二十日を命日とする。

永見徳太郎自筆・談話　書誌

松久保修平編

〔凡例〕

・永見徳太郎（夏汀）自筆及び談話を収録した文献について、年代順に並べ、記事名、誌（書）名、巻号、発表月を示した（新聞のみ日付を含む）。同じ月に複数の文献がある場合は、単行書、新聞、雑誌の順とし、さらに複数が該当する場合は誌（書）名の五十音順に従って整理した。

・一部、文芸年鑑や別雑誌掲載の広告等での記載、他文献中での言及を参考とし実見できていないものを含む。これらについては文頭に「＊」を付した。巻号不明分を含む。

・単行書には（単）を付した上で、編著者及び発行者を併記した。

・（共）と付したものは、永見以外の著者、参加者を含む座談会の記録やアンケート、合評等を示す。ただしアンケートの場合、あまりにも回答が短いものについては割愛した。

一九〇九年

（共）「批評」『写真界』四巻九号、九月

一九一〇年

（共）「批評」『写真界』五巻五号、四月

「阿蘇噴火山登り」『写真界』五巻六号、五月

（共）「批評」『写真界』五巻八号、六月

（共）「批評」『写真界』五巻十二号、九月

一九一一年

（共）「批評」『写真界』六巻五号、四月

（共）「批評」『写真界』六巻十二号、九月

（共）「批評」『写真界』六巻十六号、十二月

一九一二年

（共）「批評」『写真界』七巻一号、一月

一九一四年

「東錦絵 一枚目 文子さん」『長崎文芸』一号、四月

「東錦絵 二枚目 帝劇と申す処」『長崎文芸』二号、五月

「東錦絵 三枚目 陽春亭」『長崎文芸』三号、六月

一九一五年

「里吉君の夏汀画集評に答へて」『写真月報』二十巻八号、八月

一九一六年

「印度の女」『女の世界』二巻七号、七月

「印度雑感」『中央美術』二巻八号、八月

一九一七年

（単）『印度旅日記』永見徳太郎著、私家版

一九一八年

＊「印度旅日記の一節」『心響』一月

一九二三年

＊「妖婦蔚山稲」※戯曲『人と藝術』四月

＊「熱国奇談」※戯曲『人と藝術』五月

＊「大時化の後」※戯曲『人と藝術』六月

＊「日本を去る女」※戯曲『文学世界』六月

＊「大江山」※戯曲『人と藝術』七月

＊「女優と同居する男」※戯曲『人と藝術』八月

一九二四年

「島原乱の一挿話」※戯曲『表現』四巻一号、一月
（単）『戯曲　愛染草』永見徳太郎著、表現社、二月
（単）『新興戯曲叢書（二）月下の沙漠』永見徳太郎著、人と芸術社、三月
＊「人骨」※戯曲『月刊長崎』三月号、三月
「和寇（五幕）」※戯曲『早稲田文学』一一七号、三月
（単）『恋の勇者』永見徳太郎著、表現社、五月
＊「儚き人々」※戯曲『劇と其他』五月号、五月
＊「毛剃九右衛門」※戯曲『劇と其他』七月号、七月
＊「観もの聞きもの」（全九回）『東洋日の出新聞』十月二十六日—十一月四日
＊「忘れ得ぬ時代」※戯曲『人類』十一月号、十一月

一九二五年

＊「高島秋帆」『人類』二月号、二月
（単）『戯曲集　阿蘭陀の花』永見徳太郎著、四紅社、三月
＊「我が愛蔵品」『画壇春秋』七月号、七月
＊「魔笛物語（上）」※戯曲『関西文芸』七月号、七月
＊「魔笛物語（下）」※戯曲『関西文芸』八月号、八月
＊「仙厓和尚」『関西文芸』九月号、九月

一九二六年

「長崎に於ける南蛮絵」『中央美術』十二巻二号、三月
「長崎に於ける司馬江漢」『中央美術』十二巻六号、六月
「お絵像さま」『アトリエ』三巻七号、七月
「南蛮伝来のかるた」『新小説』南蛮紅毛号、七月
「お絵像さま（承前）」『アトリエ』三巻八号、八月
「紅毛軟語」『文芸春秋』四年八号、八月
（単）『長崎版画集』永見徳太郎編、夏汀堂、九月
「院展素人眼」『アトリエ』三巻十号、十月
「善か悪か」『人と藝術』十月
（単）『続長崎版画集』永見徳太郎編、夏汀堂、十一月
「舶載文明（一）」『随筆』十一月
（単）『南蛮長崎草』永見徳太郎著、夏汀堂、十二月

一九二七年

「長崎に於ける南宗文人画『アトリエ』四巻一号、三月
「女写真史亀谷とよ」『カメラ』八巻四号、四月
＊「長崎の浮世絵師」『美術春秋』三巻四号、四月
「沈南蘋派（上）」『美之国』三巻三号、四月
「石橋忍月翁」『愛書趣味』二巻四号、五月
「内田九一」『カメラ』八巻五号、五月
「沈南蘋派（下）」『美之国』三巻四号、五月
「島の羽衣」※戯曲『早稲田文学』二五六号、五月
「劇画展を観る」『演芸画報』二十一年第六号、六月
「長崎に於ける北宗画（一）」『中央美術』十三巻六号、六月
（単）『画集 南蛮屏風』永見徳太郎編著、夏汀堂、七月
※付録「南蛮屏風の前に座して」（永見による解説）あり
「諏訪祭礼と異国人（一）」『歌舞伎研究』十四集、七月
「仏蘭西人ロシエー」『カメラ』八巻七号、七月
「長崎に於ける北宗画（二）」『中央美術』十三巻七号、七月
「長崎に於ける南宗文人画（二）」『アトリエ』四巻七号、八月
「諏訪祭礼と異国人（二）」『歌舞伎研究』一五集、八月
＊「熱国の月」『クラク』九月号、九月
「芥川龍之介氏と河童」『新潮』二七六号、九月
「印象の深い芥川氏」『随筆』二巻九号、九月
「絵に現はれたる写真器」『カメラ』八巻十号、十月
「長崎に於ける芥川氏」『文芸春秋』五年十号、十月
（単）『長崎の美術史』永見徳太郎著、夏汀堂、十一月
（単）「長崎しつぽく」『味覚極楽』東京日日新聞社会部編、光文社、十二月
「江見先生の近著（上・下）」『読売新聞』十二月十五、十七日
「写真版に代用された写真印画」『カメラ』八巻十二号、十二月

一九二八年

「長崎版画」『アトリエ』五巻一号、一月
「長崎版書論（一）」『浮世絵』創刊号、一月
「日の丸の旗と軍艦」『関西文藝』一月号、一月
＊「稲佐お栄」『クラク』新年号、一月
「錦絵に現はれたる龍の文身」『美之国』四巻一・二号、二月
「長崎版書論（二）」『浮世絵』第二号、三月
「写真紙幣」『カメラ』九巻三号、三月
＊「年頭の感想」『窓の星』十五号、三月
「寫眞珍談（一）」『アサヒカメラ』五巻四号、四月
「長崎版書論（三）」『浮世絵』第三号、四月
「西南戦争と写真」『カメラ』九巻四号、四月
＊「マリアお小夜」『クラク』四月号、四月
「寫眞珍談（二）」『アサヒカメラ』五巻五号、五月
「長崎版書論（四）」『浮世絵』第四号、五月
「京・阪の踊」『演芸画報』二十二年五月号、五月
＊「女歌舞伎阿絹」『クラク』五月号、五月
「寫眞雑考（一）」『明治文化研究』四巻五号、五月
「寫眞珍談（三）」『アサヒカメラ』五巻六号、六月
「寫眞雑考（二）」『明治文化研究』四巻六号、六月
「ペーロン」『中央公論』六月号、四十三年六号、六月
「寫眞珍談（四）」『アサヒカメラ』六巻一号、七月
「長崎版書の由來」『大調和』二巻七号、七月
「南蛮屏風の出現」（合）「浮世絵座談会」『美之国』四巻七号、七月
（単）「味覚漫談」『味の銀座』宗像知章編著、銀ぶらガイド社、八月
＊「「空行かば」の価値」『報知新聞』八月二十三日
「南蛮趣味」『美之国』四巻八号、八月
（単）「南蛮美術集の為に」『南蛮美術集』南蛮会編、芸艸堂、九月
「寫眞珍談（五）」『アサヒカメラ』六巻三号、九月
「熊代熊斐に就いて」『書画骨董雑誌』二四三号、九月
「ビイドロ絵の話」『美之国』四巻九号、九月
（単）『びいどろ絵』永見徳太郎編著、芸艸堂、十月
「びいどろ絵」『大調和』二巻十号、十月
「寫眞雑考（三）」『明治文化研究』四巻六号、十月
「關西美食祿」『中央公論』十一月号、十一月
「長崎版画の長崎八景」『長崎談叢』三集、十一月
（単）「長崎と南蛮絵」『ラヂオ講演 文藝講座 第三巻』日本放送協会関東支部編、日本放送協会関東支部、十二月
（単）「印度ヒマラヤ山を旅行して」『ラヂオ講演 趣味の旅』

日本放送協会関東支部編、日本放送協会関東支部、十二月
「毛剃の史實」『歌舞伎』四年十二号、十二月
「刺青の錦絵」『中央公論』十二月号、十二月

一九二九年

「「笑ふ男」を観る」『報知新聞』一月十八日
「南蛮屏風禮讃」『浮世絵志』一号、一月
「印度カリガート絵」『中央美術』十五巻一号一月
「支那画所感」『美之国』五巻一号、一月
＊「カフェと十二時」『第三の者』二月
「寺町『一力』の息子 山本森之助画伯の思い出」『中央美術』十五巻二号、二月
「長崎奉行所の占領」『文芸春秋』七巻二号、二月
（単）「絵のやうな長崎」『世界美術月報（世界美術全集月報）』十七号（二十二巻別冊）、三月
「開闢以来の名品揃」『読売新聞』三月三十日
（合）「私が推奨する「名物」」『食道楽』三年三号、三月
「友情と恋」『中央美術』十五巻三号、三月
「南蛮美術の蒐集」「武者先生の油絵」『美之国』五巻三号、三月
（単）『続々長崎版画集 長崎八景』永見徳太郎編、夏汀堂、四月
「長崎版画物語（一）」『浮世絵志』四号、四月
「長崎版画物語（二）」『浮世絵志』五号、五月
＊「長崎紙鳶」『祖国』五月号、五月
「長崎版画物語（三）」『浮世絵志』六号、六月
＊「国立銀行紙幣」『経済往来』四巻六号、六月
「茶碗の中の蝙蝠　深夜の白衣」『朝日』一巻七号、七月
「長崎軟訛録」『グロテスク』二巻七号、七月
「写生を兼ねた研究地」『芸天』五十二号、七月
「六代目の悪い癖」『演芸画報』二十三年八号、八月
「維新時代 長崎鴛鴦秘録」『グロテスク』二巻八号、八月
「長崎に来た人々」『相聞』一巻三号、八月
「石山寺八勝」『美之国』五巻六号、八月
（合）「愉快であった私の近郊散策」『サンデー毎日』四三号、九月
「院展繁昌記」『美之国』五巻九号、九月
＊「カフエー混沌時代」『食道楽』三年十一号、十一月
＊「カフェ異聞道頓堀」（合）「座談会 近頃大阪評判記」『食道楽』三年十二号、十二月
「長崎時代の坂本龍馬」『土佐史談』二十九号、十二月

一九三〇年

「和唐内の正体」『歌舞伎』六年一号、一月
＊「長崎料理漫談」『食道楽』四年一号、一月
「劉生画伯のこと」『アトリエ』七巻二号、二月
＊「長崎昔話」『食道楽』四年二号、二月
「長崎の祝餅」『スバル』二巻二号、二月
「岸田さん〳〵」『美之国』六巻一号、二月
「長崎紙鳶」『スバル』二巻三号、三月
＊「船員巡礼記」『猟奇画報』二巻三号、三月
「長崎版画の手」『デッサン』改刊一号、四月
「長崎の芝居と踊」『演芸画報』二十四年五号、五月
「長崎畫人の和歌」『スバル』二巻五号、五月
「南蛮趣味の流行に就て」『染織之流行』十二巻五号、五月
「長崎の唄」『食道楽』四年六号、六月
＊「さしみ」『独立青年』六月号、六月
（単）『南蛮屏風大成』永見徳太郎編、巧芸社、七月
※付録「南蛮屏風の研究」（永見による解説）あり
「第一號機關車」『ワット』三巻七号、七月
（単）「昔の長崎」『日本地理大系 第九巻 九州篇』改造社編、改造社、八月　※同書内で解説執筆多数
（共）「河童忌記念帖」『文芸春秋』八巻十号、九月
「毀誉褒貶」『文芸春秋』八巻十二号、十二月

一九三一年

＊「長崎の凧合戦」『サンデー毎日』一月四日号、一月四日
＊「黒・白・黄」『会議』一月
＊「阿蘭陀正月」『関西文芸』一月
＊「産女の塑像」『サロン』一月
＊「長崎時代の坂本龍馬（一）」『趣味と長崎』正月号、一月
＊「キリシタン週迫害絵踏の研究」『犯罪公論』一月
＊「長崎モダーン女郎」『文芸倶楽部』一月
＊「虎狩奇談」『会議』二月
＊「ヒマラヤ」『古東多万』二月
＊「勝海舟の恋」『関西文芸』二月号、二月
＊「長崎時代の坂本龍馬（二）」『趣味と長崎』二月号、二月
「びいどろ絵」『帝国工芸』五巻三号、三月
＊「長崎時代の坂本龍馬」『趣味と長崎』五月号、五月
「骨董屋のからくり」『文芸春秋』九巻五号、五月
＊（合）「食道楽漫談会　新緑箱根に語る」『食道楽』五巻六号、六月
＊「老妓長崎愛八」『漫談』六月号、六月
「佛郎機は小児を煮て喰ふ」『グロテスク』四巻四号、七月
＊「緑陰雑話」『食道楽』五年七号、七月
＊「海外文化の跡と長崎」『長崎雑誌』七月号、七月
＊「好きな人達」『食道楽』五年八号、八月
「長崎花街 老妓と占賣娘」『文芸春秋』九巻八号、八月
（単）「御世辭でない言葉」『上方趣味総目録大正版 上』上方趣味社編、上方趣味社、九月
＊「メモの一二枚」『食道楽』五年十号、十月
＊（合）「食道楽漫談会　豪快大食漫談」『食道楽』五年十一号、十一月
＊「長崎なまり」『方言』一巻四号、十二月

一九三二年

＊「文明開化」『食道楽』六年一号、一月
（共）「名流が語るお雑煮百話」『茶業界』二七巻一号、一月
＊（共）「茶と酒」『同人』十三巻一号、一月
「長崎自慢のお雑煮」『糧友』七巻一号、一月
（単）『珍らしい写真』永見徳太郎編、粋古堂、二月
＊「唐館討入」『会議』四月
＊「阿蘭陀屋敷の酒」『岐阜酒醤油新聞』五月
＊「春花乱舞録」『食道楽』六年五号、五月
＊「長崎のエロ民謡」『郷土風景』一巻六号、六月
＊「軍艦鎮遠騒動」『自警』七月

＊「海援隊とお慶」『探偵小説』八月
＊「長崎の料理」『長崎雑誌』八月号、八月
＊「海軍の名物女」『人情』七、八月
＊「ダンサーは申しました」『食道楽』六巻九号、九月
「ブック・レヴィユーから 坪内博士の高著『歌舞伎畫證史話』」『東京堂月報』九月号、九月
「富士五湖の旅」『美之国』八巻九号、九月
「長崎版画と黄檗宗」『浮世絵芸術』一巻九号、十月
＊「戯曲　露探と罵られた女」『演芸』十月
「長崎秘録 鎮遠騒動」『奈雅瑳奇』一巻二冊、十月
＊「外国人の見た日本料理」『味』十一月
「郷土自慢の名物料理（長崎の巻）」『主婦の友』十一月号、十一月
＊「唐椀繁昌記」、（合）「食道楽漫談会 キヤフェ展望」『食道楽』六巻十一号、十一月
＊「娘子軍の悲喜劇」『犯罪科学』十一月
＊「長崎捕物帖盗賊判事」『ギヤング』十二月
＊「小松謙次郎先生を偲ぶ」『食道楽』六年十二号、十二月

一九三三年

＊「長崎の正月」『食道楽』七巻一号、一月
「阿蘭陀と長崎女の恋慕録」『人情地理』一巻一号、一月
「シーボルトと愛人の手紙」『人情地理』一巻二号、二月
＊「日本人の比島進出」『犯罪公論』二月
＊「長崎風景」『郷土風景』二巻三号、三月
「長崎秘宝 阿蘭陀芝居」『人情地理』一巻三号、三月
＊「大飲大食自由主義」『食道楽』七年四号、四月
「南蛮屏風に就いて」『人情地理』一巻四号、四月
＊「満州人が画僧を送ったらしい」『満州美術』四月
＊「長崎捕物帖盗賊判事」『ギヤング』五月
＊「娼婦と食べ物」『食道楽』七年五号、五月
「南蛮美術書に就ひて」『東京堂月報』九月号、五月
「外国帰りの島原ムスメ」『人情地理』一巻五号、五月
＊（共）「食道楽漫談会 初夏食味縦横談」『食道楽』七年六号、六月
「安政の蒸氣船試運轉」『セルパン』六月号、六月
＊「混血児問題」『犯罪公論』七月
「切支丹のヨカ盆」『郷土風景』二巻八号、八月
＊「三百年前よりの爪紅」「醜業婦の成れの果」『婦人公論』八月
「長崎・島原・天草」『文芸春秋』十一巻八号、八月
（単）「長崎料理の話」『割烹百家説林』第一輯、三宅孤軒編、全国同盟料理新聞社、九月
＊「長崎の盆祭情調」『食道』九月
＊「カラスミ考」『食道楽』七年九号、九月
＊「司馬江漢の一考証」『書斎』九月
＊「丸山遊女屋日記」『犯罪公論』九月
＊「阿蘭陀通詞の見た食物」『味』十月
「偽物横行　南蛮の巻」『アトリエ』十巻十号、十月
「長崎港外伊王島村」『島』一巻六号、十月
＊「故上野彦馬の活動写真事始」『週刊朝日』十月
＊「御露西亜と靴磨」『大衆倶楽部』十月
＊「密貿易犯科帖」『犯罪公論』十月
「写真界の慧星　上野彦馬」『アサヒカメラ』十六巻五号、十一月
＊「天高肥人」『食道楽』七年十一号、十一月
「混血兒物語（長崎秘譚）」『政界往来』四巻十一号、十一月
＊「写真界に於ける上野彦馬の位置」『長崎談叢』十一月
＊「和寇血戦記」『犯罪公論』十一月
「写真界の慧星　上野彦馬」『アサヒカメラ』十六巻六号、十二月
「写真界の大物 上野彦馬伝」『カメラ』十四巻十二号、十二月
＊「赤褌長者の零落ぶり」『犯罪公論』十二月

一九三四年

「上野彦馬」『アサヒカメラ』第十七巻一号、一月
「写真界の大物 上野彦馬伝（完）」『カメラ』一五一号、一月
「日の出」『南紀藝術』二集十号、一月
「長崎雑煮」『糧友』九巻一号、一月
「肉筆価値の素晴しさ」『浮世絵芸術』三巻一号、二月
「写真に縁ある流行歌」『カメラ』一五四号、四月
「長崎の節分」『話』二巻二号、二月
（単）「長崎版畫と黄檗宗」『浮世絵版画大鑒』大鳳閣編、五月
「名士アマチユア傑作集 新緑の日本アルプス」『アサヒカメラ』十八巻一号、七月
「ライカによる航空写真の体験」『カメラ』一五七号、七月
＊「丸山の転向」『談叢』一巻一号、七月
「舞台寫眞の研究」『アサヒカメラ』十八巻二号、八月
「赤外線初見参の記」『カメラ』一五八号、八月
「島のアンコ」『美之国』十巻八号、八月
「寫眞放談」『アサヒカメラ』十八巻二号、九月
「名物男天民老」『食道楽』八年八号、九月
「航空写真撮影日記」『写真月報』三十九巻十号、十月
「顯微鏡寫眞の面白味」『アサヒカメラ』十八巻五号、十一月
「さくら赤外フィルムの試写」『写真月報』三十九巻十一号、十一月
「乗物オン・パレード」『フォトタイムス』十一巻十一号、十一月
「雪降る頃の注意」『フォトタイムス』十一巻十二号、十二月

一九三五年

「文壇フォト・グループの誕生」「性格表現と自然状態」『写真月報』四十巻一号、一月
「コダックヂユオ六二〇の試寫」『アマチユア・カメラ』四巻二号、二月
＊「夜の世界」『写真サロン』二月号、二月
「早春の長崎」「湖水と海の魅惑」『旅』十二巻二号、二月
「浮世絵は狭斜の巻のみを写したのではない」『美之国』十一巻二号、二月
「露出の用心」『フォトタイムス』十二巻二号、二月
「花談議」『アマチユア・カメラ』四巻三号、三月
「山田右衛門作の検討」『浮世絵芸術』四巻三号、三月
「長崎をどう観るか—懐古趣味の満喫」『旅』十二巻三号、三月
「英人グラバー對唐人お才事件の眞相の眞相」『三田文学』十巻三号、三月

「涙の舞台稽古を映す」『カメラ』一六六号、四月
「興味本位の舞台写真」『写真月報』四十巻四号、四月
＊「屋外人物・晴・曇・雨・雪」『写真サロン』四月号、四月
「劇場楽屋風景」『写真新報』四十五巻五号、四月
「カメラは與太る」『旅』十二巻四号、四月
「初夏の山」『写真月報』四十巻五号、四月
（単）「鯛のことども」『魚春の巻』食満南北編、大阪魚会社、四月
「南蠻美術書の感想」みづうみ」『書窓』一巻二号、五月
「初夏の伊豆大島行」『アマチュア・カメラ』四巻六号、六月
「新緑の伊豆半島」『写真月報』四十巻六号、六月
「長崎の菓子細工」『製菓実験』六巻三号、六月
＊「長崎市繁栄策としてオランダ屋敷の再建を図れ」『長崎日日新聞』七月八日
「長崎バッテン初期時代の私」『アマチュア・カメラ』四巻七号、七月
「レチナを語る」『カメラ』一六九号、七月
（共）「帝展改組に対する諸家の批判」『美之国』十一巻七号、七月
「東尋坊の海辺」『フォトタイムス』十二巻七号、七月
＊「舞台写真と私」『海の星』二十六号、八月
「競馬風景」『写真月報』四十巻八号、八月
「多情胎生 熱帯魚の産褥覗き」『政界往来』六巻八号、八月
「能登の海女達」『旅』十二巻八号、八月
「舞台稽古雑感」『フォトタイムス』十二巻八号、八月
（単）「多情胎生」「南洋怪媚錄」「能登の海女達」『現代随筆全集第十巻』金星堂編、金星堂、九月　※既発表の随筆を再録したもの。
＊「蜂の子」『食道楽』九年七号、九月
「拾銭カメラは愉快ですよ」『フォトタイムス』十二巻九号、九月
「日露秘話 降將ステッセルの長崎上陸（その一）」『月刊ロシヤ』一巻四号、十月
「夢二を偲ぶ」『書窓』二巻一号、十月
（共）「国民劇創成の大道を邁進する東宝劇団への言葉」『東宝』二十二号、十月
「舞台撮影のなやみ」『フォトタイムス』十二巻十号、十月
＊「松竹宝塚レビュウ繫昌記」『ホーム・ライン』十月
「ピエルロチ「お菊さん」の素状」『実録文学』十一月号、十一月
「日露秘話 降將ステッセルの長崎上陸（その二）」『月刊ロシヤ』一巻五号、十一月
「芥川氏の電報」『思想国防』一巻二号、十一月
「日露秘話 降將ステッセルの長崎上陸（その三）」『月刊ロシヤ』一巻六号、十二月
「劇場写真は明るいレンズで」『写真月報』四十巻十二号、十二月
「冬の失敗」『フォトタイムス』十二巻十二号、十二月
「南蛮料理考」『歴史公論』四巻十二号、十二月

一九三六年

「繪畫に現はれた寫眞」『アサヒカメラ』二十一巻一号、一月
「スーパー・シックスに依る舞台写真」「俳優写真展大入叶評判記」『写真月報』四十一巻一号、一月
「奥秩父の山と水」『政界往来』七巻一号、一月
（共）「最近の一般寫眞界の興隆とアマチュア寫眞熱の勃興について（二）」『アマチュア・カメラ』五巻二号、二月
「長崎絵画の発達」「長崎版画」『歴史公論』五巻二号、二月
（単）「章魚」『魚の大阪』大阪魚株式会社編、三月
「劇場はライカ？コンタックス？」『写真月報』四十一巻三号、三月
「私の酒」『食道楽』十巻四号、四月
（合）「私の処女出版」『読書感興』二号、四月
「アマチュア放言」『写真月報』四十一巻五号、五月
「カメラを通して見た藝術家」『明朗』五月号、五月
（単）「竹紫大人と写真」『竹紫記念』水谷八重子編、八月
「舞台撮影心得帳」『カメラ』一八二号、八月
「東京より日本ラインまで」『写真月報』四十一巻八号、八月
「長崎に来た夢二サン」『書窓』三巻三号、八月
「夢二の版画」『浮世絵界』一巻七号、九月
「ウソ」『政界往来』七巻十号、十月
「猫を写す秘訣」『カメラ』一八五号、十一月
「村芝居の面白味」『写真月報』四十一巻十一号、十一月
＊「舞台写真は益々面白くなつた」『カメラクラブ』十二月

一九三七年

「強力現像の威力 舞台寫眞の結果」『アサヒカメラ』二十三巻一号、一月
「ローライの夜間撮影と強力現像」『カメラ』十八巻一月号一月
「夜間に強力フィルターをかけ強力現像を用いよ」『写真月報』四十二巻一号、一月
＊「長崎自慢」『食道楽』二年一号、一月
「カメラの選び方」『ペン』二巻一号、一月
「新しき家寶」『雄弁』二十八巻一号、一月
「カメラの善用惡用」『アマチュア・カメラ』六巻二号、二月
＊「レビューに注意しよう」『カメラクラブ』二月
「カメラは高級品でないといけないか」『実業の日本』四十巻三号、二月
「赤外線写真に強力現像の使用を」『写真月報』四十二巻二号、二月
「近距離撮影の感興」『写真新報』四十七巻二号、二月
「寫眞新聞」『書物展望』七十八号、二月
「アーテイスト達の一瞬間」『アサヒカメラ』二十三巻三号、三月
「芸術家はカメラがお好き」『アマチュア・カメラ』六巻三号、三月
「舞台写真「可からず」拾題」『写真月報』四十二巻三号、三月
＊「舞台写真十誡」『写真サロン』三月
「続アーテイスト達の一瞬間」「安カメラで舞台が撮れる」『アサヒカメラ』二十三巻四号、四月
「舞台稽古の苦労」『写真新報』四十七巻四号四月
「大衆向カメラで楽しむ」『いのち』五巻五号、五月
「サツマとヒウガと其他」『上方』七十七号、五月
「式根島と新島」『写真月報』四十二巻六号、六月

＊「夏まつり」『写真サロン』六月
（単）「長崎ではベニ刺魚の南蠻漬か」『食通放談』読売新聞婦人部編、秋豊園出版部、七月
「続々アーティスト達の一瞬間」（合）「ダゲレオタイプ發明百年記念 写真の歴史を語る座談会」『アサヒカメラ』二十四巻一号、七月
＊「写真は大空から」『カメラクラブ』七月
「東尋坊の海辺」『写真新報』四十七巻七号、七月
＊「大食の乱」『食道楽』二年七号、七月
「熱帯魚を前にして」『政界往来』八巻七号、七月
「盛夏涼風寫眞術 昔は寫眞を何と言ったか」『アサヒカメラ』二十四巻二号、八月
「舞臺寫眞でよくやる縮尻」『カメラ』一九五号、八月
「ホロショホロショ」『月刊ロシヤ』三巻八号、八月
＊（共）「食道楽座談会 豪華料理を味ふ会」『食道楽』二年八号、八月
「写真界の恩人 下岡蓮杖と上野彦馬」『ホーム・ライフ』三巻八号、八月
「長崎の新秋頃」『文芸汎論』七巻九号、九月
「三峰に登る」『写真月報』四十二巻十号、十月
「古寫眞ものがたり」『アサヒカメラ』二十四巻四号、十月
「古寫眞ものがたり」『アサヒカメラ』二十四巻五号、十一月
「上高地五色染日記」『写真月報』四十二巻十一号、十一月
「古寫眞ものがたり」『アサヒカメラ』二十四巻六号、十二月
「猫と遊ぶ」『写真月報』四十二巻十二号、十二月

一九三八年

「虎笑五題」『アサヒカメラ』二十五巻一号、一月
「夜間撮影の失敗防止法」『カメラ』十九巻一月号、一月
＊「初春芝居を大衆カメラで撮る」『カメラクラブ』一月
「羽子板、凧、餅飾の月」『写真月報』四十三巻一号、一月
「長崎の歌いろいろ」『食道楽』三年一号、一月
「ぶらぶら節」『月刊ロシヤ』四巻二号、二月
＊「長崎の歌いろいろ『食道楽』三年三号、三月
「所謂支那人根性」『政界往来』九巻二号、二月
「愉快な記念寫眞」『アサヒカメラ』二十五巻三号、三月
「長崎版画切支丹絵の報告」『浮世絵界』三巻三号、三月
「咲いた咲いた櫻の花が」『カメラ』十九巻三月号、三月
＊「日本的な題材を掴め」『カメラクラブ』、三月
「私の舞台写真展覧会に就いて（上・下）」『長崎日日新聞』四月二二日、二三日
「ゴルフを撮る」『写真月報』四十三巻四号、四月
「水底に沈む村の祭」『写真新報』四十八巻四号、四月
＊「長崎言葉『長崎茶話』一巻一号、四月
「支那芝居を撮る」『写真月報』四十三巻五号、五月
＊「舞台写真とカメラ」『写真サロン』五月
「女形扮装寫眞笑話」『アサヒカメラ』二十六巻一号、七月
「地方に於ける夜間撮影の体験」『カメラ』十九巻七月号、七月
「筑紫片々」『写真月報』四十三巻七号、七月
「青年歌舞伎長崎交友録」『政界往来』九巻七号、七月
「尾上菊五郎丈寫眞美談」『アサヒカメラ』二十六巻二号、八月
「島原半島の一部分」『写真月報』四十三巻八号、八月
「長崎味感極楽」『食道楽』三年八号、八月
「涼風待望の頃」『写真月報』四十三巻九号、九月
＊「舞台写真とカメラ」『写真サロン』九月
「長崎味感極楽」『食道楽』三年九号、九月
「芥川の河童屏風」『俳句研究』九月号、九月
＊「長崎味覚極楽」『食道楽』三年九号、十月
「霊峰富士地帯」『写真月報』四十三巻十一号、十一月
「幽霊写真を撮る」『カメラ』十九巻十二月号、十二月
「奈良の神鹿角伐」『写真月報』四十三巻十二号、十二月
＊「奇遇」『長崎茶話』一巻二号、十二月

一九三九年

「偲べ聖戦其舞台劇」『アサヒカメラ』二十七巻一号、一月
「感謝参拝」『カメラ』二十巻一月号、一月
＊「日の出を写す」『カメラクラブ』、一月
「史蹟礼讃写真行路」『写真月報』四十四巻一号、一月
＊「室津と赤穂」『写真サロン』、一月
「戰時風景」『政界往来』十巻一号、一月
＊「室津行」『茶わん』九巻二号、一月
「坂東彦三郎氏とカメラ」『演芸画報』三十三年二号、二月
「尾上菊五郎氏の熱情」『写真月報』四十四巻二号、二月
「濱田彌兵衛の墓」『政界往来』十巻二号、二月
「日本精神宣揚 忠臣蔵の史跡と舞台」『写真月報』四十四巻三号、三月
「天草本と出島版」『書物展望』九十三号、三月
「忠君愛國劇を寫すには」『カメラ』二十巻四月号、四月
「長崎天主堂破却前後」『古典研究』四巻四号、四月
「花道その他」『東宝』六十四号、四月
「梅雨時分」『写真月報』四十四巻六号、六月
＊「忠臣蔵」『写真サロン』六月
（共）「最近の掘り出し物」『書物展望』九十六号、六月
「ビワとヒワ」『政界往来』十巻六号、六月
「浦風、濱風」『写真月報』四十四巻七号、七月
「夢二「寶船」眞説を正す」『浮世絵界』四巻八号、八月
「どの座が舞臺撮影を許すか」『カメラ』二十巻九月号、九月
「英艦長崎港狼藉」『古典研究』四巻九号、九月
「初秋点描」『写真月報』第四十四巻九号、九月
（共）「旅の良書珍本」『旅』十六巻九号、九月
「秋の撮影旅行異聞」『アサヒカメラ』二十八巻四号、十月
「上方情調の秋色」『写真月報』四十四巻十号、十月
＊「秋の奈良」『写真サロン』十月
＊「天高気清の頃」『写真サロン』十一月
「箱根」『政界往来』十巻十一号、十一月
「文化的創作映画」『東宝』七十一号、十一月
「長崎版画考点描」『浮世絵界』四巻十二号、十二月
＊「簡単カメラの美点」『カメラクラブ』十二月
「年の瀬は近づく」『写真月報』四十四巻十二号、十二月

一九四〇年

「ウンスン・カルタは支那版にもあり」『浮世絵界』五巻一号、一月
（共）「迎春祈世」（合）「昔の写真家、今の写真家、未来の写真家?を語る座談会」『カメラ』二十一巻一月号、一月

＊「昔のアマチュアと今のアマチュア」『カメラクラブ』一月
「長崎版畫考點描」『黒船』十七巻一号、一月
＊「舞台を左右前後から写す」『光画月刊』一月
「聖戦流行歌とカメラ（上の巻）」『写真月報』四十五巻一号、一月
＊「興味ある支那の写真用語」『写真サロン』一月
「英艦長崎港狼藉」『黒船』十七巻二号、二月
「聖戦流行歌とカメラ（下の巻）」『写真月報』四十五巻二号、二月
「舞台写真の音信」『写真新報』五十巻十一号、二月
＊「蜜柑と柿の旅」『食道楽』五年二号、二月
「長崎資料舶来鳥獣写生の掟」『茶わん』十巻二号、二月
「惜春譜」『カメラ』二十一巻三月号、三月
「ウンスン・カルタは支那版にもあり」『黒船』十七巻三号、三月
「春の海辺にて」『写真月報』四十五巻三号、三月
「下田と寫眞の因縁」『カメラ』二十一巻四月号、四月
「蘭医小考」『古典研究』五巻四号、四月
「パーレッ党半月生」『写真月報』四十五巻四号、四月
「櫻二題」『旅』十七巻四号、四月
「謎の写楽を偲び乍ら」『浮世絵界』五巻五号、五月
「橘軍神と寺崎廣業」『詩と美術』二巻五号、五月
「あちらこちらの温泉場」『写真月報』四十五巻五号、五月
「旅に出た下岡蓮杖」『旅』十七巻五号、五月
＊「メイカイは明快か」『カメラクラブ』六月
「阿蘭陀ものがたり」『黒船』十七巻六号、六月
「蘭印昔語り」『時局情報』四巻六号、六月
「薫風時代」『写真月報』四十五巻六号、六月
「カメラ雑音」『政界往来』十一巻六号、六月
「阿蘭陀文化輸入の一考察」『黒船』十七巻七号、七月
「美術国和蘭を偲ぶ」『詩と美術』二巻六号、七月
「日蘭親善の回顧」『黒船』第十七巻八号、八月
「水の感覚」『写真月報』四十五巻八号、八月
「楽屋裏秘帖」『写真新報』五十巻九号、八月
＊「涼風三昧」『カメラクラブ』九月
「続・水の感覚」『写真月報』四十五巻九号、九月
「頼山陽と長崎、島原、天草」『旅』十七巻九号、九月
「蘭人の観たる肥前陶器」『茶わん』十巻九号、九月
「頼山陽と長崎、島原、天草」『黒船』十七巻第十号、十月
「蘭印の象頭骨」『政界往来』十一巻十号、十月
「村童と子供」『カメラ』二十一巻十一月号、十一月
＊「御題 漁村曙」『カメラクラブ』十二月

一九四一年

「長崎洋畫考の一部」「夜明け」『黒船』十八巻一号、一月
「漁村曙日記」『政界往来』十二巻一号、一月
（単）「長崎の菓子細工」『甘味（お菓子随筆）』双雅房編、二月
「長崎洋畫家考の一部（二）」『黒船』十八巻二号、二月
「南蛮屏風雑感（上）」『浮世絵界』六巻三号、三月
「南蛮屏風雑感（下）」『浮世絵界』六巻四号、四月
「日蘭親善 混血兒の記録（一）」『黒船』十八巻四号、四月
「日蘭親善 混血兒の記録（二）」『黒船』十八巻五号、五月
「長崎凧揚げの取締」『黒船』十八巻第六号、六月
「私の舞台寫眞」『黒船』十八巻七号、七月
＊「舞臺寫眞の撮影」『國民演劇』一巻六号、八月
「南進した朱印船」『公論』九月号、九月
（単）「朱印船素描」『長崎文化物語』福田清人・本山桂川編、八弘書店、十一月

一九四二年

「長崎版画の研究餘地」『茶わん』十二巻一号、一月
「昭南港の朝」『政界往来』十三巻三号、三月
「長崎洋画の道程」『大和絵研究』一巻二号、三月
「セイロン島横断の想ひ出」『週刊朝日』四月十二日号、四月
「住民の風習第一義」『生活科学』四月号、四月
＊「印度首都デリー」『日本評論』十七年五月号、五月
＊「和合神図版画」『大和絵研究』一巻四号、五月
「南蛮屏風追想言」『旬刊美術新報』二十六号、六月
「ジャワの晝寝」『旅』十九巻六号、六月
「牛糞 印度寄聞」『時局雑誌』七月号、七月
「印・英闘争の跡」『日本評論』十七年八月号、八月
「護謨園風景」『黒船』十九巻九号、九月
「ダージリン風景」『国際文化』二十一号、九月
「印度の驛珍景」『政界往来』十三巻九号、九月
「印度見聞記」『現代』十月号、十月
「盆買物語」『実業の日本』四十五巻十九号、十月
「印度ものの凸凹」『黒船』十九巻第十一号、十一月
「印度の孔雀」『理想日本』一巻十号、十一月

一九四三年

「長崎の正月 絵踏」『歴史日本』二巻一号、一月
＊「臣道實践」『創造』二月
「長崎の沈南蘋派」『美術新報』五十号、二月
「長崎の沈南蘋派（二）」『美術新報』五十二号、二月
＊「画僧鉄翁」『東京』十一巻三号、三月
「長崎の絵画」『美術新報』五十八号、四月
「黄檗僧と北宗画」『美術新報』六十五号、七月
（単）『南蛮美術集』永見徳太郎編、大雅堂、十月
※一九二八年刊の同名書籍（南蛮会編、芸艸堂）の再版

一九四六年

「奈良懐古」※俳句二首『心の花』五十巻五号、五月
「ヒマラヤ山」※俳句七首『心の花』五十巻八号、八月
「印度洋追想」※俳句五首『心の花』五十巻九号、九月

一九四七年

「長崎版画」※俳句四首『心の花』五十一巻七号、七月
「会遊の香港」※俳句二首『心の花』五十一巻八号、八月
「上海の歌」※俳句三首『心の花』五十一巻九号、九月
「馬来雑詠」※俳句三首「「わが文わが歌」と長崎」『心の花』五十一巻十号、十月
「三人集 タゴール一家」※俳句六首『心の花』五十一巻十一号、十一月
「馬来雑詠」※俳句三首『心の花』五十一巻十二号、十二月

一九四八年

「阿蘭陀冬至」※俳句三首『心の花』五十二巻二号、二月

「印度の旅」※俳句五首『心の花』五十二巻三号、三月
「印度会遊作」※俳句四首『心の花』五十二巻四号、四月
「讃 竹柏園先生」※俳句三首『心の花』五十二巻五号、五月
「長崎港外」※俳句三首「印度懐古」※俳句一首『心の花』五十二巻六号、六月
「歌謡集おもかげとじゃがたら文」『余情』八集、六月
「石薬師の図」「六月六日記」※俳句一首『心の花』五十二巻七号、七月
「黄昏」※俳句四首『心の花』五十二巻八号、八月
「慶祝」※俳句二首『心の花』五十二巻九号、九月
「印度ここかしこ」※俳句三首、浮世絵礼賛」※俳句二首『心の花』五十二巻十号、十月
「南蛮屏風」※俳句四首、「挽歌」※俳句一首）『心の花』五十二巻十一号、十一月
「崇福寺の支那盆」※俳句三首『心の花』五十二巻十二号、十二月

一九四九年

「南蛮屏風」※俳句四首『心の花』五十三巻一号、一月
「浦上天主堂」※俳句四首、「広重の版画」※俳句一首『心の花』五十三巻二号、二月
「沖縄風景追想」※俳句五首『心の花』五十三巻三号、三月
「竹柏園大人に」※俳句五首『心の花』五十三巻四号、四月
「川原慶賀に就て（上）」『国華』六八五号、四月
「馬来雑詠」※俳句四首『心の花』五十三巻五号、五月
「横浜風景ほか」※俳句五首『心の花』五十三巻六号、六月
「川原慶賀に就て（下）」『国華』六八七号、六月
「九州の旅」※俳句五首『心の花』五十三巻七号、七月
「聖ザビエル」※俳句四首『心の花』五十三巻八号、八月
「長崎」※俳句三首『心の花』五十三巻九号、九月
「嶋原行」※俳句四首『心の花』五十三巻十号、十月
「長崎崇福寺」※俳句三首『心の花』五十三巻十一号、十一月
「朝顔ほか」※俳句四首『心の花』五十三巻十二号、十二月

一九五〇年

「つくしの歌」※俳句四首『心の花』五十四巻一号、一月
「野母岬」※俳句一首、「原城址」※俳句二首『心の花』五十四巻二号、二月
「鞆」※俳句四首『心の花』五十四巻三号、三月
「谷水」※俳句三首『心の花』五十四巻四号、四月
「長崎風景」※俳句四首『心の花』五十四巻五号、五月
「ブラジル歌碑」※俳句三首『心の花』五十四巻六号、六月
「春日」※俳句一首『心の花』五十四巻七号、七月
「伊豆の海」※俳句二首『心の花』五十四巻八号、八月
「旅にて」※俳句三首『心の花』五十四巻九号、九月
「茅蜩」※俳句三首『心の花』五十四巻十号、十月
「洋画をたたふ」※俳句四首『心の花』五十四巻十一号、十一月
「奈良」※俳句四首『心の花』五十四巻十二号、十二月
※『心の花』誌の俳句は投稿式。永見失踪後の一九五〇年十二月号以降は、すでに投稿してあった作品が順次掲載されたものと考えられる。

一九五一年

「京名所」※俳句三首『心の花』五十五巻一号、一月
「京名所」※俳句五首『心の花』五十五巻二号、二月
「野の道」※俳句二首『心の花』五十五巻三号、三月

主要参考文献一覧

本書における主な参考文献を、単行書、逐次刊行物、展覧会図録等の別なく記載した。
なお掲載にあたっては、本書全体、あるいは章ごとにまとめた。
永見徳太郎による文献については、「永見徳太郎自筆・談話　書誌リスト」を参照。

【本書全体：永見徳太郎に関するもの】

・林源吉「夏汀追憶三題」『長崎談叢』第三十八集、長崎文献社、一九五三年
・「永見夏汀君の回想」『長崎文化』第八号、長崎国際文化協会、一九六二年
・山口雅生『長崎丸山花月記』清文堂出版、一九六八年
・越中哲也「夏汀永見徳太郎書簡」（一・二）『長崎市立図書館館報』第十四・十五号、一九七四年・一九七五年
・大谷利彦『長崎南蛮余情 永見徳太郎の生涯』長崎文献社、一九八八年
・大谷利彦『続長崎南蛮余情 永見徳太郎の生涯』長崎文献社、一九九〇年
・新名規明『長崎偉人伝 永見徳太郎』長崎文献社、二〇一九年

【第一章】

・長崎市役所編『長崎市史　風俗編』長崎市役所、一九二五年
・池長孟『邦彩蛮華大宝鑑 池長蒐集品目録』創元社、一九三三年
・西村貞『南蛮美術』講談社、一九五八年
・うんのかずたか（海野一隆）『ちずのしわ』雄松堂出版、一九八五年
・岡泰正『めがね絵新考』筑摩書房、一九九二年
・池長孟『南蛮美術総目録　旧池長コレクション　神戸市立博物館収蔵（再版）』東洋書院、一九九四年
・『神戸市立博物館名品展　近世日本の美―東西交流の精華―』（図録）ＭＯＡ美術館、一九九八年
・『南蛮堂コレクションと池長孟』（図録）神戸市立博物館、二〇〇三年
・九州国立博物館編『いにしえの旅 増補版 九州国立博物館収蔵品精選図録』西日本新聞社、二〇〇六年
・『神戸市立博物館　コレクションの精華　つたえたい美と歴史』（図録）神戸市立博物館、二〇〇八年
・『日本絵画のひみつ』（図録）神戸市立博物館、二〇一一年
・『南蛮美術の光と影 泰西王侯騎馬図屏風の謎』（図録）サントリー美術館ほか、二〇一一年
・『珍獣？霊獣？ゾウが来た！～ふしぎでめずらしい象の展覧会～』（図録）長崎歴史文化博物館、二〇一二年
・『トピック展示 視覚革命！異国と出会った江戸絵画　神戸市立博物館名品展』（図録）九州国立博物館、二〇一三年
・「横浜市立大学コレクション・古地図の世界―地球のかたちと万国の大地―」（図録）横浜市歴史博物館、二〇一三年
・『ギヤマン展―あこがれの輸入ガラスと日本』（図録）神戸新聞社、二〇一四年
・『長崎版画と異国の面影』（図録）板橋区立美術館、二〇一七年
・宮川由衣「サンクタ・マリアとしての白磁製観音像――潜伏キリシタン伝来の「マリア観音」をめぐって」『西南学院大学博物館研究紀要』第八号、西南学院大学博物館、二〇二〇年
・『長崎の黄檗 隠元禅師と唐寺をめぐる物語』（図録）長崎歴史文化博物館、二〇二二年

【第三章】

・丹尾安典監修『山口八九子作品集』山口八九子作品集刊行会、二〇〇八年
・『没後70年　南薫造』（図録）広島県立美術館ほか、二〇一一年
・喜田幾久夫「洋画家の消息集覧 その十一 満谷国四郎」『日本美術工芸』二百九十一号、日本美術工芸社、一九六二年
・五味俊晶編『栗原玉葉　長崎がうんだ女性画家』長崎文献社、二〇一八年
・『斎藤茂吉全集　第五十二巻（書簡　第一）』岩波書店、一九五六年
・『平福百穂展』（図録）宮城県美術館ほか、二〇一九年
・近藤浩一路『漫画巡礼記』磯部甲陽堂、一九一八年
・『光の水墨画 近藤浩一路の全貌』（図録）練馬区立美術館・山梨県立美術館、二〇〇六年
・野地耕一郎ほか編『縦横無尽―小川千甕という生き方』（求龍堂、二〇一四年）
・大野芳郎「夢二の藝術」『浮世絵界』第一巻第七号、浮世絵同好会、一九三六年
・『竹久夢二と静岡ゆかりの美術』（図録）静岡市美術館、二〇一二年
・二見和彦「夢二の版画集」『日本古書通信』第五十巻第四号、日本古書通信社、一九八五年四月

作品リスト

松久保修平編

［凡例］
各作品については以下の順でデータを記載し、永見徳太郎旧蔵品には番号の下に◎を記した。データは原則として所蔵者からの提供による。
作品番号、永見旧蔵表記、作者名、作品名、制作年、素材・技法等、サイズ（センチメートル）、所蔵者

プロローグ　銅座の殿様—永見徳太郎

1—1・2　◎
大森桃太郎
永見徳太郎像
一九三三（昭和八）年
エッチング・紙　一一・五×一二・七
長崎歴史文化博物館

2　◎
永見伝三郎
柳川家、対州家、秋月家、金員調達書
一八七一（明治四）年
紙本墨書　冊子　二五×十五
長崎歴史文化博物館

3
商工技芸崎陽魁
一八八五（明治十八）年
木版・紙　冊子　八×十七
長崎歴史文化博物館

4　◎
呉服太物商許可証
一八九一（明治二十四）年
紙本墨書　一七・五×一二
長崎歴史文化博物館

5
永見倉庫写真
一九一二（大正元）年頃
写真　二七・五×三三・二
長崎歴史文化博物館

6　◎
銅座町
銅座町総代ヨリ傘鉾寄贈礼状
一九二五（大正十四）年
紙本墨書　三九×五三
長崎歴史文化博物館

7
絵葉書・長崎諏訪神事　銅座町奉納　傘鉾
一九二五（大正十四）年
写真　一四・一×九・一
長崎歴史文化博物館

8
絵葉書・長崎諏訪神社大祭記念　明治四十三年十月　銅座町傘鉾
一九一〇（明治四十三）年
写真　一四・一×九・一
長崎歴史文化博物館

第一章　あつめる—南蛮美術の大コレクター

9　◎
長久保赤水
地球万国山海與地全図
江戸時代後期
木版・紙　三一・五×四三・七
神戸市立博物館

10 ◎
世界萬国之図
紙本着色　六八・五×八一・七
神戸市立博物館

11 ◎
万国人物図
江戸時代（十七世紀）
紙本金地着色　三帖　（各）二七・九×二一・五
神戸市立博物館

12 ◎
不詳（伝 荒木如元）
万国人物図
江戸時代
紙本着色　三五×七〇七
神戸市立博物館

13 ◎
狩野宗秀
都の南蛮寺図
桃山時代（十六世紀後期）
紙本金地着色　上弦五〇・六×下弦一一・二×幅一九・七
神戸市立博物館

14 ◎
南蛮人交易図
江戸時代（十七世紀後期）
紙本着色　八六・六×一五二・九
神戸市立博物館

15
南蛮屏風（残欠）
江戸時代（十七世紀前期）
紙本着色　一三八・二×二一九・七
神戸市立博物館

16 ◎
伝 渡辺秀石
長崎唐蘭館図巻
江戸時代（十八世紀初期）
紙本着色　二巻　（各）三五・八×三九九・二
神戸市立博物館

17 ◎
紅毛婦人と召使図
江戸時代
紙本着色　一一四・九×四五・三
神戸市立博物館

18 ◎
不詳（伝 司馬江漢）
ブロンホフ家族図
江戸時代（十九世紀前期）
布（芭蕉布か）・着色　一〇四・四×三二一
神戸市立博物館

19 ◎
北亜墨利加人アハタムス像
木版・紙　三九×二六・五
神戸市立博物館

20 ◎
支倉常長像
銅版・紙　三四・六×二四
神戸市立博物館

21 ◎
色絵象にインド風俗図壺
江戸時代（十八世紀後期）
有田窯　高二三・五　径一六・八
神戸市立博物館

22 ◎
蒔絵南蛮人図文箱
桃山―江戸時代初期
漆器　二〇・六×八・六×四
神戸市立博物館

23 ◎
蒔絵南蛮人洋犬文硯箱
桃山―江戸時代初期
漆器　二二×二〇・八×四・三
神戸市立博物館

24 ◎
うんすんかるた
紙本着色　七十五枚　（各）七・二×四・四
神戸市立博物館

25 ◎
南蛮唐草輪金ぎやまん瓶
ガラス・金属　高一七・五　径三・二
神戸市立博物館

26 ◎
藍色カットグラス脚付杯
ガラス　高一二・八　径七・五
神戸市立博物館

27 ◎
彩絵緑色阿蘭陀人文角形ガラス瓶
十八—十九世紀
ガラス・着彩　高二九
神戸市立博物館

28 ◎
ガラス飾蓋付紙製円筒箱
紙箱にガラス、着彩　高二・一　径四・六
神戸市立博物館

29 ◎
ガラス飾円箱方位磁石
ガラス、着彩　高一・六　径四・六
神戸市立博物館

30 ◎
河村（原）南嶺斎
時計図案帳
一八一五（文化十二）年ほか
紙本着色　（各）四〇×三〇・五
神戸市立博物館

31 ◎
西苦楽
紅毛ポンポコポン図（のぞきからくり図）
江戸時代
紙本着色　九一・七×五五・六
神戸市立博物館

32 ◎
ロンドン版
ポールモールの聖ジェームズ宮の眺望
一七五三年
銅版筆彩・紙　二四・七×四〇・六
神戸市立博物館

33 ◎
ロンドン版
ローマ近郊ヴァチカンのベルヴェデーレ邸の眺望
一七五三年
銅版筆彩・紙　二六・六×四三・六
神戸市立博物館

34 ◎
放蕩息子の帰還
銅版筆彩・紙　二七×四〇
神戸市立博物館

35 ◎
西洋宮殿図
銅版筆彩・紙　二八・二×三九・六
神戸市立博物館

36 ◎
高橋由一
初代玄々堂像
一八七五（明治八）年頃
油彩・カンヴァス　五九・二×四二・八
神戸市立博物館

37 ◎
城義隣
長崎港図
江戸時代後期（十九世紀）
紙本着色　五九・八×一〇〇・二
神戸市立博物館

38 ◎
原本・石崎融思
長崎港図
一八一八（文化十五）年
紙本着色　四八・八×七二・五
神戸市立博物館

39 ◎
富嶋屋版
長崎図（無題）
一八二一（文政四）年
木版・紙　三五・七×四六
神戸市立博物館

40 ◎
文錦堂版
長崎湊外沖之図
江戸時代後期
木版・紙　三二・六×四四・一
神戸市立博物館

41 ◎
原南嶺斎
諏訪町年中行事図
一八二七（文政十）年
紙本着色　三三×四四六
神戸市立博物館

42 ◎
二代歌川広重
諸国名所百景　肥前長崎目鏡橋《めがね》
一八五九（安政六）年
木版・紙　三九×二六・五
神戸市立博物館

43 ◎
二代歌川広重
諸国名所百景　肥前五島鯨漁の図
一八五九（安政六）年
木版・紙　三九×二六・五
神戸市立博物館

44 ◎
二代歌川広重
諸国名所百景　対州海岸
一八六〇（万延元）年
木版・紙　三九×二六・五
神戸市立博物館

45 ◎
二代歌川広重
諸国名所百景　肥前長崎唐船の図
一八五九（安政六）年
木版・紙　三九×二六・五
神戸市立博物館

46 ◎
二代歌川広重
諸国名所百景　長崎丸山の景
一八五九（安政六）年
木版・紙　三九×二六・五
神戸市立博物館

47 ◎
扇屋版
唐船之図
江戸時代後期
木版・紙　三三・一×五四・七
神戸市立博物館

48
磯野文斎版（大和屋版）
Hollandsch groot Schip
江戸時代（十九世紀前期）
木版・紙　一五・六×四二・八
神戸市立博物館

49 ◎
荒木元融
水亭囲碁図
江戸時代（十八世紀末期）
紙本墨画淡彩　一〇三・四×三八・一
神戸市立博物館

50 ◎
石崎融思
天保九如図
一八四五（弘化二）年賛
紙本着色　一〇八・五×三七・四
神戸市立博物館

51 ◎
元喬
千呆性侒図
一七〇〇（元禄十三）年賛
紙本着色　八四・六×三四・五
神戸市立博物館

52 ◎
木下逸雲
関羽像
江戸時代（十九世紀）
紙本着色　七八×五八・三
神戸市立博物館

53 ◎
小児を抱く中国人物像
木彫・着彩　高二〇・九
神戸市立博物館

54 ◎
如来坐像をかたどる聖母子像
木彫・着彩　高一〇・五
神戸市立博物館

55 ◎
恵比寿をかたどる聖像
木彫　高一三・三
神戸市立博物館

56 ◎
マリア観音像
十八世紀前期
陶製　高二〇・八
神戸市立博物館

57 ◎
マリア観音像
陶製　高二二・八
神戸市立博物館

58 ◎
外国製
キリスト茨冠像銅牌
金属　一〇・五×六・八
神戸市立博物館

59 ◎
外国製
キリスト像銅牌
金属　一八・三×一五・二
神戸市立博物館

60 ◎
外国製
キリスト像板絵
板・着彩　二七×二一
神戸市立博物館

61 ◎
外国製
キリスト磔刑像
象牙、木　二九・二×二二・七
神戸市立博物館

62 ◎
外国製
大コンタツ
木、金属　一二・八×六・三
神戸市立博物館

63
永見徳太郎写真
写真　一五・五×一一・二
神戸市立博物館

64
池長孟宛永見徳太郎書簡
一九五〇（昭和二十五）年
ペン・紙　二枚　（各）二四・七×一七・七
神戸市立博物館

第二章　つくる―アーティスト・永見夏汀

65
永見徳太郎
『夏汀画集』
一九一三（大正二）年
書籍　一八×二七
長崎歴史文化博物館

66
永見徳太郎
『夏汀画集 二』
一九一五（大正四）年
書籍　一九×二七
長崎歴史文化博物館

67
永見徳太郎
『夏汀画集 三 印度の巻』
一九一六（大正五）年
書籍　一九×二六
長崎歴史文化博物館

68
永見徳太郎
長崎港
大正時代
油彩・カンヴァス　五八×九九・五
長崎県美術館

69
永見徳太郎
唐寺
大正時代
油彩・カンヴァス　七三×七三
長崎県美術館

70
永見徳太郎
朝のヒマラヤ（印度）
一九一七（大正六）年頃
油彩・カンヴァス　六〇・三×九九・六
長崎県美術館

71
永見徳太郎
赤道近くの海
一九二〇（大正九）年
油彩・カンヴァス　七三・四×一〇〇・三
長崎県美術館

72
永見徳太郎著
『愛染草』
一九二四（大正十三）年
書籍　一八・八×一三
長崎歴史文化博物館

73
永見徳太郎著
『月下の沙漠』
一九二四（大正十三）年
書籍　一九・八×一四・一
長崎県立長崎図書館

74
永見徳太郎著
『阿蘭陀の花』
一九二五（大正十四）年
書籍　一八・八×一三
長崎県美術館

75
永見徳太郎
寿式三番叟〈**歌舞伎座**／**七代目松本幸四郎**（**翁**）**ほか**〉
一九四一（昭和十六）年
ゼラチンシルバープリント　二四・五×二九・七
早稲田大学坪内博士記念演劇博物館

76
永見徳太郎
箱書附魚屋茶碗　写真撮影〈**新宿第一劇場**／**十四代目守田勘彌**（**蝮丸次郎吉**）**ほか**〉
一九三七（昭和十二）年
ゼラチンシルバープリント　二九・四×三六・五
早稲田大学坪内博士記念演劇博物館

77
永見徳太郎
仮名手本忠臣蔵〈**歌舞伎座**／**十六代目市村家橘**（**足利直義**）、**六代目尾上菊五郎**（**塩谷判官**）**ほか**〉
一九三八（昭和十三）年
ゼラチンシルバープリント　二九・五×三七・二
早稲田大学坪内博士記念演劇博物館

78
永見徳太郎
大森彦七〈**新橋演舞場**／**五代目市川染五郎**（**大森盛長**）、**初代松本高麗五郎**（**道後左衛門**）**ほか**〉
一九三八（昭和十三）年
ゼラチンシルバープリント　二九・五×三七・二
早稲田大学坪内博士記念演劇博物館

79
永見徳太郎
先代萩の政岡に扮する沢村訥升〈**新宿第一劇場**／**四代目沢村訥升**（**先代萩の政岡**）〉
ゼラチンシルバープリント　三〇×三七
早稲田大学坪内博士記念演劇博物館

80
永見徳太郎
受け隈〈**歌舞伎座**／**七代目坂東三津五郎**（**曽我時致**）〉
一九四〇（昭和十五）年
ゼラチンシルバープリント　一五・七×一一・一
早稲田大学坪内博士記念演劇博物館

81
永見徳太郎
南蛮渡見世物譚〈**歌舞伎座**／**六代目坂東蓑助**（**足利義延**）〉
一九三四（昭和九）年
ゼラチンシルバープリント　三六・五×二九・四
早稲田大学坪内博士記念演劇博物館

82
永見徳太郎
助六由縁江戸櫻〈**歌舞伎座**／**十五代目市村羽左衛門**（**花川戸助六**）、**六代目大谷友右衛門**（**髭の意休**）、**七代目坂東三津五郎**（**朝顔仙平**）**ほか**〉
一九三九（昭和十四）年
ゼラチンシルバープリント　二九・七×二四・五
早稲田大学坪内博士記念演劇博物館

83
永見徳太郎
白浪五人男〈**東宝有楽座**／**四代目中村もしほ**（**辨天小僧**）、**九代目市川高麗蔵**（**南郷力丸**）〉
一九三七（昭和十二）年
ゼラチンシルバープリント　二四・五×二九・七
早稲田大学坪内博士記念演劇博物館

84
永見徳太郎
吉例曽我礎 開幕前〈**歌舞伎座／初代中村吉右衛門**〈**工藤祐経**〉**ほか**〉
一九三九（昭和十四）年
ゼラチンシルバープリント　二四・五×二九・七
早稲田大学坪内博士記念演劇博物館

85
永見徳太郎
春日龍神〈**歌舞伎座／六代目尾上菊五郎**〈**猿澤の龍神**〉〉
一九三八（昭和十三）年
ゼラチンシルバープリント　三〇×二四・八
早稲田大学坪内博士記念演劇博物館

86
永見徳太郎
祝祭日〈**東京・靖国神社**〉
一九三六―四一（昭和十一―十六）年
ゼラチンシルバープリント　二八・八×二二・八
早稲田大学坪内博士記念演劇博物館

87
永見徳太郎
鯉のぼり〈**東京・日比谷公園**〉
一九三六―四一（昭和十一―十六）年
ゼラチンシルバープリント　二〇・四×三〇
早稲田大学坪内博士記念演劇博物館

88
永見徳太郎
三社祭〈**東京・浅草三社祭**〉
一九三六―四一（昭和十一―十六）年
ゼラチンシルバープリント　二〇・七×二九・九
早稲田大学坪内博士記念演劇博物館

89
永見徳太郎
まんとう、花笠、金棒、鈴袴〈**東京・浅草三社祭**〉
一九三六―四一（昭和十一―十六）年
ゼラチンシルバープリント　二〇・五×二九・八
早稲田大学坪内博士記念演劇博物館

90
永見徳太郎
七五三祝〈**東京・明治神宮**〉
一九三六―四一（昭和十一―十六）年
ゼラチンシルバープリント　二五・一×二八・五
早稲田大学坪内博士記念演劇博物館

91
永見徳太郎
鹿角伐り〈**奈良・春日公園**〉
一九三六―四一（昭和十一―十六）年
ゼラチンシルバープリント　二五×二八・八
早稲田大学坪内博士記念演劇博物館

92
永見徳太郎
祝祭日〈**東京・銀座**〉
一九三六―四一（昭和十一―十六）年
ゼラチンシルバープリント　二五・二×二八・八
早稲田大学坪内博士記念演劇博物館

93
永見徳太郎
舞楽面〈**福岡・観世音寺**〉
一九三六―四一（昭和十一―十六）年
ゼラチンシルバープリント　二五・二×二八・八
早稲田大学坪内博士記念演劇博物館

94
永見徳太郎
巫女行列〈**神奈川・大山阿夫利神社**〉
一九三六―四一（昭和十一―十六）年
ゼラチンシルバープリント　二二・九×二九・九
早稲田大学坪内博士記念演劇博物館

95
永見徳太郎
神輿渡御〈**小田原・早川紀伊神社**〉
一九三六―四一（昭和十一―十六）年
ゼラチンシルバープリント　二二・八×二九・八
早稲田大学坪内博士記念演劇博物館

96
永見徳太郎
子神社祭〈**神奈川・福浦村**〉
一九三六―四一（昭和十一―十六）年
ゼラチンシルバープリント　二二・六×二九・二
早稲田大学坪内博士記念演劇博物館

97
永見徳太郎編
『**珍らしい写真**』
一九三二（昭和七）年
書籍　一九×二七
長崎歴史文化博物館

第三章　つなげる―芸術家たちとの交流

98 ◎
横山大観
永見徳太郎宛横山大観書簡（『尺牘集 二』所収）
一九一九（大正八）年
紙本墨書　一九×七一
長崎歴史文化博物館

99 ◎
山口八九子
永見徳太郎宛山口八九子書簡（『尺牘集 四』所収）
一九二二（大正十一）年
紙本墨書　一八×五九
長崎歴史文化博物館

100 ◎
芥川龍之介
永見徳太郎宛芥川龍之介書簡（『尺牘集 一』所収）
一九二二（大正十一）年
ペン・紙　二三×一三
長崎歴史文化博物館

101 ◎
渡辺（宮崎）与平
落ち椿
油彩・板　二三×三三
長崎歴史文化博物館

102 ◎
渡辺（宮崎）与平
夕刊売
油彩・カンヴァス　三三×二四
長崎歴史文化博物館

103 ◎
渡辺（宮崎）与平
帯
一九一一（明治四十四）年
油彩・カンヴァス　一五一・七×九一
長崎県美術館

104
渡辺（宮崎）与平
金さんと赤
一九〇八（明治四十一）年
油彩・カンヴァス　一〇七・五×一五〇・三
長崎県美術館

105 ◎
亀高文子（渡辺ふみ子）
食後
一九一六（大正五）年
油彩・カンヴァス　八四・七×七七・八
長崎県美術館

106 ◎
南薫造
葡萄棚
一九一五（大正四）年
油彩・カンヴァス　一一五・五×七八・五
早稲田大学會津八一記念博物館

107
南薫造
船上のビルマ僧
一九一六（大正五）年
水彩・紙　三三×二四
広島県立美術館

108
南薫造
沐浴
一九一六（大正五）年
水彩・紙　二五・二×三五・五
広島県立美術館

109
南薫造
木影（カルカッタ）
一九一六（大正五）年
水彩・紙　二五・二×三五・五
広島県立美術館

110
南薫造
カルカッタ
一九一六（大正五）年
水彩・紙　三五・五×二五・三
広島県立美術館

111
南薫造
カルカッタにて
一九一六（大正五）年
水彩・紙　三二・八×二〇
広島県立美術館

112
南薫造
ダージリン
一九一六（大正五）年
水彩・紙　二三・一×三〇・九
広島県立美術館

113
南薫造
ダージリン
一九一六（大正五）年
水彩・紙　三五・五×二五・二
広島県立美術館

114
南薫造
ヒマラヤの女
一九一六（大正五）年
パステル・紙　二四・二×二七・二
広島県立美術館

115
南薫造
雲海
一九一六（大正五）年
水彩・紙　一七・七×二五・五
広島県立美術館

116
南薫造
ホテルの庭（**ベナレス**）
一九一六（大正五）年
水彩・紙　三五・五×二五・二
広島県立美術館

117
南薫造
タージマハール遠望
一九一六（大正五）年
水彩・紙　二五・二×三五・五
広島県立美術館

118
南薫造
アグラ
一九一六（大正五）年
水彩・紙　二五・二×三五・五
広島県立美術館

119
永見徳太郎著
『印度旅日記』
一九一七（大正六）年
書籍　二二×一五
長崎県立長崎図書館

120　◎
満谷国四郎
鏡を見る女
一九一五（大正四）年
油彩・カンヴァス　七九・五×八六
岡山県立美術館

121　◎
満谷国四郎
永見徳太郎宛満谷国四郎書簡
一九一七（大正六）年頃
水彩、ペン・紙　三枚　（各）十四×九
倉敷市立美術館

122
栗原玉葉
古賀街道図屏風
一九一九（大正八）年
絹本着色　二曲一双屏風　（各）一七一・〇×一六九・〇
長崎歴史文化博物館

123
栗原玉葉
尼僧（**童貞**）
大正時代
絹本着色　一七三・二×九八・五
長崎県美術館

124
山本森之助
フランスの田舎
一九二二―二三（大正十一―十二）年
油彩・カンヴァス　八〇・三×一〇〇
長崎県美術館

125　◎
山本森之助
ヨーロッパスケッチ帖
一九二二―二三（大正十一―十二）年
水彩・紙　直径三〇・二
長崎県美術館

126　◎
平福百穂（賛・斎藤茂吉）
長崎唐寺
一九二〇（大正九）年頃
紙本墨画淡彩　三七・八×五〇
神戸市立博物館

127　◎
長野草風
南蛮人
紙本淡彩　一三八・八×三三・八
神戸市立博物館

128 ◎
山村耕花
長崎風景
紙本着色 五二・七×六二・八
神戸市立博物館

129 ◎
山村耕花
異教徒
紙本着色 一二七・九×四一・六
神戸市立博物館

130 ◎
川瀬巴水
崇福寺
一九二二（大正十一）年
紙本淡彩 五一・八×三八・〇
神戸市立博物館

131 ◎
近藤浩一路
諏訪祭ノ町・神輿
一九二〇（大正九）年頃
紙本墨画 対幅 （各）一三〇・六×四四・七
神戸市立博物館

132 ◎
小川千甕
大浦天主教会僧院
一九二一（大正十）年
紙本着色 一三二・七×二八・五
神戸市立博物館

133 ◎
小川千甕
諏訪社
一九二一（大正十）年
紙本着色 一三二・六×二八・五
神戸市立博物館

134 ◎
山口八九子
獅子踊り
一九二二（大正十一）年頃
紙本墨画 六二・三×二六・五
神戸市立博物館

135 ◎
山口八九子
川舟
一九二二（大正十一）年頃
紙本墨画 六二・三×二六・五
神戸市立博物館

136 ◎
竹久夢二
長崎十二景
一九二〇（大正九）年
水彩・紙 十二点一組 （各）三六・五×二七
福田美術館
（1）青い酒（2）サボテンの花（3）ネクタイ（4）十字架（5）燈籠流し（6）化粧台（7）出島（8）浦上天主堂（9）凧揚げ（10）眼鏡橋（11）阿片窟（12）丘の青楼

137 ◎
竹久夢二
女十題
一九二一（大正十）年
水彩・紙 十点一組 三九・五×二九・五
福田美術館
（1）北方の冬（2）朝の光へ（3）産衣（4）紅梅（5）黒猫（6）逢状（7）ネルの感触（8）舞姫（9）三味線堀（10）木場の娘

138
原画・竹久夢二、製作・加藤版画研究所
版画集『長崎六景』
一九四〇—四一（昭和十五—十六）年
木版・紙 静岡市美術館
（1）青い酒 四〇・三×三一（2）燈籠流し 四〇・三×三一（3）出島 四〇・二×三〇・五（4）浦上天主堂 四〇・二×三一（5）眼鏡橋 四〇・二×三〇・五（6）丘の青楼 四〇・二×三一・一

139
原画・竹久夢二、製作・加藤版画研究所
版画集『女十題』
一九三七—三八（昭和十二—十三）年
木版・紙
静岡市美術館
（1）北方の冬 四四・〇×三〇・七（2）朝の光へ 四三・五×三〇・五（3）産衣 四三・五×三一・〇（4）泣き黒子 四三・五×三一・〇（5）黒猫 四三・八×三〇・五（6）逢状 四四・〇×三〇・七（7）ネルの感触 四三・七×三〇・七（8）舞姫 四三・五×三〇・七（9）三味線堀 四四・〇×三〇・七（10）木場の娘 四四・〇×三〇・七

140
鈴木信太郎
長崎の丘
一九五〇（昭和二十五）年
油彩・カンヴァス　八九×一三〇・七
長崎県美術館

141
鈴木信太郎、永見徳太郎
渡辺庫輔宛鈴木信太郎書簡
一九五〇（昭和二十五）年
墨、ペン、水彩・紙　十四×九
長崎歴史文化博物館

142
鈴木信太郎
渡辺庫輔宛鈴木信太郎書簡
一九五〇（昭和二十五）年
ペン・紙　十四×九
長崎歴史文化博物館

エピローグ　かたる―長崎の「伝道者」

143
永見徳太郎編著
『**長崎版画集**』
一九二六（大正十五）年
書籍　四五×三三
長崎県美術館

144
永見徳太郎編著
『**続長崎版画集**』
一九二六（大正十五）年
書籍　四一×二九
長崎県美術館

145
永見徳太郎編著
『**続々 長崎版画集 長崎八景**』
一九二九（昭和四）年
書籍　四〇×二八
長崎県美術館

146
永見徳太郎著
『**南蛮長崎草**』
一九二六（大正十五）年
書籍　二〇×一四
長崎歴史文化博物館

147
永見徳太郎著
『**びいどろ絵**』
一九二八（昭和三）年
書籍　二七×一九・五
長崎歴史文化博物館

148
永見徳太郎著
『**南蛮屏風大成**』
一九三〇（昭和五）年
書籍　三九×二七
長崎県美術館

149
◎
永見徳太郎著
『**長崎の美術史**』
一九二七（昭和二）年
書籍　二一・五×一五・五
長崎歴史文化博物館

150
◎
満谷国四郎
長崎の人
一九一六（大正五）年
油彩・カンヴァス　九一・三×一一六・八
倉敷市立美術館

［フォトクレジット］

掲載した図版は基本的に各作品・資料の所蔵者から提供を受けました。
撮影：株式会社スタジオアートアイ（作品73、74、119、143-145、148）

浪漫の光芒―永見徳太郎と長崎の近代

発行日	2023年10月13日
編著者	長崎県美術館
展覧会企画・構成	松久保修平（長崎県美術館）
執筆	塚原晃（神戸市立博物館）
	松久保修平
	森園敦（長崎県美術館）
デザイン	尾中俊介（Calamari Inc.）
発行人	片山仁志
発行所・編集制作	株式会社長崎文献社 〒850-0057 長崎市大黒町3-1　長崎交通産業ビル5階 Tel.095-823-5247　Fax.095-823-5252 ホームページ https://www.e-bunken.com
印刷	日本紙工印刷株式会社

ISBN978-4-88851-395-1 C0070

定価は裏表紙に記載
落丁本、乱丁本は発行元にお送りください。送料当方負担でお取り替えします。